CET ÉLAN
QUI CHANGE NOS VIES

Florence Lautrédou

CET ÉLAN
QUI CHANGE NOS VIES

L'inspiration

Odile Jacob

© Odile Jacob, mai 2014
15, rue Soufflot, 75005 Paris

www.odilejacob.fr

ISBN : 978-2-7381-3116-4

Le Code de la propriété intellectuelle n'autorisant, aux termes de l'article L. 122-5, 2° et 3° a), d'une part, que les « copies ou reproductions strictement réservées à l'usage privé du copiste et non destinées à une utilisation collective » et, d'autre part, que les analyses et les courtes citations dans un but d'exemple et d'illustration, « toute représentation ou reproduction intégrale ou partielle faite sans le consentement de l'auteur ou de ses ayants droit ou ayants cause est illicite » (art. L. 122-4). Cette représentation ou reproduction, par quelque procédé que ce soit, constituerait donc une contrefaçon sanctionnée par les articles L. 335-2 et suivants du Code de la propriété intellectuelle.

« Quant aux couronnes et aux apothéoses
Une seule réponse : d'où cela me vient-il ? »

Marina TSVETAÏEVA, *Poèmes*[1].

---

1. Tsvetaïeva Marina, *Poèmes*, traduits du russe et présentés par Ève Malleret, Paris, La Découverte, 1986.

Introduction

Aussi naturelle que la respiration dont elle est consubstantielle, l'inspiration, primauté du flux sur le reflux, nous est indispensable. Disparaît-elle ? On meurt. On expire et d'ultime façon, puisque littéralement on « rend son dernier souffle ». L'inspiration s'avère processus vital, essentielle à la vie d'un point de vue biologique et aussi symbolique.

Dans mon métier de psychanalyste et de coach en entreprise, je côtoie des personnes en cheminement d'évolution, en démarche vers le mieux. L'indication de ce besoin de mouvement personnel, exprimée ou non, s'inscrit souvent dans le manque d'inspiration. Qu'ils arborent des mines de conquérants d'entreprise ou l'assurance de Parisiens que rien ne peut surprendre, mes clients se retrouvent autour d'un constat aussi indicible que puissant. Le vide.

Derrière les grimaces du masque social, ils confient tour à tour leur tension permanente, une inquiétude qui les poursuit parfois jusque dans le sommeil, l'absence de présence à l'instant, leur incapacité à ressentir ou à s'émerveiller, leur manque de confiance dans la vie, leur angoisse face au futur. Moralement las, spirituellement exsangues, ils éprouvent un sentiment de fin de cycle et le besoin, surtout, d'arrêter la répétition du même, la saturation d'un quotidien usé... sans en trouver le moyen, pris qu'ils sont dans le mouvement collectif.

Tout se passe comme si une force centrifuge les conduisait à tourner à l'extérieur de la roue plutôt que d'en rejoindre le centre, de façon paisible et posée.

Confrontés à cette impuissance, ils expriment leur soif de renouveau et leur besoin de se sentir vivants à nouveau, de trouver un sens aux épreuves de leur vie pour croire en l'avenir – tous processus individuels infiniment plus subtils que les « crises du milieu de vie » ou autres « épisodes dépressifs » qui étiquettent sans soigner.

La problématique qui s'affirme ici ne relève bien évidemment pas de facteurs structurels ou psychologiques. On peut s'être créé un cadre de vie idéal, d'un point de vue personnel, professionnel, amical, qui répondrait à chacun de nos désirs psychologiques ou encore avoir parachevé à force de travail thérapeutique la pacification d'éventuels traumatismes... et pour autant ressentir l'essoufflement, la perte d'envie, le sentiment d'usure dont il est question ici.

La problématique s'avère donc spirituelle, même si le terme n'implique aucune connotation religieuse, ni rattachement à un corpus de foi particulier. On évoquera plutôt le « combat spirituel » qu'incriminaient les moines quand ils devaient faire face à cette usure ou désaffection vitale qu'ils appelaient aussi « acédie » et condamnaient comme péché capital. Que faire du corps si l'âme qui l'habite s'y ennuie, voire si elle n'a plus envie d'y rester ? La science moderne bute sur ces questions. Ni antidépresseurs, ni thérapies de soutien ne suffisent à ranimer le souffle vital – ce que nous appellerons ici l'inspiration.

Cette fameuse inspiration, difficile à quantifier ou encore à évaluer, ne se détecte ni ne s'objective facilement, alors qu'elle s'avère, on le voit, vitale. Elle échappe au principe scientifique qui décrète qu'un processus non mesurable n'existe pas. Effectivement, l'inspiration déjoue tout examen séquentiel ou analytique. Non quantifiable, imprévisible d'une certaine façon, elle implique une interaction mystérieuse entre un sujet inspiré et... une instance inspirante.

Introduction

Cette instance ne se présente pas forcément sous la forme d'une pensée ou d'une instruction précise, rationnellement identifiable. Il peut s'agir d'un ressenti, d'une « petite voix », d'une impulsion à agir d'une certaine façon. Car à la différence de l'intuition avec laquelle on la confond souvent, l'inspiration implique un mouvement émotionnel qui entraînera une mise en action. Autant une intuition peut donner des clefs de compréhension d'une réalité sans agissements subséquents, autant l'inspiration intègre une dynamique d'urgence, portée par une évidence de mise en pratique dans la réalité.

Cette particularité deviendra évidente au fil des huit récits qui forment le cœur de cet essai. À travers les héros de ces récits, bien réels et tous rencontrés à des moments différents de ma vie, vont apparaître ces moments clefs où l'inspiration intervient, où les destins s'infléchissent, où l'être propre à chacun s'épanouit. La clef de ces floraisons plus ou moins tardives ? L'inspiration.

Les huit personnes dont nous allons suivre plus loin « le basculement du destin » incarnent chacun un des aspects de l'inspiration, une des façons qu'elle a d'intervenir dans nos vies.

Le parti pris ici est de s'appuyer sur du concret, du vécu, tant l'inspiration, par son historique mythologique, religieux ou poétique (sur lequel nous reviendrons), prête aux débordements lyriques, en l'occurrence inopportuns. Car les panégyriques du poète, du musicien ou du visionnaire aux envolées inspirées apporteront peu de matière au citoyen lambda ramené à la réalité rugueuse du quotidien.

Au contraire, les héros de ces huit récits nous parlent de l'inspiration telle qu'elle se manifeste aujourd'hui, à travers des choix, des impulsions, des initiatives. Ils nous livrent un témoignage simple et accessible de ce qu'elle apporte, suscite et amplifie quand elle intervient dans nos vies.

Une part du mystère restera intacte, bien sûr, et nous ne l'aborderons pas. Il s'agit, dans des circonstances historiques souvent extrêmes, de la rencontre de l'inspiration et du mal. Les tyrans et tortionnaires dont l'histoire a retenu le nom ont souvent revendiqué l'inspiration comme point de départ de leur projet meurtrier. Un appel, l'évidence d'une mission, une conscience de prétendus messages de justice, une réassurance religieuse du type « *Gott mit Un*s » (« Dieu avec nous », la devise arborée sur les ceinturons des soldats du IIIe Reich), assortis d'une impérative injonction à les mettre en œuvre à travers un programme de mort. Par chance, certaines de leurs victimes dont l'histoire a aussi retenu le nom ont connu une inspiration différente.

« *Otkouda mne vcio ?* », s'émerveillait la poétesse russe Marina Tsvetaïeva, ce qui pourrait se traduire par « D'où tout cela me vient-il ? », à savoir puissance d'émerveillement, talent de mots et d'âme dans son destin de femme confrontée à la révolution de 1917, à la famine, à la mort de sa fille dans un orphelinat, à l'exil, à la solitude... Son destin de femme qui, toujours, créait.

L'inspiration peuple ainsi de son mystère les espaces désolés des conflits, de la violence, des forces de destruction et d'extermination, insufflant à des Jean Jaurès, Etty Hillesum, Anne Frank, Viktor Frankl et tant d'autres acteurs pris dans la tourmente des guerres du siècle dernier la force de rayonnement du Bien et du Beau au sein des turbulences du Mal.

Dans notre quotidien, sans doute moins violent, mais insidieusement rongé par des forces de destruction aussi pernicieuses, nous avons également besoin de ce rayonnement positif. En réponse aux doutes et à l'agitation du mental collectif, confus, fondamentalement apeuré et impuissant, cet essai propose les fondations d'une citadelle intérieure à créer et à nourrir à la lumière de l'inspiration. Une citadelle suffisamment puissante pour résister aux déstabilisations et peurs environnantes, une citadelle constamment renouvelée par des ressources intérieures et extérieures.

Ce qu'on appellera une vie inspirée.

Première partie

L'INSPIRATION AU FIL DES SIÈCLES. DU DON À L'ACCUEIL AU QUOTIDIEN

> « L'artiste n'est pas une espèce particulière d'homme, c'est chaque homme qui est une espèce particulière d'artiste. »
>
> Maître Eckhart, *Traité de l'homme noble*[1].

Si l'on considère le mouvement d'absorption qui caractérise d'un point de vue étymologique et physiologique l'inspiration – de l'extérieur vers l'intérieur –, il semble logique que le concept ait bougé en fonction des évolutions du milieu. Car, conséquence de cette rencontre entre le dedans et le dehors, toute avancée dans la connaissance ou la nature du milieu modifie les conditions d'apparition et la forme même de l'inspiration.

Un habitant de l'âge de Bronze (IIe millénaire avant J.-C.) isolé sur une grève irlandaise battue par les tempêtes a peut-être eu l'idée d'esquisser sur le sable ce symbole mystérieux du triskèle – soit trois cercles entrelacés en songeant à deux éléments fixes de sa vie : les globes de la lune et du soleil. L'inspiration lui est venue d'en ajouter un troisième, soit la terre, qu'il a associée sans preuve aucune à la forme circulaire des deux planètes observées – avancée intuitive reprise par

---

1. Maître Eckhart, *Les Traités et le Poème*, traduits de l'allemand par Gwendoline Jarczyk et Pierre-Jean Labarrière, Paris, Albin Michel, 2011.

Aristote qui exposera sa conviction de la sphéricité de la Terre (IVe siècle avant J.-C.) dans son *Traité du ciel*[2].

Cette inspiration, fondamentale, relèvera des « essentiels », soit la représentation par l'homme de sa condition sur terre, inspiration à l'origine de l'ensemble des disciplines scientifiques. Elle aura une vocation et une coloration très différente de celle d'un élu des Muses tel que le représentera quelques siècles plus tard Platon, cet esprit inspiré à qui il sera donné les talents du chant, de la chorale ou encore de la poésie épique.

L'inspiration se nourrit toujours des différentes avancées accompagnant l'espèce humaine sur cette planète. Chaque période historique favorise un type particulier d'inspiration – phénomène qui s'organise selon des lignes d'évolution que nous nous proposons maintenant de retracer. Ce survol nous permettra de prendre la mesure de l'état de l'inspiration aujourd'hui, dans sa dimension collective et individuelle, et d'en tirer les conséquences pour notre évolution personnelle.

De l'externalisation à l'internalisation

Dans l'Antiquité grecque, puis latine, l'inspiration était à la fois incarnée et extérieure à la personne. Elle découlait de l'intervention des Muses ou déesses grecques qui présidaient aux arts et aux sciences, soit les arts dits « nobles ». D'abord au nombre de trois, elles se sont au fil des écrits (dont ceux de Platon et des néoplatoniciens) rassemblées en neuf ravissantes représentations mythiques, fruits des amours entre Zeus et Mnémosyne – ou l'union de la puissance et de la mémoire.

Revêtues de leurs attributs (couronnes d'or, de laurier, de myrte, de perles, de guirlandes, de vigne ou de lierre), ces

---

2. Aristote, *Traité du ciel*, Paris, Flammarion, 2004.

entités féminines incarnaient l'inspiration, apportant au choix à leurs élus le don de la poésie lyrique (Érato), de l'épopée historique (Clio), de la poésie épique (Calliope), de la tragédie (Melpomène), de la comédie (Thalie), de la rhétorique (Polymnie), de la musique (Euterpe), de la danse (Terpsichore) et de l'astronomie (Uranie).

Depuis leurs résidences mythiques – l'une sur le mont Parnasse, l'autre sur l'Hélicon –, elles servaient de médiatrices entre les dieux et les poètes.

« Le poète [...] n'est pas encore capable de créer jusqu'à ce qu'il soit devenu l'homme qu'habite un Dieu, qu'il ait perdu la tête, que son propre esprit ne soit plus en lui[3]. »

Cette conception externalisante qui considère le poète comme l'élu, le récepteur d'une parole inspirée qui l'anime et lui permet de créer, se retrouve dans la plupart des écrits fondateurs de l'Antiquité et de la chrétienté.

« Ô Muse, conte-moi l'aventure de l'inventif [...]. C'est l'homme aux mille tours, Muse, qu'il faut me dire », Homère, *Odyssée*.

Ou encore dans le Nouveau Testament :

« Zacharie, son père, fut rempli du Saint-Esprit, et il prophétisa, en ces mots : Béni soit le Seigneur, le Dieu d'Israël... », Évangile selon saint Luc.

Cette tradition de l'inspiration externalisée d'influence néoplatonicienne s'est propagée, notamment chez les poètes admirateurs des Anciens :

« Le jour que je fus né, le Démon qui préside
Aux Muses me servit en ce monde de guide [...]
Il me haussa le cœur, haussa la fantaisie,
M'inspirant dedans l'âme un don de Poésie[4]. »

---

3. Platon, *Ion*, in *Œuvres complètes*, traduction de Monique Canto-Sperber sous la direction de Luc Brisson, Paris, Flammarion, 2008.
4. Pierre de Ronsard, « Hymne de l'Automne », *in Œuvres complètes*, tome 2, sous la direction de Jean Céard, Daniel Ménager et Michel Simonin, Paris, Gallimard, « Bibliothèque de la Pléiade », 1994.

Boileau dans son *Art poétique* a même conditionné le talent à l'intervention d'une puissance ou influence mystérieuse.

« S'il ne sent point du ciel l'influence secrète
Si son astre en naissant ne l'a formé poète
Dans son génie étroit, il est toujours captif. »

La conception du créateur sous emprise divine, porteur d'une voix plus grande que lui, s'exprime de façon particulièrement dramatique chez Victor Hugo :

« Un formidable esprit descend dans sa pensée [...]
Sa parole luit comme un feu [...]
Et son front porte tout un Dieu[5]. »

On le voit, la conception artistiquement commune de l'inspiration venant de l'extérieur, mue par des instances étrangères à l'homme, s'est peu à peu internalisée. La représentation d'instances extérieures (les Muses grecques et romaines, ou encore la Leanan Sídhe, la muse celte de la tradition gaélique dont nous parlerons plus loin) s'est dématérialisée en un souffle divin, une parole, une voix divine qui s'empare du créateur et le contraint à exprimer les messages qui le traversent.

Au XIXe siècle, le mouvement romantique, puis au siècle suivant l'apport surréaliste ont fini d'internaliser le processus en y ajoutant la sensibilité, les émotions, les effusions propres aux états d'âme exacerbés du poète : « Frappe-toi le cœur, c'est là qu'est le génie[6]. »

Car souvent seul et incompris dans la mystique romantique, le poète exprime le trouble de son âme et de son cœur blessés en un langage universel qui fait de lui le porte-parole de sa génération.

Le mouvement surréaliste du début du XXe siècle a ajouté à cette inspiration globale le recours à l'inconscient, territoire défriché depuis peu par les balbutiements de la psychanalyse. À travers la pratique de l'écriture automatique, des associations

---

5. Victor Hugo, *Odes et Ballades*, Paris, Gallimard, « NRF, Poésie », 1980.
6. Alfred de Musset, *Poésies complètes*, Paris, Le Livre de Poche, « Classique », 2006.

libres ou encore de l'écoute et de la retranscription des rêves, s'est déployée une inspiration essentiellement littéraire et picturale, foisonnante et universelle aussi, car échappant aux conditionnements de la raison et des codes culturels. Ses protagonistes et créateurs inspirés, Man Ray, Max Ernst, Salvador Dalí, René Magritte, entre autres, ont ainsi accueilli l'incongru, les rencontres insolites, la production d'objets surréalistes ou créations concrètes issues de visions oniriques, à travers des jeux et pratiques nouvelles : cadavres exquis, collages, frottages, fumages... tous protocoles de création radicalement inspirés. Issue des profondeurs de l'être, affranchie des règles, cette inspiration s'est aussi ouverte aux apports de l'inconscient collectif, tel que venait de le formaliser Jung. Cette évolution a favorisé la diffusion mondiale de découvertes, d'innovations artistiques et scientifiques – donnant lieu, moins d'un siècle plus tard, au phénomène de la « world culture ».

De la passivité à l'activité

Cette conception élitiste d'un artiste élu des dieux, appelé par sa vocation à transcrire dans le monde d'en bas des réalités célestes ou universelles, a donc évolué. Qu'il fût mage, inspiré ou voyant, le créateur ne se posait jusque-là qu'en objet de l'inspiration et non en sujet, dans la mesure où il ne pouvait décider du moment ou encore des conditions d'apparition de l'inspiration. Cette passivité le privait *de facto* de tout pouvoir créateur propre.

Sur le plan plus général, cette conception induisait un système de peur et de déresponsabilisation. Heureux récipiendaire ou, à défaut, simple réceptacle de l'inspiration, l'artiste inspiré pouvait se trouver brutalement déserté par celle-là même qui l'avait élu. Page blanche, absence de vision, assèchement de la source. Cette passivité ou défausse de responsabilité a fait le lit de nombreuses croyances et superstitions, tout en favorisant le pouvoir d'« intermédiaires », plus ou moins bien inspirés en l'occurrence.

Hommes d'Église et prédicateurs jouissant de leur pouvoir sur une audience assujettie à leurs dires prétendument inspirés, conseillers des rois porteurs de décrets d'inspiration prétendument divine, beaucoup d'entre eux, à force de sorcellerie, d'occultisme et d'utilisation abusive du paranormal à des fins de manipulation ont été victimes de l'*hybris*, ou démesure caractéristique de l'homme qui s'égale à Dieu.

Raspoutine (1869-1916), personnage controversé de l'histoire russe en raison de son ascendant sur la famille du tsar Nicolas II dans des années de transition dramatique pour la Russie, apporte un éclairage particulier sur le phénomène. Ce Sibérien mystique, nourri d'Écritures bibliques et d'un don évident de guérison qui l'a posé en guérisseur de la famille impériale, en particulier du tsarévitch Alexis, atteint d'hémophilie, qu'il a sauvé à plusieurs reprises à travers des nuits de prières de crises d'hémorragie potentiellement mortelles – s'était gagné une aura auprès de la cour impériale russe qui n'avait d'égale que la répulsion qu'il inspirait au reste de la population.

Prédicateur et voyant, capable de prévoir l'avenir tragique de la Russie englobant le meurtre de la famille impériale et le sien propre, ou encore l'assassinat de son ennemi, le Premier ministre Stolypine, qui contestait son ascendant spirituel, Raspoutine s'est trouvé dépassé par une inspiration qu'il ne maîtrisait plus. S'il a ressenti les drames à venir, il n'a pu s'en prémunir ni préserver ses protecteurs du massacre. À l'inverse, son choix d'exacerber davantage encore son style unique – allure hallucinée, barbe longue et cheveux gras, débauche sexuelle auprès de la cour impériale, alcoolisme et beuveries – a accéléré la disparition de son don, ainsi que la détestation globale autour de lui.

Car la logique d'élection ou de passivité induite qui préside à ce type d'inspiration implique une forme de débordement inéluctable. Assailli par ces afflux incontrôlés d'inspiration, de visions, de messages d'ailleurs, l'« élu » a tendance à compenser par l'utilisation d'anesthésiants courants : alcoolisme, débauche sexuelle ou utilisation de drogues Or, en s'efforçant d'éteindre le feu de l'inspiration de cette façon, il finit par s'éteindre lui aussi. Ce phénomène nourrit le phénomène des jeunes gloires, des « comètes créatives » telles qu'ont filé en un éclair les inspirations d'un Basquiat, d'un Keith Haring ou encore de beaucoup de rock stars, membres du « Forever 27 Club » (le club des musiciens rock disparus à cet âge – Brian Jones, Jim Morrison, Jimi Hendrix, Janis Joplin, Kurt Cobain, Amy Winehouse...) ou autres.

Cette logique de passivité face à l'inspiration a aussi conduit à la prise de psychotropes pour la favoriser. Ces derniers ont fait l'objet d'usages plus ou moins codifiés selon les modes, les horizons géographiques et les pratiques. L'utilisation de l'opium et du hachisch au XIXe et au XXe siècle, popularisée par les écrivains (Thomas de Quincey, Baudelaire, Cocteau, Artaud, Picabia) en quête de réalités nouvelles, a été relayée par les plantes psychédéliques sud-amérindiennes (cactus peyotl, herbes psychoactives ou encore herbes de pouvoir) utilisées par les chamans et rendues célèbres par le best-seller de l'anthropologue Carlos Castañeda dans les années 1960, *L'Herbe du diable et la petite fumée*[7].

Indépendamment des controverses liées à la vraisemblance de ces récits d'initiation de l'auteur auprès d'un sorcier indien yaqui au Mexique, l'absorption massive de ces fameuses herbes de pouvoir n'a pas eu les conséquences créatives recherchées par les lecteurs curieux, éperdus de vision, qui sont allés sur les traces de l'auteur. Si les voyages psychédéliques les ont emmenés loin, au risque d'outrepasser des frontières à ne franchir qu'à l'issue d'une patiente et très spirituelle initiation – en l'occurrence balayée par l'impatience du touriste

---

7. Carlos Castañeda, *L'Herbe du diable et la petite fumée*, Paris, Christian Bourgois, 2002 (édition américaine *The Teachings of Don Juan : A Yaqui Way of Knowledge*, University of California Press, 1968).

en quête de sensations fortes –, ils n'ont pas produit d'œuvre majeure. Hormis celle du fondateur du mouvement, dont la véracité du récit est toujours sujette à controverses.

L'objectif de ces quêtes, sous psychotropes ou autres, reste le même : sortir de nos limitations mentales et sensorielles, échapper à nos conditionnements de pensée qui réduisent notre capacité à ressentir et à éprouver. Cette volonté d'amplifier ces ressentis, de se rendre plus vivant que vivant, d'éprouver le vrai, l'essence pure au-delà des ombres et autres apparences de nos cavernes platoniciennes, appartient à tout projet créatif, qu'il se traduise par des œuvres ou par une vie vraiment éveillée.

Toutefois, si l'on met de côté la vogue des psychotropes et le phénomène de création sous influence, qui reste une constante pour certains artistes, on observe parallèlement une autre évolution dans la conception de l'inspiration. Initiée dès l'époque romantique, cette évolution conteste la logique de passivité ou de déresponsabilisation de l'artiste « habité » ou sous emprise d'inspiration chimique. Selon cette conception, la recherche de l'inspiration induit, au contraire, une démarche active et responsable, un état d'effervescence vitale, une puissance de présence unique.

« Mais nous, pour embraser les âmes,
Il faut brûler, il faut ravir
Au ciel jaloux ses triples flammes.
Pour tout peindre, il faut tout sentir.
Foyers brûlants de la lumière,
Nos cœurs, de la nature entière,
Doivent concentrer les rayons[8]. »

La présence au monde, ici célébrée à travers une exacerbation des ressentis et une effusion des sens, s'avère indispensable pour créer. Mais la participation du sujet ne s'arrête pas là. Son expérience d'inspiration, en état de perception intense, loin de s'exalter dans la complaisance narcissique, reçoit désormais

---

8. Alphonse de Lamartine, « L'enthousiasme », *in Méditations poétiques* (1820), Paris, Gallimard, « NRF Poésie », 1981.

le relais d'une méthode, d'une application constante. Rimbaud a ainsi qualifié ce travail de l'inspiration dans plusieurs de ses lettres, dont celle au poète Paul Demeny (15 mai 1871).

« La première étude de l'homme qui veut être poète, c'est sa propre connaissance, entière. Il cherche son âme, il l'inspecte, il la tente, l'apprend. Dès qu'il la sait, il doit la cultiver. [...] Il s'agit de se faire l'âme monstrueuse. [...] Imaginez un homme s'implantant et se cultivant des verrues sur le visage[9]. »

Cette responsabilisation de l'être dans le processus d'inspiration a donné lieu à une mystique du travail, développée par beaucoup d'artistes lassés des croyances naïves à propos de la création. Picasso l'a résumée dans une citation célèbre : « L'inspiration existe, mais elle doit te trouver au travail. »

Cette conception n'altère rien du mystère créatif. Elle implique simplement une mise en action, un processus qui demande présence – en l'occurrence quotidienne dans l'atelier, et aussi présence à soi pour laisser émerger ce qui veut venir, au-delà d'éventuelles projections mentales. Picasso, encore, détaille à son ami Brassaï cette alliance du labeur et de cette inconnue qu'est l'inspiration : « Pour savoir ce qu'on veut dessiner, il faut commencer à le faire. S'il s'agit d'un homme, je fais un homme. S'il s'agit d'une femme, je fais une femme. Ce que je veux dire malgré ma volonté m'intéresse plus que mes idées[10]. »

À la même époque, Valéry dans ses réflexions sur le processus créatif a aussi remis en question la passivité vantée par le mouvement surréaliste en insistant sur l'importance du traitement rationnel et du travail : « Celui même qui veut écrire son rêve se doit d'être infiniment éveillé. [...] Toute la passion du monde, tous les incidents, même les plus émouvants, d'une existence, sont incapables du moindre beau vers[11]. »

---

9. Arthur Rimbaud, *Œuvres complètes*, Paris, Gallimard, 2009.
10. Brassaï, *Conversations avec Picasso*, Paris, Gallimard, 1997.
11. Paul Valéry, « Notion générale sur l'art », *La Nouvelle Revue*, 1er novembre 1935, n° 266, Gallimard ; nouvelle édition *in Œuvres I*, Paris, Gallimard, « Bibliothèque de la Pléiade », 1957.

De l'élitisme sacrificiel à la démocratie joyeuse

Le caractère mystérieux de l'inspiration, son irruption puissante dans la vie des êtres et des artistes qu'elle anime ont conduit, on le voit, à une effervescence d'interprétations. Ces réflexions croisées ont contribué à rapprocher le commun des mortels du phénomène qui est devenu observable, à défaut d'être explicable. Quelques principes d'émergence de l'inspiration se sont imposés, comme le labeur, l'assiduité, la présence surtout, à soi et au monde. De la même façon, deux caractéristiques de l'inspiration se sont estompées, pour le plus grand bien commun. L'élitisme. Le sacrifice.

L'élitisme, nous l'avons en partie évoqué, repose sur le phénomène d'élection d'un individu, à qui il est accordé le sacerdoce de l'inspiration, comme un don, une « fureur sacrée » selon Ronsard. Cette « honnête flamme au peuple non commune » (Du Bellay) anime un élu qui se voit décerner la possibilité d'entendre, de voir et de retranscrire par son art ce qui échappe au commun des mortels.

Toutefois, la rareté ou la lourdeur de cette élection ont été à l'origine d'une vision sacrificielle, teintant le phénomène d'inspiration de connotations douloureuses, voire carrément dangereuses. Ainsi dans les mythes celtes, l'inspiration vient d'une muse, la Leanan Sídhe. Belle à couper le souffle, dotée d'un charme et d'un pouvoir de séduction irrésistibles, elle séduit l'artiste à qui elle prodigue sans compter l'inspiration, le conduisant vers des territoires de créativité autrement inaccessibles. Le prix à payer ? Dans un premier temps, la muse ne demande qu'amour et dévotion. À terme, toutefois, le prix s'alourdit du sacrifice de la vie de son « protégé ». Quand il crée sous la coupe de la Leanan Sídhe, l'artiste meurt jeune, après avoir produit une œuvre exceptionnelle de richesse et d'intensité. Et quand il ne meurt pas, il sombre dans la folie. Le caractère implacable du phénomène, présent dans l'ensemble de la tradition gaélique a conduit le poète William Butler Yeats à la représenter comme la muse sombre (*Dark Muse*), une sorte de succube artistique, qui tel un vampire, donne le talent en échange de la substance vitale même de sa créature.

De façon moins ésotérique, cette représentation de l'inspiration comme un don potentiellement maudit, s'est trouvée largement utilisée dans la mystique romantique, l'écrivain se posant en élu sacrifié au service de ses lecteurs.

Alfred Musset, dans « La nuit de mai » a, de façon spectaculaire, illustré ce phénomène en reprenant la légende du pélican, qui, par dévotion paternelle, sacrifie sa propre chair pour nourrir ses petits.

« Pour toute nourriture il apporte son cœur. [...]
Et, regardant couler sa sanglante mamelle,
Sur son festin de mort il s'affaisse et chancelle,
Ivre de volupté, de tendresse et d'horreur. [...]
Poètes, c'est ainsi que font les grands poètes. »

Cette vision tragique de l'inspiration comme résultante d'un troc ou d'un marché funeste, forcément sacrificiel, a disparu aujourd'hui. Une certaine démocratisation de la création, la multiplication des artistes et approches créatives a révélé d'autres pratiques, d'autres conceptions, d'autres finalités également pour la création.

La notion d'inspiration, de surcroît, s'est étendue au-delà de l'acception strictement artistique qui la caractérisait. On parlera d'être « inspiré » pour mille et une actions du quotidien, qu'il s'agisse d'un choix d'ingrédient pour une recette de cuisine, d'une excursion créative dans notre quotidien, de notre participation à un événement où nous ne souhaitions pas nous rendre alors que... magie ! un rendez-vous majeur de notre vie nous y attendait. L'inspiration opère selon des voies parfois impénétrables, nous insufflant le désir d'aller dans telle ou telle direction, pour notre plus grand bien – sans que la raison n'ait son mot à dire.

Le courant spirituel du New Age à l'œuvre à la jonction du XXe et du XXIe siècle a largement popularisé ce caractère individuel de l'inspiration, cette ressource personnelle à trouver à l'intérieur de nous. Car au cœur de sa logique de syncrétisme religieux, de fusion d'écoles spirituelles du monde entier se trouve ancrée une vision individuelle et fondamentalement démocratique de l'inspiration. Chacun a en lui les ressources suffisantes pour se brancher sur son centre spirituel, ou sa « petite voix[12] », à l'origine de toute inspiration vitale. Le seul prérequis ici est de le vouloir et... d'y croire. À lui ensuite de choisir le rituel ou les pratiques qui le connecteront à ce centre, y puisant ainsi ses voies et voix d'inspiration. Nous reviendrons plus loin sur certains rituels, aussi favorables qu'aisément assimilables dans le quotidien de tous.

Car à travers ce survol historique qui esquisse de façon transversale les trois mutations majeures de l'inspiration, il apparaît que le concept s'est puissamment renouvelé, sortant d'une vision artistiquement élitiste pour s'appliquer à la vie du plus grand nombre. On peut utiliser l'inspiration au service de ses choix sentimentaux, familiaux, professionnels. On peut aussi y avoir recours au fil de la vie pour répondre aux trois questions existentielles majeures. Où vivre ? Avec qui ? Pour quoi faire ? L'inspiration nous apportera une aide précieuse en élargissant notre palette d'options, en nous libérant du fonctionnement itératif et conditionné de notre psyché, cette propension à répéter les mêmes tentatives de solution face à nos systèmes figés d'interaction avec le monde.

« Un peu plus de la même chose donne toujours la même chose », répétait Paul Watzlawick, philosophe, philologue et psychothérapeute, cofondateur dans les années 1960 de l'École de Palo Alto (Mental Research Institute, MRI) auprès de Gregory Bateson et de Jay Haley.

Comment trouver cette « autre chose », donc, qui nous sortira de nos ornières ? Car si le concept d'inspiration s'est trouvé globalement démocratisé, il n'en reste pas moins complexe,

---

12. Eileen Caddy, *La Petite Voix. Méditations quotidiennes*, Gap, Éditions Le Souffle d'or, 2006.

mystérieux et fondamentalement flou. On l'invoquera discrètement comme une lubie (« Quelle mouche m'a piqué ? »), comme une bifurcation existentielle saugrenue (« J'étais bien inspiré ce jour-là, tiens ! »), ou comme une initiative inattendue. Rarement comme un système de vie à part entière qui, régulièrement honoré, peut bouleverser notre destin.

Afin de l'appréhender dans la réalité de son intervention dans nos vies, j'ai choisi d'écrire huit récits d'inspiration. Les expériences de huit personnes réelles que j'ai rencontrées au fil du temps et qui m'ont marquée. Huit protagonistes dont la vie a été bouleversée par l'irruption de l'inspiration. Un événement imprévisible, qu'ils ont accueilli à sa juste valeur.

Car on peut aussi refuser l'inspiration. Lorsque c'est ponctuel, cela s'appelle une occasion perdue. Quand cela se répète, cela s'apparente à un système de sabotage qui n'a pour objectif que de maintenir cette « même chose » qui rassure tant le mental – même s'il s'avère désastreux ou simplement médiocre pour l'être ainsi bloqué dans ses conditionnements. Qu'il se rassure, cette répétition d'occasions perdues s'arrêtera vite, tant l'inspiration se lasse de qui ne l'accueille pas !

Nos huit protagonistes ont ouvert la porte au phénomène et, il importe de le souligner, ils ont agi sans assistance thérapeutique ni autre forme de conseil. Ils ont juste fait acte de présence à eux-mêmes et à ce que l'inspiration leur offrait. Nous racontons donc ces histoires telles que leurs protagonistes nous les ont relatées, à travers un récit concret et circonstancié.

Pas d'anesthésie du confort, en effet, dans ces récits, mais une dynamique d'évolution qui reste le principe de la vie. Regardons autour de nous. À travers le passage des saisons, les cycles de croissance, mort et renaissance, la nature nous enseigne un modèle d'évolution nécessaire. Et, nous le verrons, l'inspiration nous fournit les clefs de mise en œuvre.

Deuxième partie

L'INSPIRATION EN ACTION.
HUIT HISTOIRES DE VIE[1]

---
1. Afin de respecter l'anonymat de mes témoins, les noms, prénoms de ces personnes, les villes, les pays, ainsi que certaines situations ont été modifiées.

CHAPITRE 1

Thelma

Se laisser dérouter

« La vie, c'est ce qui nous arrive quand on est occupé à d'autres projets. »

John LENNON, *En flagrant délire*[1].

Thelma va fêter son anniversaire demain. Quarante et un ans. Elle pense à l'année qui vient de s'écouler, son année à elle qui commence chaque année au mois de mai. Qu'a donné ce dernier printemps ? Une myriade de séquences de qualité diverse, des partages avec les uns et les autres, de la tension, trop, renforcée par le travail. Et toujours cette angoisse diffuse, dont elle comprend les raisons sans pouvoir vraiment l'apaiser. Un manque d'amour sans doute, son enfance ayant été chiche du côté de ce nutriment, une absence de soutien aussi. Thelma a quitté la maison familiale à seize ans pour s'engager dans des études payées par l'État, une grande école qui l'a rendue autonome à sa majorité. Depuis ses dix-huit ans, elle s'assume ainsi que le vide d'une solitude tôt ralliée. Les amis ne manquent pas, heureusement, pour prodiguer cette affection qui ne remplacera jamais l'amour inconditionnel d'un foyer.

---

1. Recueil de textes et dessins, Paris, Robert Laffont, 1965. Titre original : *In His Own Write*, Londres, Jonathan Cape, 1964.

Année plutôt « cool », donc, pose comme constat notre jeune femme tandis qu'elle pédale vers son domicile. Elle se déplace en vélo essentiellement. Pas enfermée. Thelma déteste se sentir coincée. Elle a grandi dans la nature, en bord de mer, ce qui lui a donné le goût de l'espace et du vent. Rien des miasmes qu'elle associe volontiers à l'enfermement d'une voiture ou d'un bureau, dont même l'air est conditionné. Elle aime sortir.

« Maman, va prendre de l'air ! », lui recommandait avec sa syntaxe d'enfant sa fille, qui avait déjà compris. Bref, elle circule, à l'air donc, et retrouve dans le mouvement de ses jambes contre le pédalier l'exaltation qu'elle éprouvait, enfant, à rejoindre l'océan pour une baignade ou encore à longer les falaises par jour de tempête. Les jambes musclées, la crinière au vent, elle n'a pas le profil de la Parisienne.

Pourtant cette ville lui réussit sur le plan professionnel, déroulant pour elle une carrière lucrative au sein de métiers du conseil, exclusivement concevables dans une capitale. Son activité s'exerce auprès d'entreprises et l'amène à jongler dans un emploi du temps boursouflé, cerné de longues journées de rendez-vous, déjeuners et petits déjeuners d'affaires. Jamais de dîners, car Thelma a pour principe de préserver son intimité, concentrée sur les soirées et l'aube. Si elle accepte les petits déjeuners professionnels, une convention d'échanges commerciaux au parfum de viennoiseries et de café chaud, elle n'y mange pas. Le repas du matin a pour elle valeur de rituel, à partager avec ceux qu'on aime. Soit sa fille, une adolescente qu'elle élève seule depuis plus de dix ans. Ceux avec qui on se sent en confiance. Sa fille, toujours.

Thelma a été mariée cinq ans, un choix imparfait, pas tant par la qualité du partenaire que par sa capacité à elle à vivre une relation sereine avec l'autre. Séquelle naturelle des traumatismes familiaux qu'elle continue à achever de fossoyer, une œuvre de longue haleine qui se peaufine entre thérapie individuelle et séances de groupe. Les bien-aimés d'origine ne comprendront jamais la lourdeur de cette purification infernale, ou comment extraire de ses cellules les programmations du mal. La tristesse enkystée, la violence infiltrée, la méchanceté acceptée comme une rançon nécessaire pour garder la vie. Vigilance requise à chaque instant. Thelma a grandi, entourée de ce que son psychothérapeute a un jour qualifié de parents dysfonctionnels, soit un couple travaillé par ses propres démons et qui en a reporté les affres sur sa fille. Ce passé de bouc émissaire a créé en elle une anxiété permanente, une tension physique et mentale qui se confond avec l'énergie et le dynamisme dont on la crédite. De l'insécurité faite performance. Du besoin de contrôle qui se mue en excellence. Thelma structure et définit chacun de ses projets, surtout professionnels, avec un soin maniaque. Son talent d'anticipation prévoit tous les scénarios possibles, explore l'arborescence des éventualités et des problèmes potentiels. Ils la réveillent, de toute façon, la nuit si elle a oublié de se montrer exhaustive.

Thelma prospère de sa névrose, ce qui lui procure une satisfaction mitigée. Certes, elle reçoit en contrepartie l'argent qui ouvre les perspectives – voyager, gâter sa fille, ses amis, elle-même – mais elle n'y trouve pas la paix. Clients ou prospects, elle doit les conquérir, les conserver par-delà les approches de la concurrence et les tentations du marché. Après avoir fait – douloureusement – ses classes dans une multinationale de son métier, elle a monté sa société pour travailler de façon indépendante. Logique pour qui n'a pas vraiment reçu de son système familial la confiance dans le collectif. À charge donc pour elle d'organiser ses journées.

Et « son foyer », observe-t-elle bientôt, après avoir garé son vélo dans la cour de son immeuble, une pratique refusée par la copropriété, mais que les trois cyclistes de l'immeuble ont mise en place. Cela l'agace, ce sentiment d'être en faute dès qu'elle dépose son vélo contre le mur à côté de l'espace poubelle. Une appréhension, un goût d'hostilité, le collectif en puissance des propriétaires face à la locataire qu'elle est, la seule de l'immeuble. L'usurpatrice de la vie, pas suffisamment confiante pour acheter un appartement, ou même faire les soldes. Qui dit que je serai encore là l'an prochain pour les porter ? Prendre une assurance-vie s'est posé en alternative paradoxalement viable pour qui ne peut se projeter dans l'avenir. Quoi qu'il arrive, elle restera mère et responsable.

Encore un truc à gérer, observe-t-elle sombrement en entendant dès l'entrée son robinet goutter dans l'évier de la cuisine. Défaillance encore légère deux jours plus tôt, mais qui se confirme ce soir. SOS Plomberie va nous régler cela. Comptons cinq minutes vaguement humiliantes quand l'homme de l'art soupirera au-dessus de l'évier, puis une minute d'intervention et... *time to pay* ! En empochant le cash, le professionnel marmonnera vis, boulon ou joint à serrer, rien que des mots barbares qu'elle ne comprend pas. Sa zone d'inconfort. Thelma se sent fatiguée. La vision de son robinet lui donne la nausée.

SOS Plomberie, décidément. Le robinet pleure tandis qu'elle débarrasse le plateau télévision qu'elle et sa fille se sont octroyé. Au menu, une série américaine. Grâce à cette collection de DVD en version originale et sous-titres en anglais, elle contribue aux révisions de sa fille qui s'apprête à passer son baccalauréat. Gros stress pour le foyer monoparental, car la bachelière potentielle ne se montre pas vraiment zélée. Thelma a trouvé la parade face à cette adolescente aussi intelligente que désinvolte. La quille. Ou le bac considéré comme un sésame vers d'autres horizons, perspective forcément irrésistible.

SOS Plomberie, donc. Où est mon téléphone ? Elle passe devant la chambre de sa fille.

– Tu révises ?

Soit le mantra absurde qu'elle ressasse matin et soir, avec un résultat inversement proportionnel à l'agacement qu'elle suscite.

Un grommellement sort de la pièce au moment où elle met la main sur son portable... qui sonne. SOS Plomberie ? Non, vingt et une heures, un appel étrange venu d'un client mué en « relation » mouvance Linkedin, laquelle implique un déjeuner annuel, quelques mails et invitations entre-temps.

– Thelma, ici Aurélien. Comment vas-tu ?

S'ensuivent quelques minutes d'échange mécanique de non-nouvelles, avant la demande par Aurélien d'un service professionnel. Thelma acquiesce sèchement, irritée d'avoir répondu en direct sans laisser sa messagerie ranger au programme du lendemain le message inopportun.

– Là, tu fais quoi ?

La question tombe, inattendue, saugrenue, digne d'un dialogue de site de rencontre avec caméra allumée. S'il savait que j'ai le doigt sur le numéro de **SOS** Plomberie !

– Rien de particulier. Je surveille ma fille qui révise. Pourquoi ?

– Il fait beau, tu ne veux pas qu'on continue la conversation sur la terrasse ? Devant une orangeade.

Une orangeade ! Mot magique, mille fois plus fascinant que le jardin d'Aurélien. Famille et amis de ce dernier s'y pressent pourtant, trop heureux de s'allonger au vert et sous le ciel dans Paris. Pour Thelma qui a connu l'infini de l'océan sous ses fenêtres, la villégiature citadine sent le renfermé. N'empêche, cela fait près de trente ans qu'elle n'a pas entendu ce mot. Une orangeade ! C'est comme « d'ac », « bonbec », « c't'aprèm », « super »…, les mots des vieux enfants de son âge qui les ont lâchés quand ils sont devenus des grandes personnes. Sauf Aurélien qui propose des orangeades à des divorcées en soir de semaine.

– À cette heure-ci ?, s'étonne-t-elle.

– Raison de plus ! Ta fille finira ses révisions pendant ce temps-là.

Thelma ne répond rien. Sa vie la confronte rarement à des propositions aussi directes. Ou plutôt, à l'imprévu. Récapitulons, se dit-elle. Aurélien est marié avec Anna, directrice des ressources humaines d'une entreprise du CAC 40. Il est père de quatre enfants en bas âge. Il se montre amical depuis des années. Elle a dîné chez eux l'année précédente, avec dix autres convives, des couples d'avocats d'affaires, membres de cabinet ministériel et dirigeants en vue. Une exception professionnelle à sa routine qu'elle n'a acceptée que par pression commerciale, son pays se trouvant en crise quasi constante depuis les presque vingt ans qu'elle y travaille. Et ils n'avaient pas bu d'orangeade.

– Viens, Thelma ! Ça sent bon ici, c'est le printemps.

Elle lève la tête sur la façade d'en face, encore rose du coucher de soleil.

« Le ciel est, par-dessus le toit,
Si bleu, si calme ! »

Elle a terriblement envie de prendre l'air, de sortir des limites des murs d'immeubles, de ces vies rangées, isolées par ces appartements en cubes. En même temps, elle n'a pas envie de laisser sa fille réviser seule. Qui sait si elle travaillera aussi bien si je ne suis pas là ? Puis je ne connais pas vraiment Aurélien, au fond. Que va-t-il penser de moi ? S'est-il concerté avec son épouse ? Que… Ses pensées se précipitent, un enchevêtrement de doutes, d'hésitations, de rationalisations qui lui sont venus au fil des ans et d'une vie structurée par la peur. L'agenda surchargé, les vacances et sorties à organiser comme des contraintes supplémentaires, les responsabilités sans fin depuis si longtemps… Adolescente, elle n'hésitait jamais. Une envie, un appel ? Elle écoutait et laissait parler son instinct, allait retrouver des amis, se jetait dans l'eau à un détour de plage, s'isolait avec un livre, partait courir avec son chien. Les moments de vie s'enchaînaient souplement, sans tension ni anticipation. Les choix venaient, libres, inspirés par le cœur. Une simplicité où le mental n'avait pas de place.

– Alors, tu viens ?

Elle secoue la tête, tiraillée, incapable de se décider de façon rationnelle.

Lâche alors, respire…

Qui a parlé ? Qui lui égrène ces vers d'une autre époque, celle de l'enfance où elle lisait de la poésie, Verlaine surtout. Celle de l'adolescence où elle rêvait, les yeux flottant au-dessus des pages.

« Qu'as-tu fait, ô toi que voilà,

Pleurant sans cesse,
Dis, qu'as-tu fait, toi que voilà,
De ta jeunesse[2] ? »

Elle n'a pas le temps d'approfondir que sa voix répond pour elle.

– OK, je passe. Mais un quart d'heure, pas plus.

– Top, je mets le réveil !, raccroche Aurélien, en souriant de la délimitation horaire que Thelma intègre à tous ses rendez-vous.

Cette pression d'efficience professionnelle lui fait commencer chaque conversation par un « On a combien de temps ? » ou encore « On se donne une heure, ça va ? ». Le tic, pas forcément inutile dans des échanges d'affaires aussi minutés que tactiques, a hélas tendance à contaminer sa vie personnelle. Au grand dam de ses amis, de la gardienne d'immeuble ou de la femme de ménage, qu'elle associe malgré eux au processus.

Thelma pédale dans les rues tièdes d'un Paris qui respire mieux, la foule dispersée. Elle se sent étonnamment tonique, sachant que la journée a été longue et qu'elle s'apprêtait à s'installer dans son salon pour soutenir les révisions de sa fille... en attendant SOS Plomberie. Elle a glissé une bassine à côté de l'évier. Cela attendra demain !

Elle sourit. Cette pirouette dans son emploi du temps l'a remise en énergie. Un baiser sur la joue de sa fille, effectivement coincée devant sa dissertation de philosophie et la question du soir, « Faut-il vouloir être heureux ? », elle enfile son blouson et la voici repartie en sens inverse. Aurélien habite à quelques minutes du domicile de Thelma, mais les organisations compliquées des vies dans la capitale ne poussent pas à la synchronisation. De plus, leurs enfants n'ont pas le même âge. Thelma est divorcée. Eux, mariés. Elle s'organise des loisirs avec ses congénères en solo, tandis qu'eux convient

---

2. Paul Verlaine, « Le ciel est par-dessus le toit » (1880), *Sagesse, in Œuvres poétiques complètes*, Paris, Gallimard, « Bibliothèque de la Pléiade », 1938.

des couples à leurs dîners. La proposition d'Aurélien n'en est que plus rafraîchissante.

Il l'attend comme prévu sur la terrasse, les pieds sur une chaise, un pichet empli d'un liquide couleur bonbon posé à côté de deux grands verres.

– Je te sers ?

Elle déguste l'orangeade à petites gorgées pendant qu'ils reprennent leur conversation là où ils l'ont laissée. Quelques minutes d'échange plus tard, ils ont épuisé les sujets professionnels.

– Anna n'est pas là ?

– Elle arrive. Une réunion de parents d'élèves. Bon, comment va ton cœur ?

Aurélien ponctue chacun de ses échanges avec elle par cette question, qu'elle perçoit comme un mélange d'intérêt et de sadisme subtil. Cette intrusion la perturbe, ce qui la pousse à lui répondre avec gravité – l'effet recherché.

– Rien en ce moment, lâche-t-elle, en baissant les yeux.

– Tu m'as déjà dit ça, il y a six mois.

Elle se tait. Qu'ajouter au constat, sinon qu'elle a multiplié les prières, demandes et démarches pour rencontrer la bonne personne depuis des années, en vain. Que le sujet de sa solitude amoureuse lui sature l'esprit.

– Tu as quelqu'un en vue ?

– Pas vraiment, non.

Elle n'a plus envie de s'expliquer devant les cadrés du couple, les routiers de la vie à deux, les professionnels de l'appariement. Ils posent toujours la question, cruauté ordinaire, puis plissent les yeux, lassés de ses justifications, mais moins qu'elle-même, comme fatigués d'entendre ressasser la misère des esseulés, la déréliction des solitaires.

Aurélien se tait, pensif. Elle se sent soulagée de cette absence de commentaires.

– Tu connais Pete Johnson ?, s'exclame-t-il soudain en se tournant vers elle.

– Non...

– Tu ne connais pas Pete Johnson ?!, hurle-t-il, la mine extasiée. Ce n'est pas possible ! Il faut que vous vous rencontriez. Tu es géniale, ce mec est top. Mais oui, c'est ça !, s'excite-t-il en bondissant vers son téléphone posé sur la table.

Sous les yeux effarés de Thelma, il pianote dans ses contacts. Elle se redresse, incrédule et, surtout, prête à fuir.

– Non, tu ne bouges pas ! Je vous mets en relation tout de suite. Incroyable que vous ne vous connaissiez pas, vous avez tout pour... En plus il est célibataire ! Pete ? Tu connais Thelma Betsel ? Non ?! Bon alors il faut absolument que vous vous rencontriez. Pour quoi faire ? Tu verras toi-même, je te donne son numéro. Thelma, ton numéro ?, lui enjoint-il d'un mouvement de menton.

Elle s'exécute, médusée par la soudaineté de la séquence.

– Tu verras, il t'appellera demain, ajoute Aurélien en posant son téléphone. C'est un mec génial.

Thelma n'écoute plus, encore choquée. À deux reprises, elle a fait l'objet d'une tentative de *blind date*, un effort laborieux de son entourage pour remédier à une situation anormale. Comment une fille comme elle peut-elle rester seule ? Candeur des analphabètes psychologiques, nourris à l'amour normal de mères suffisamment bonnes, merci Melanie Klein[3] !

Troublée par l'initiative d'Aurélien, elle abrège la soirée et redescend chez elle, heureuse de la pente qui la laisse arrondir les virages sans réfléchir. Thelma déteste l'inconnu. Elle redoute ce qui peut lui échapper, les enchaînements qu'elle ne maîtrise pas. Ils réveillent en elle une appréhension sourde, la peur de souffrir. Elle soupire devant sa porte, rassurée de retrouver son foyer. L'ordinateur est éteint, sa fille couchée, et miracle ! l'évier a cessé de goutter. Elle s'endort vite.

Au réveil, son téléphone affiche quelques messages d'anniversaire, des amis matinaux qui n'ont pas oublié. Sa fille lui

---

3. Donald W. Winnicott (*La Mère suffisamment bonne*, Paris, Payot, « Petite Bibliothèque Payot », 2006) a popularisé les idées de Melanie Klein sur les « expériences suffisamment bonnes » pour l'enfant.

a allumé une bougie sur une madeleine dans la cuisine, les yeux encore gonflés par ses efforts philosophiques de la nuit.
– Ton jour, Maman !

Le reste de la population ne le sait pas, ce qu'elle a l'occasion de vérifier au cours d'une matinée de rendez-vous, de mails, de contacts aussi froids et fonctionnels qu'à l'accoutumée. En fin de matinée, son portable affiche batterie quasi exsangue tandis qu'un appel la surprend alors qu'elle se lève pour aller déjeuner.

– Allô ?

Elle n'a pas le temps de finir d'articuler son « oui » que le téléphone s'éteint. Voix inconnue. Et si c'était l'ami d'Aurélien ? Raccrocher au nez d'un *blind date*, c'est ce qu'on appelle un bon début.

Le déjeuner lui semble très long, s'étirant comme une valse lourde selon les trois temps prévisibles de ce type d'échange qui n'a que faire des anniversaires : considérations générales, état des missions en cours, perspectives d'avenir. Elle règle la note de son client, fidélisé pour les six mois à venir et regagne son bureau. Le téléphone, rechargé, l'accueille dès son retour.

– Allo, ici Pete Johnson.

– Ah, c'est vous qui m'avez appelée tout à l'heure ? Désolée, c'est mon anniversaire, le téléphone était saturé et j'allais vous répondre quand la batterie a lâché, jette-t-elle sans respirer.

Il relève à peine et lui propose un café dans la foulée.

– Maintenant ? J'ai des rendez-vous !, rétorque-t-elle, choquée à l'idée de quitter son bureau à des heures déplacées, soit en dehors des heures dudit.

– Seize heures, alors.

Elle repousse jusqu'à dix-huit heures, affolée.

– Vous êtes où ?

Il ne connaît pas son quartier. Confuse, elle ne peut donner que le nom du restaurant où elle a déjeuné sur la place du Trocadéro, un endroit froid et cher, aux banquettes de velours rouge sombre. L'après-midi, le lieu attire une clientèle

Se laisser dérouter 41

d'oisifs, encombrés des grands sacs cartonnés que génère le shopping avenue Montaigne et périphérie.

Qui est cet homme qui traîne dans les rues l'après-midi et peut prendre des rendez-vous à ces horaires bizarres ? De toute façon, je ne pourrai pas rester longtemps, je me suis organisé mon dîner d'anniversaire à la maison avec ma fille et des amis. Rassurée, elle se plonge dans son travail.

L'avantage de cette rencontre, se dit-elle en approchant du restaurant, c'est que, avec moi, le *blind date*, ça ne marche pas. Ragaillardie par cette perspective d'échec, elle arrive devant la terrasse et voit une silhouette dégingandée qui téléphone debout, à côté d'une table. Grand, mince, le style longiligne qui la fait rêver depuis James Stewart, l'acteur fétiche des films de Lubitsch. L'élégance, le charme, j'adore. Quoique, s'empresse d'ajouter son mental méfiant, on dirait un dragueur, ce genre de mec de la nuit qui traîne dans les boîtes branchées.

Comme s'il sentait son regard, il se tourne vers elle d'une inclinaison de buste qu'elle trouve infiniment séduisante, l'élégance masculine quand elle se fait fluide, teintée d'humour.

Il lui décoche un sourire à la fois franc et gêné, comme s'il était heureux de la rencontrer et en même temps contraint par le format du rendez-vous. Thelma grimace, troublée. Elle lui tend une main maladroite avant de s'asseoir le plus loin possible, de l'autre côté de la table.

– Tenez, je vous ai pris un cadeau.

Elle sursaute, déroutée par l'initiative. Ses doigts glissent sur le paquet, un peu timides.

– J'ai envie de le faire à la chinoise...

– C'est-à-dire ?

– Eh bien, l'ouvrir plus tard, pas forcément devant vous.

Il ouvre grand les yeux.

– Ce n'est qu'un livre !

C'est vrai, après tout. Elle baisse la tête, gênée, et découvre un essai, *Le Dormeur éveillé*[4].

---

4. Jean-Bertrand Pontalis, *Le Dormeur éveillé*, Paris, Mercure de France, 2004.

– Je viens de le finir, dit-il, sans plus de commentaires.
Elle remercie hâtivement et range le livre dans son sac. Silence. Le serveur passe prendre la commande. Silence encore. Elle s'attend à des propos anodins, du type de ceux qu'elle commence à avancer de façon mécanique, un survol des professions et intérêts de chacun, des programmes de week-ends ou de vacances. Il répond de façon évasive, en la recadrant à chaque fois sur des sujets personnels ou en approfondissant la question qu'elle vient de poser. Un peu comme un psy, sourit-elle intérieurement. Pas vraiment un psy, en fait, parce qu'il est en train de me parler de lui.
– Bon, je commence, alors, lance brusquement son *date*.
Et, en un quart d'heure, il lui livre une synthèse de sa vie sentimentale, y compris de son divorce deux ans plus tôt. Il a souffert. Il a compris.
– Et vous, ou plutôt toi, tu en es où ?
La question, directe, la cueille en plein hochement de tête – elle a pris l'habitude d'acquiescer mécaniquement aux propos de son interlocuteur. Cette gestuelle favorise un climat de connivence passive, propice à la signature des contrats. Le problème, ici, c'est que l'autre attend une réponse.
– Ça va..., tente-t-elle de botter en touche.
Son regard ironique la contraint à enrichir le constat. Elle évoque sa fille, son travail, ses amis, la bonne relation qu'elle a installée avec son ex-mari qui l'a quittée, alors qu'ils vivaient à l'étranger, son retour à Paris sept ans plus tard quand elle a eu la certitude qu'elle ne traumatiserait pas sa fille par un départ trop hâtif, le quotidien serein qu'elle a installé depuis avec elle, dans leur petite famille. Le discours, rodé et plutôt valorisant pour elle en fait, parle de pardon, de sérénité, d'une forme d'équilibre acquise au-delà des épreuves. Il suscite d'ordinaire une sympathie teintée d'admiration.
Il plisse les yeux :
– D'accord, mais toi ?
– Je ne comprends pas, rétorque-t-elle, stupéfaite.

– Tu ne me parles pas de toi. Tu parles des autres. C'est quoi, cette histoire ? Tu pardonnes à un type qui te lâche à peine arrivée à l'étranger. Tu restes sept ans de plus dans un pays où tu n'as rien à faire parce que c'était pour lui, l'expatriation ! Tu trouves un boulot qui ne te correspond pas pour élever ta fille, tu passes ton temps à comprendre les gens, à leur trouver des circonstances atténuantes. Tu es qui, toi ? Mère Teresa ?

Elle le fixe, sidérée. Toute sa vie, elle l'a passée à faire oublier ce qu'elle jugeait être son égoïsme, son côté rebelle, tôt stigmatisé par ses parents.

– Regarde-moi cette espèce de sauvage !, grimaçait sa mère, la moue méprisante, quand elle apparaissait dans l'espace familial. Tu t'es vue, toute décoiffée, mal habillée ? Tu finiras toute seule, ma pauvre fille...

Sous le poids de cette malédiction latente, Thelma a développé un altruisme compulsif, à base de décentrage de chaque instant. L'autre d'abord. Comment va-t-il ? Que veut-il ? Si je me mets à son service, il me gardera peut-être auprès de lui. Comme sa mère. Thelma a vécu son enfance suspendue à ses humeurs, à ses désirs changeants, à son ambivalence. Elle a répondu à chacun de ses ordres, essuyé les coups, accepté ses sarcasmes, l'a vue saboter les moments de joie et les « instants de fête ».

Par chance, il y avait les études, la sécurité de la routine scolaire, la satisfaction des bonnes notes, l'engrenage du devoir auquel Thelma s'est raccrochée très tôt. Anorexique pour éviter de devenir femme, un horizon apparemment peu enviable, elle a évité les pièges de l'adolescence – sexualité, petits copains, sorties – qui lui étaient de toute façon refusés par la jalousie maternelle –, maintenant ainsi un niveau de concentration propre à lui assurer des études de haut niveau et, surtout, une exfiltration sanitaire à Paris. À seize ans, bac mention très bien en poche, elle s'est sauvée grâce à une bourse d'études providentielle. Sans pour autant parvenir à exfiltrer l'ensemble de son être, imprégné de cette enfance tourmentée. Ces blessures ont par la suite coloré de souffrance sa vie sentimentale, trouvant dans chaque partenaire l'occasion de parachever sa guérison. Comment raconter cela à un étranger ?

Thelma ne parle pas, car si elle commence à se livrer, elle redoute de faire peur. Elle s'en tient d'ordinaire à une évocation normalisée de son enfance, quelques grands traits qui rassurent sans décrire. Elle mentionne l'océan, décrit la géographie du lieu, évoque le climat. Elle parle pour l'autre afin qu'il se sente bien. Qu'importe si ses mots ne lui disent rien, à elle. Mais là, apparemment, on attend autre chose.

– Écoute-moi, reprend-il en la prenant dans son regard clair. Je ne cherche pas à te déstabiliser. Tu m'as dit ce que tu as l'habitude de dire de toi. Cela ne me suffit pas. J'ai envie d'un discours neuf, parce que moi, je suis neuf en face de toi. On n'a rien à perdre de toute façon. Si cela ne nous convient pas, on s'en va. On est grands.

Elle soupire, soulagée. Les mots ne lui viennent pas tout de suite, bien sûr. Elle n'a pas l'habitude de parler sans réfléchir ou sans évaluer au préalable ce qu'elle énonce. Elle se contente de dire avec ses yeux, ce qui a l'air de lui suffire à lui aussi.

Elle barbote dans son regard turquoise comme dans une mer tiède, promesse d'évasion et de surprises. Qu'il soit un dragueur, un mec de la nuit ou un oisif dans la journée, elle n'y pense plus. Elle est juste bien, infiniment présente. Dans la bulle de la rencontre, elle ne sent plus le temps passer. D'ailleurs elle a même pour une fois oublié de le délimiter. Le moment se passe de cadre, totalement incongru, magique en même temps.

Des années plus tard, quand elle repensera à cette rencontre, tout le temps d'ailleurs, tant celle-ci se posera en moment fondateur de leur relation, Thelma sourira devant l'enchaînement magique qui aura désagrégé en moins de vingt-quatre heures tout son système.

Décryptage

Thelma, comme l'ensemble des enfants tôt confrontés à l'adversité dans leur milieu familial, s'est construit un système très complet de défense. Elle a vite constaté qu'elle ne pourrait compter que sur elle, que sur sa volonté et sur des stratégies quasiment héroïques pour la sortir du piège. Plongée dans un foyer familial toxique, elle a utilisé ses capacités intellectuelles pour se mettre en condition de « surhumanité » afin de se préserver. La sublimation dans les études, la décision inconsciente de se placer en situation d'anorexie pour favoriser une concentration ascétique, physiologiquement anormale chez une adolescente, les résultats exceptionnels obtenus, tous ces éléments ont favorisé le dispositif de fuite mis en place.

Seule à Paris, financée par l'État qui a pris le relais d'une famille destructrice, elle a pu respirer et retrouver une inspiration de vie, malheureusement très contrainte par son passé qu'elle a peu à peu assumé. Le besoin de contrôle et de protection corrélée s'articule évidemment autour de cette faille affective et, bien sûr, identitaire. Le meurtre symbolique de son être s'est effectué quand elle était dans le ventre de sa mère où, on l'aura compris, elle n'était pas la bienvenue. Ses obsessions d'effort, de travail et de lutte face à l'adversité résultent probablement de cette non-acceptation.

Heureusement, elle a aussi favorisé *a contrario* le développement de qualités de courage, de sensibilité, propres à générer un imaginaire puissant, éperdu de beauté, assoiffé de bonté. Thelma a vécu son enfance dans l'ombre, elle sait donc reconnaître la lumière. Plongée dans la noirceur et le négatif, elle a soif de vie. Vaillante et déterminée, elle inscrit son destin d'adulte dans cette dynamique, avec sa fille dans un premier temps. La qualité de la relation d'amour maternel qu'elle donne la guérit de celui qu'elle n'a pas reçu, enfant.

Il lui faut l'intervention d'Aurélien pour que l'appel de la vie fasse éclater ses derniers bastions de protection. Pour qu'elle se déroute, ou plutôt qu'elle s'oriente à nouveau vers une personne qu'elle va reconnaître : elle-même. Se plaçant ainsi en phase avec l'homme qui saura la reconnaître pour qui elle est.

Comment l'inspiration a œuvré

Pour arriver à cette posture existentielle juste, Thelma a accepté de déconstruire peu à peu son système :
• Elle prend la fuite devant un problème d'intendance qu'elle aurait d'habitude réglé dès sa genèse par peur de se retrouver devant une catastrophe. L'extrême prévoyance fait partie de son système de contrôle face aux aléas susceptibles de provoquer une agression dans son quotidien.
• Elle lâche sa responsabilité concernant sa fille qui *de facto* va réviser seule son bac dans l'appartement. Ce manquement au devoir de contrôle parental, classique quand un adulte tente de réparer l'enfance qu'il n'a pas eue en investissant à l'excès celle de son propre enfant, l'allège. Elle se centre sur elle et son désir.
• Ce centrage réveille les parties les plus sensibles, légères et joueuses de sa psyché. Celle-ci lui envoie les vers de Verlaine évoquant son emprisonnement et sa nostalgie de la vie afin de faire écho à sa propre situation et, par suite, de stimuler la pulsion de vie qui la fera sortir de chez elle – aux sens physique et symbolique.
• La promenade à vélo hors contexte et hors horaire conventionnel lui rappelle les échappées de son enfance, à savoir les meilleurs moments de sa vie jusqu'ici, quand elle se sentait libre. Elle a le sentiment de transgression et se trouve dans l'espace non normé dont elle rêve. Dans cette

Se laisser dérouter 47

zone de non-devoir et de non-norme, elle accepte le principe d'un *blind date* sauvagement imposé.

• Face à Aurélien, elle fait confiance à sa première impression plutôt que de se replier derrière de vieux automatismes de méfiance et de rejet (« dragueur, homme de la nuit »...) qui s'empressent d'étouffer l'attirance qu'elle ressent.

• Elle entend le besoin de franchise et de discours vrai exprimé par son interlocuteur. Elle ne le déjoue pas par des pirouettes comme elle sait si bien le faire.

• Elle se laisse aller à vivre l'instant, à ressentir le bien-être d'un échange totalement nouveau et imprévu, sans le ternir de projections dans le futur.

CHAPITRE 2

Patricia

Suivre ses passions

« L'homme a besoin de passion pour exister. »
Éric TABARLY, *Mémoires du large*[1].

Patricia est blonde, les yeux bleus, mince et de taille moyenne. Les traits délicats et le nez mutin, elle correspond au type modal, à savoir le profil statistiquement le plus représenté dans une population donnée. En l'occurrence celle de son terroir d'origine, la Belgique flamande, cette contrée où se mêlent les influences latines du sud du pays et l'énergie saxonne des Hollandais au nord. Incarner un type modal vous rend banale – constat que Patricia a un jour lâché lors d'un café à son VP Achat Europe, le mieux à même d'apprécier la rareté d'une denrée.

VP – pour vice-président, à prononcer vipi –, Patricia l'est aussi. VP Finance Europe très exactement. Un poste à responsabilité dans une multinationale qui inonde de jeans, tee-shirts et sweat-shirts l'ensemble de la planète. Elle joue ce rôle depuis trois ans – une intensité de chaque jour qui implique le management en direct d'une équipe de dix personnes ainsi que la responsabilité de cent personnes réparties dans les directions financières des seize filiales européennes du groupe.

---

1. Éric Tabarly, *Mémoires du large*, Paris, Le Livre de Poche, 1998.

Patricia a obtenu ce poste jeune, en raison de ses compétences, de son implication et de son talent. Ce dernier n'a rien à voir avec son expérience professionnelle, ses formations complémentaires, le coaching dont elle a bénéficié. Il n'intervient pas dans sa disponibilité jour et nuit, week-end compris, sa ponctualité. Il pointe son nez dans les interstices du poste, quand un sixième sens lui fait reprendre un contrat pour vérifier un paragraphe de quatre lignes au bas de la page vingt-neuf dont les conséquences à dix ans peuvent poser problème à la société. Ce même talent l'avertit de potentielles malversations dans la filiale croate en raison d'un rapprochement sexuel entre le directeur général français dûment marié, flanqué de sa famille de quatre enfants, et la sémillante directrice financière, accessoirement la maîtresse du gérant de l'ensemble des casinos et établissements de jeux de la zone des Balkans. Personne n'a rien vu ni deviné. Il a suffi d'une soirée sur place avec l'équipe pour que, entre discours et dîner dans un restaurant de Zagreb, Patricia comprenne le stratagème, s'explique avec le dirigeant *after hours* et le convainque de se faire rapatrier en Belgique dans un rôle fonctionnel.

« Trop faible ou trop naïf, ne résistera pas à l'expatriation », a-t-elle jugé. Son discernement sur les hommes est reconnu jusqu'au siège américain, qui la crédite d'une confiance aussi entière que le monde des affaires l'autorise. Vive et directe, elle possède cette assurance des quadrilingues sans complexe. Jamais vraiment française, ni hollandaise, ni allemande, ni anglaise, elle se contente de maîtriser ces langues avec pragmatisme. Pour elle, ce sont des véhicules.

Patricia a bénéficié d'une enfance joyeuse, entourée de deux frères plus âgés, aussi doux et protecteurs que leurs parents. Elle a été chérie, célébrée par des rituels bienveillants, des anniversaires et des Noëls merveilleux, installée dans la plus belle chambre de la maison, une pièce ronde donnant sur la piscine. Elle aime profondément sa famille, ses belles-sœurs, sa nièce et ses deux filleuls. Pour autant, elle ne se résout pas à fonder sa famille à elle. Son enfance privilégiée au sein de la bourgeoisie francophone d'Anvers lui a fait connaître, entre équitation, polo, yachting et rallyes mondains, l'ensemble des partis et prétendants régionaux. Sa vie de dirigeante au sein du monde des multinationales basées à Bruxelles l'expose aux célibataires européens, rencontres foisonnantes pour trentenaires disponibles. Patricia ne se prive pas de les croiser. Elle se baigne et joue au tennis au très chic château Sainte-Anne quand il fait beau, fréquente le Golden Club de la place du Châtelain à Ixelles pour se préparer aux séjours de ski qu'elle multiplie dans le chalet familial de Verbier en Suisse. Elle est enregistrée dans l'ensemble des associations, conseils et autres instances corporatistes nécessaires à sa visibilité professionnelle. De façon régulière, elle est interviewée et filmée pour des magazines et reportages à caractère économique.

Cette vie, animée et extérieurement comblée, ne lui déplaît pas. Elle ne lui plaît pas vraiment non plus. Car derrière la professionnelle se cache une femme secrète, qui protège ses passions – en l'occurrence la lecture et Jacques Brel.

Patricia a appris à lire toute seule, en passant du temps dès ses trois ans à explorer les livres, ces drôles d'objets colorés éparpillés dans la chambre de ses frères. La première illustration dont elle se souvient représentait un banc de sable sur océan turquoise, soit une île coiffée de volcans et de forêts émeraude. Un paradis, la plus belle vision que la fillette, baignée des brumes pluvieuses de la côte belge, ait jamais pu concevoir. Elle ne s'en est pas lassée, fascinée par le détail des vagues et de leur collier d'écume sur la grève, par les oiseaux bariolés apparus page après page, par ces fruits délicieusement inconnus et ces fleurs généreuses dont les couleurs éclataient au fil de l'histoire. À force de contempler ces tableaux magiques, elle s'est penchée sur les lignes en bas de page, comme pour y résoudre l'énigme de tant de beauté. L'amour, poussé à ces extrêmes, réalise des miracles. Un jour qu'elle contemplait son livre fétiche, les mots se sont ouverts. À trois ans, Patricia savait lire.

À elle la bibliothèque de ses frères ! Emportée par ses lectures, Patricia a parcouru l'ensemble des mers, océans, forêts tropicales, pôles Nord et Sud, calotte glaciaire, déserts de sable et de pierre. Puis, à six ans, elle s'est ouverte aux mystères de l'âme humaine. Ses premiers romans l'ont fascinée, élargissant sa vie de fillette flamande à l'infini de l'humanité, à sa myriade de profils et d'interactions psychologiques. Cette formation prématurée l'a dotée d'outils d'appréciation et de compréhension des autres, inconnus à qui n'a pas passé ses nuits à tourner les pages sous une lampe de chevet.

Plus tard, sa vie professionnelle en a bénéficié, lui prêtant des outils de discernement absents des manuels de management. En revanche, sa vie personnelle en a souffert. Depuis l'enfance, elle se sent décalée par rapport à ses proches. Trop rapide à les appréhender, à deviner derrière leur masque les blocages ou autres secrets qui les freinent, elle se laisse rarement surprendre. Elle connaît à l'avance le contenu des confidences qu'on s'apprête à lui faire. Les approches amoureuses des hommes la touchent sans la troubler, parce qu'elle anticipe leur stratégie. Elle voit tout, trop vite. Elle s'ennuie, surtout dans les dîners en tête à tête. La découverte de l'autre l'intéresse, mais à force de mettre en lumière autrui – déformation de lectrice –, elle reste dans l'ombre. On vient rarement l'y chercher.

Patricia a donc développé une double vie. Celle de la professionnelle écumant le *Financial Times*, *Fortune* et autres lectures agréées dans ses vols business à travers l'Europe. Celle, secrète, de la lectrice, retrouvant dans la solitude le royaume du rêve qui la connecte à l'essentiel. Le mystère de l'existence, cet infini qui l'effare de tous les possibles offerts.

Que faire de ces millions d'heures à venir ?

Par chance, elle n'est pas la seule à s'être posé la question. Jacques Brel, son compatriote, l'a précédée. Grâce à ses parents, grands amateurs du chanteur, elle a baigné dans son univers avant même sa naissance. Il l'a accompagnée à toutes les phases de sa vie, à l'adolescence bien sûr, et au

quotidien dans sa routine de cadre supérieur. Pas un soir où elle n'entende à son coucher, chez elle ou dans la chambre d'un hôtel d'affaires, ce doute entre deux notes :
« La mort m'attend dans un grand lit
Tendu aux toiles de l'oubli
Pour mieux fermer le temps qui passe[2]. »
Ces paroles ne l'accablent pas, au contraire. Le destin de l'artiste, son don de lui-même à son public, cette sortie de scène avant quarante ans vers les îles Marquises la fascinent. Patricia connaît par cœur le répertoire de Brel. Elle a dévoré l'ensemble des émissions et biographies qui lui ont été consacrées. Intense, sincère, l'homme lui parle profondément. En secret, bien sûr, car hormis ses parents, personne ne partage sa passion autour d'elle. Brel est mort. Il fait partie d'un monde disparu, celui où l'on buvait et fumait, où cardio et jogging n'existaient pas, où les chansons racontaient les rêves et angoisses des êtres, sans l'obsession marketing du « jeune et sexy ». Le charme pur. Patricia est amoureuse de Jacques Brel. Elle se reconnaît dans chacune des inflexions de sa voix, dans chaque questionnement.

« Mais qu'y a-t-il derrière la porte
Et qui m'attend déjà ? »

Tôt ou tard, les amoureux de Patricia découvrent sa passion. Ils finissent tous par battre en retraite, intimidés ou exaspérés.

– C'est sinistre, les chansons de ce mec. En plus il est mort !

Elle se retrouve seule à aimer un fantôme qui lui parle à l'oreille, sans que cela ne perturbe les plis de son tailleur-pantalon.

Brel, en elle, cela résonne voyages, découvertes, don de sa propre vie. Un souffle qui porte la générosité, la quête de l'éveil qui appelle au plus profond de l'être. Dans son quotidien professionnel, Patricia est assaillie de voix mécaniques,

---

2. Jacques Brel, *La Mort*, 1959.

métalliques ou nasillardes, des sons sortis d'un téléphone coincé entre épaule et tête baissée. Jacques chantait tête haute, sa nuque dégagée sur ses maigres épaules. Il s'offrait. Pourquoi avoir peur ?

Patricia pense souvent à son exil aux îles Marquises, à ce choix d'eau et d'air mêlés. Brel naviguait et pilotait là-bas. Il aimait aussi, sur l'île d'Hiva Oa, sa dernière destination. Elle voudrait s'y rendre, mais le voyage dure plus de deux jours avec quatre escales, soit une éternité pour une businesswoman tout juste capable de tailler dans son emploi du temps trois semaines par an, et encore pas d'affilée.

« Les multinationales gèrent les vacances de leurs salariés à l'américaine… et leur rythme de travail à l'européenne », soupire ce soir comme tous les soirs la jeune femme en jetant un œil sur l'heure – plus de vingt heures et encore une heure de dossiers devant elle.

Elle prend une grande inspiration et, penchée en avant, s'absorbe dans ses tâches. De retour chez elle, deux heures plus tard, elle se souvient d'être attendue à un anniversaire chez des amis, mais n'a que la force d'envoyer un message d'excuse. Étendue sur son canapé, elle s'endort, épuisée. Réveillée à l'aube par le camion poubelle qu'on entend depuis le salon, elle soupire, assombrie par la perspective d'un week-end urbain… Ou pas ! décide-t-elle, en souriant, la marque du coussin sur la joue. Elle n'a pas vu ses neveux depuis longtemps. Si elle allait les rejoindre pour le dimanche traditionnel sur la côte belge, à Knokke-Le Zoute ?

Elle connaît le programme de ces retrouvailles tribales et le savoure à l'avance au volant de sa berline d'entreprise. Au bout d'une heure, elle distingue les immeubles de la station. Bétonné, saturé d'immeubles, hôtels et restaurants, l'endroit reste étonnamment balnéaire. La force du vent. Patricia se gare près de la jetée, ouvre la portière et ferme les yeux. Elle respire son plat pays.

« Avec la mer du Nord pour dernier terrain vague

Et des vagues de dunes pour arrêter les vagues[3]. »

Sa nièce lui saute dans les bras. Son cœur s'ouvre, comme une fleur qui retrouverait en un instant l'air, le soleil et l'eau. Ils se promènent toute la matinée entre jeux d'enfants, bicyclette et ballon, avant d'aller déjeuner chez Marie Siska, une brasserie institution de la côte depuis des générations qui présente la particularité de se déployer autour d'un espace d'attractions pour enfants, la « plaine de jeux », vers lequel ses neveux se précipitent à peine arrivés. Patricia reste à table quelques minutes avec les adultes, le temps de passer commande et de donner les informations propres à apaiser ses parents. Oui elle va bien, non pas rencontré d'amoureux, oui le travail marche fort, non moins de voyages en ce moment, oui elle mange et dort suffisamment. L'attention se tournant vers ses frères aînés, elle en profite pour observer les enfants.

Libres de courir, de sauter dans le bac à sable ou sur le trampoline à côté, ils jouent comme les rois de l'endroit, passent de la balançoire au toboggan, sautent derrière les palissades en criant.

– Tu viens ?, lui lance son neveu de cinq ans en surprenant son regard.

Tentation. Elle tourne les yeux vers sa table d'adultes qui parle politique. La montée du Vlaams Blok, parti de nazillons d'extrême droite flamande, la partition du pays attendue par les Flamands, redoutée par les Wallons en déréliction chronique, tel ou tel scandale politique – malversation ou abus. Du pouvoir et de l'argent. Mais devant, sur la plaine de jeux...

– Viens dans ma cabane, sourit sa nièce en la voyant enjamber les palissades.

Patricia a changé de camp. Elle escalade l'échelle et se recroqueville au côté de l'enfant dans l'abri perché au-dessus du toboggan.

– On dirait qu'on serait des magiciennes !

---

3. Jacques Brel, *Le Plat Pays*, 1962.

Elle plonge dans les yeux noisette de la fillette, pailletés de rêve. Son cœur se gonfle. Tant qu'il y aura des enfants, ce monde sera respirable.

– D'accord, on imagine quoi alors ?

– Moi je serais une reine qui vivrait dans un château en haut d'une montagne. L'hiver ce serait tout blanc, avec des ours. L'été, il y aurait des fleurs partout, avec des lapins qui courent dans la forêt. Et toi ?

– Moi ?

Elle sourit, gênée. Les mots ne viennent pas, comme empêtrés dans une réalité qui fige les élans. Une VP Finance a du mal à s'imaginer en magicienne.

– C'est plus dur pour les grandes personnes. J'ai ma vie, je vais au bureau...

Ces mots tombent comme sa voix tandis qu'elle baisse le nez sur ses chaussures. En relevant la tête, elle croise le regard de sa petite compagne. Disparues, les magiciennes. Ne restent dans la cabane qu'une tante un peu grise et sa nièce, déçue.

– Viens, on descend manger.

La nuit même, dans son lit, Patricia retrouve l'inspiration. Elle rêve qu'elle se promène sur la plage avec sa nièce. Elles jouent aux magiciennes.

– Et toi ?

– Moi, je partirais en mer !, s'exclame-t-elle en courant vers la rive où l'attendent son bureau en verre fumé et son fauteuil design. Les vagues jouent autour des tubes d'acier enfoncés en étoile dans le sable. Elle se saisit des accoudoirs et soulève le fauteuil au-dessus de sa tête. L'eau glacée ruisselle sur son visage. Elle avance vers le large, son fauteuil à bout de bras.

– Tu t'en vas ?, crie sa nièce.

– Oui, adieu !, hurle-t-elle en se jetant sur son embarcation.

Protégée par son dossier, elle pagaie vers l'horizon. Le ciel s'assombrit. L'eau devient couleur d'encre, lourde et huileuse. Elle s'agite mais n'avance plus, comme aspirée sur place, les membres ankylosés.

– Tu coules !, s'écrie l'enfant depuis la berge.

Patricia s'essouffle, les bras en moulinet au-dessus de ce qui n'est plus de l'eau, mais une sorte de goudron épais qui colle et asphyxie en même temps. Ses gestes ralentissent, comme englués dans ce liquide noir qui monte sur son ventre et recouvre son buste. Elle veut lever le bras pour dire adieu à sa nièce, mais il est plaqué contre son corps lui-même plaqué contre le fauteuil. Elle ne peut plus bouger. Juste apercevoir, avant de sombrer dans les ténèbres, le regard de l'enfant. Ce mélange de tristesse et de déception qu'elle a lu dans la cabane.

Elle se redresse, en sueur. Lundi, cinq heures du matin. Ixelles dort. Patricia tente de se calmer en se rallongeant. Impossible, le regard de sa nièce la hante. Elle se lève et se prépare un thé. Quelque chose ne va pas. Sa vie prend l'eau. Elle voudrait avancer, mais ne sait pas comment s'y prendre. Du coup, elle fait toujours la même chose, travailler, voyager, voir sa famille et ses amis en racontant peu ou prou les mêmes histoires. Cela stagne. Et si elle continue, cela stagnera toujours. « Un peu plus de la même chose donne toujours la même chose », a-t-elle retenu d'une formation sur le changement.

– On y est, commente-t-elle sombrement, sans plus trouver d'inspiration que de vider sa théière.

La lourdeur n'a pas disparu quand elle rejoint son bureau dans la matinée. La semaine démarre par le rituel du comité de direction qui rassemble les VP autour d'une table en verre. Patricia frémit en approchant de la moquette noire et des fauteuils design dressés sur leurs tubes en acier. Protégée par son tailleur-pantalon, elle s'assied, à l'endroit cette fois. Les sujets s'enchaînent, de façon mécanique. Le climat économique difficile rend les propos directs, voire abrupts. Chaque VP protège son département, son équipe, et surtout lui-même. Patricia écoute d'une oreille distraite, prompte à se mobiliser en cas de danger ou d'agression, et totalement détachée en même temps. Une partie d'elle-même, la secrète, saigne à chacune de ces réunions où rien ne se dit qui ne soit conforme, où la vérité se maquille au gré des intérêts personnels, où chaque propos fossoie l'intégrité de celui qui l'énonce.

« Voilà que l'on se couche
De l'envie qui s'arrête
De prolonger le jour [...]
Serait-il impossible de vivre debout[4] ? »

Brel chuchote à ses oreilles tandis qu'elle grimace faiblement.

– La finance ! Faut que vous repreniez les tableaux, l'interpelle son président. On a *board* mondial la semaine prochaine à Vancouver. Impossible de présenter les chiffres en l'état, ça prend l'eau de tous les côtés.

Ça prend l'eau ! Patricia sursaute.

– Je passe vous voir après la réunion.

Elle sait ce qu'elle va dire. Elle n'a pas été capable de jouer avec sa nièce. Ce n'est pas pour faire la magicienne avec les chiffres des tableaux Excel.

– J'arrête.

– Quoi ?, s'étrangle son boss.

Patricia ne lâche pas. En quelques phrases, elle impose sa réalité. Elle est en train de se noyer. Quelque chose doit changer.

– Faites un break alors, et revenez-nous en pleine forme !

– Je ne reviendrai pas.

Elle ne sait toujours pas qui, en elle, parle avec cette clarté. L'échange dure quelques minutes supplémentaires. Son boss la conjure de réfléchir et d'aller parler au responsable des ressources humaines.

En quittant la pièce, elle sait qu'elle le rencontrera par courtoisie, mais qu'il ne se passera rien. Elle est déjà partie.

Les semaines suivantes s'emplissent d'une frénésie silencieuse. Patricia n'informe son entourage qu'au dernier moment – ce qui réduit l'ampleur des réactions, même si elle répond plusieurs fois par jour à ses parents et ses frères, paniqués par une décision qu'ils ne comprennent pas.

---

4. Jacques Brel, *Vivre debout*, 1961.

Chaque matin, elle passe au bureau transférer ses dossiers pendant son absence – officiellement un congé sabbatique de trois mois. Le reste du temps, elle s'enferme chez elle, en tête à tête avec ses bourlingueurs préférés, Herman Melville, Jack London, Blaise Cendrars, et ses explorations sur Internet. Elle saute de site en site, envisageant les destinations, les itinéraires, le mode de transport. Avion, bateau, cargo, pourquoi pas... Une fois éteint l'ordinateur, d'autres questions remontent. Quelle vie je veux ?

– Ailleurs, je réfléchirai mieux.

En bonne financière, elle commence par faire le tour de la situation. Propriétaire d'une petite maison de ville à Ixelles, quartier prisé par les exilés fiscaux et les eurocrates, elle peut compter sur un loyer régulier qui compensera son absence de salaire... si elle choisit une destination non occidentale où le plaisir n'est pas corrélé à l'argent. Elle a accumulé des réserves sur son compte, mais ne souhaite pas y toucher. Elle les garde pour un projet qui aura vraiment du sens.

Un cargo. Son choix est fait, grâce à Internet et aux forums consacrés à ce type de transport qui, lent et mythique, fait résonner en elle les mots de Blaise Cendrars, son poète et bourlingueur préféré :

« Une manière d'être heureux à bord, entre ciel et terre. »

Double folie. Elle, titulaire d'une carte Platinum Air France-KLM-American Express, sera la seule passagère payante d'un porte-conteneurs qui partira dans dix jours du Havre pour rallier Dunkerque, Rotterdam, Tilbury, Philadelphie, Savannah, Kingston, Manzanillo, le canal de Panama, Tarago (Australie), Napier, Melbourne, Sydney, Nouméa, Lautoka (îles Fidji) avant d'arriver à Papeete. Ensuite, elle trouvera un bateau, direction l'île d'Hiva Oa, le refuge de Brel.

« Voici qu'une île est en partance
Et qui sommeillait en nos yeux
Depuis les portes de l'enfance

Oh, viens[5]. »

La chanson la réveille très tôt le jour du départ. Elle contemple le sac posé dans un coin de sa chambre qui rassemble ses possessions, vingt kilos de livres, ordinateur, appareil photo, vêtements chauds, jeans et tee-shirts. Deux chemisiers blancs pour les repas qu'elle prendra avec les officiers, en tant que passagère payante. Les clefs de sa maison reposent à l'agence immobilière qui attend ses instructions pour la mettre en location. Elle prendra sa décision après le mois et demi de traversée.

« Rêver un impossible rêve
Porter le chagrin des départs
Brûler d'une possible fièvre
Partir où personne ne part[6]. »

Évidemment elle pleure sur le pont tandis que, derrière la montagne de caisses multicolores des conteneurs, elle voit disparaître les silhouettes de ses frères. Ils l'ont accompagnée jusqu'au Havre, ont suivi avec elle les indications de l'agent portuaire pour identifier le porte-conteneurs qui venait de terminer son chargement de fret, sursauté devant l'amoncellement de la cargaison, plus haute qu'un immeuble.

– Il ne reste que vous, a plaisanté le capitaine, un homme mince au regard vif.

Elle a pris place dans sa cabine d'où, par chance, elle entrevoit l'horizon derrière l'angle d'un conteneur. On lui a expliqué les règles de la vie à bord, qui reprennent l'essentiel des informations qu'elle a glanées dans les forums. Pour se distraire, elle trouvera une salle de sport avec quelques machines vieillies, un salon de télévision, la salle à manger pour les repas à heure fixe – sept heures, onze heures trente, dix-sept heures trente.

Elle s'installe sur son lit, ouvre le premier des romans d'aventure de son enfance qu'elle a stockés dans son sac.

---

5. Jacques Brel, *Une île*, 1962.
6. Jacques Brel, *La Quête*, 1968.

Suivre ses passions

Quarante jours plus tard, elle tourne la dernière page de *L'Exilé* d'Henri de Monfreid[7] que lui a prêté Nicolas, le capitaine. La passion des livres les a réunis dès le premier dîner. Ayant vécu son enfance entre deux garçons et sa vie professionnelle au sein d'un comité de direction masculin, Patricia n'a eu aucune difficulté à trouver le ton juste. Elle apprécie ce climat de camaraderie, d'échanges directs sans séduction ni intentions cachées. Bien sûr, elle ressent parfois la pression d'un regard qui se détourne un peu trop vite, d'une gêne au détour d'un couloir. Les marins restent pudiques. Sa présence, même discrète, transmet une énergie féminine susceptible de réveiller des affects réprimés.

Ils ont choisi la mer, conclut la jeune femme. Ils affrontent l'aventure des tempêtes, l'adrénaline des débarquements de fret à toute heure dans le ballet des grues et l'effervescence de ports qui ne dorment jamais, la tension d'un transport devenu de plus en plus industriel. Vitesse, efficacité, rentabilité restent les mots d'ordre d'une vie d'action, jamais à l'abri du danger. Que ce soit face à une mer qui se démonte au-delà de l'imaginable ou à l'approche de zones infestées de pirates, prompts à lancer des attaques souvent meurtrières, les marins restent concentrés. Patricia adore les observer. Ils la font renouer avec un masculin que son environnement habituel de cadres urbains ne lui a pas permis de contacter. Les hommes qu'elle fréquente font attention à leur apparence et mangent dissocié, fomentent des jeux politiques complexes tout en veillant à leur équilibre de vie entre bureau, golf, ski et séjours au soleil.

Sur le porte-conteneurs, on ne bronze pas. Même si, escales aidant, le tas de caisses qui assombrit le pont diminue, le rythme demeure. Scandé par le grondement incessant du moteur, le quotidien se déroule, actif, ou carrément en retrait. Officiers ou simples marins, ils disparaissent dans

---

7. Henri de Monfreid, *L'Exilé*, Paris, Grasset, 1960, réédition Grasset et Fasquelle, Paris, 2012.

leurs cabines au moment des pauses. Patricia comprend ce besoin de distance, qu'elle partage aussi. Son statut de seule femme à bord la protège et, merveille de la communication des inconscients, chacun le comprend, quelles que soient sa nationalité et sa culture. Patricia passe des journées sereines, qui filent entre lecture, observation du ciel, de la mer, des hommes qui l'entourent. Elle se sent présente, sa façon à elle de participer.

Son amour pour les livres lui a fait rencontrer deux autres passionnés, Nicolas, le capitaine, et Jérémie, le chef mécanicien. Ils l'impressionnent par leur curiosité pour ce monde des humains dont ils s'éloignent à chaque voyage. Elle les retrouve aux repas pour échanger des impressions de lecture, sans paroles parfois. Le regard brillant, ils glissent sur la table un livre à partager ou un iPod, une manière de confidence déguisée, de message en attente. La pudeur de ces hommes les empêche d'aller plus loin – délicatesse qui l'émeut au cœur et qui lui rappelle l'ambiance des échanges adolescents. Sans se toucher ni à peine se parler, ils sont devenus intimes.

Papeete approche à l'horizon.

– Vous nous quittez vraiment ?

L'interrogation du capitaine n'appelle pas de réponse. Elle pourrait poursuivre le tour du monde, un mois encore et revenir à Bruxelles. Quelques jours pour arranger ses affaires et elle clôturerait ses trois mois sabbatiques. Mais l'aventure n'est pas terminée. La navigation n'a apporté à ses réflexions existentielles qu'un bref repos. Elle ne sait toujours pas ce qu'elle veut faire de sa vie.

Elle débarque dans la lumière violette d'une fin de journée. Sur la recommandation de la capitainerie, elle échoue dans un hôtel près du port, le temps de s'inscrire sur un cargo en partance pour Hiva Oa. Elle refuse le dîner qu'on lui propose et se réfugie dans sa chambre. En entrant dans la pièce, elle ressent un vertige qui la force à s'asseoir. Elle a perdu l'habitude de la terre ferme. Le calme subit du lieu, une fois la porte fermée, l'accable, comme une boule d'angoisse au plexus. Cette boule pèse et grossit au fil de la nuit, la réveillant à deux reprises, le cœur battant. Quitter l'équipage du cargo vient de réveiller, ou plutôt de révéler, la douleur d'un départ qu'elle n'avait pas ressentie, toute à la joie de son projet. Elle vient de se séparer à nouveau de sa famille, de ces deux cents marins endormis sur l'eau autour d'elle, chaque nuit.

Deux jours plus tard, elle embarque sur le cargo qui la conduit à Hiva Oa. Elle est à peine sortie de son hôtel de Papeete, suffisamment pour apercevoir le quotidien du marché local et d'une place où déambulent les habitants, mais sans rien ressentir. Une partie d'elle-même est restée sur l'eau, élément qu'elle retrouve avec soulagement pendant les six jours de traversée pour les îles Marquises. Cette fois-ci, elle ne voyage pas seule, entourée de couples d'amoureux et de plongeurs. Elle les écoute d'une oreille distraite, ces voix joyeuses, excitées de rejoindre ce lieu mythique. Les sons chez elle viennent d'ailleurs, d'un timbre plus grave qui parle de l'inaccessible étoile.

« Une île

Et qu'il nous reste à bâtir[8]. »

Le lendemain de son arrivée à Hiva Oa, installée dans une pension de famille au bord d'une plage enfouie dans la végétation, elle part pour le cimetière marin d'Atuona où l'artiste est enterré au côté de Gauguin.

En avançant sur le sentier qui domine la baie, enserrée de massifs basaltiques, elle parcourt d'un œil distrait les fleurs, les dessins et les hommages des habitants qui l'ont aimé. Sous les palmiers qui balaient la tombe, elle distingue la sculpture du visage de Jacques Brel au côté de celui de Maddly, son dernier amour. Elle ne parvient pas à fixer son attention, aspirée par quelque chose d'autre, une émotion qui gonfle en elle, indicible, immense, devant la fragilité de la vie, le destin si bref de certains. Jacques Brel n'avait pas cinquante

---

8. Jacques Brel, *Une île*, 1962.

ans quand il est mort. Le vertige des drames humains, de ces quêtes solitaires à travers l'opacité du monde, la submerge. Elle s'écroule en sanglots, un torrent de pleurs qui dévalent en cascade, puis plus calme, puis à nouveau des tempêtes de larmes, une compassion et une souffrance indicibles, hermétiques aux mots. Elle passe toute la journée prostrée, secouée par les flux et reflux d'émotions au pied de la tombe. Puis, comme si une main amie l'aidait à se relever, elle se redresse. Soulagée.

Elle regagne la pension. Pour la première fois, elle accepte de dîner avec deux Anglais, un couple de plongeurs passionnés d'expéditions sous-marines qui lui proposent de lui faire découvrir leur club de plongée. Elle ne connaît rien de cette activité qu'elle a toujours évitée par appréhension.

– C'est pour un baptême ?, lui lance Tony, le responsable du centre.

Elle reconnaît l'accent irlandais et sourit. Elle a beaucoup voyagé en Irlande pour des raisons fiscales liées à son rôle de financière de l'entreprise, et aussi par plaisir. Elle apprécie la bonhomie des pubs, la franchise des regards, une simplicité qui se ressent à chaque coin de rue.

– Pourquoi pas ?

Le centre de plongée est installé dans une anse, une petite plage encadrée de rochers blonds sous les palmiers. Il se distribue en deux cabanes, une pour le matériel – bouteilles, compresseurs, équipements de plongée, l'autre, meublée d'un sofa et d'une table basse couverte de revues spécialisées. Le bonitier qui emmène les plongeurs au large rythme la vie de la baie de ses allées et venues.

Patricia passe la semaine suivante entre les deux cabanes. Son baptême, la main dans celle de Tony, l'a ravie. Une apesanteur de rêve entre poissons-clowns, raies pastenagues aux points bleus, anémones multicolores, coraux de dentelle vive qui lui donne l'impression d'entrer dans les illustrations de ses livres d'enfant. Elle a forcément envie de poursuivre, d'où son inscription pour la passation du diplôme « PADI Open

Water », le sésame de sa vie de plongeuse future, soit quinze jours d'apprentissage théorique et pratique avec Tony et John, un de ses plongeurs.

Après deux mois de passivité passés à lire, elle prend plaisir à apprendre, à se confronter à l'étrangeté un peu rude des rituels d'amarinage sous-marin : arrachage de masque à vingt mètres de profondeur avant la pose et dépose de sa ceinture de plomb, descente en apnée. À force de passer l'essentiel de ses journées dans et sous l'eau, elle a l'impression de muter, de devenir une autre personne, semi-nue, vêtue d'un maillot de bain, d'un short et un tee-shirt pour la fin de journée.

Car elle termine souvent la journée au club à discuter avec Tony sur la terrasse de la cabane qui lui sert de logis, une fois les plongeurs partis. Cette vie spartiate a coûté à l'Irlandais son mariage – son épouse qui l'avait accompagné pour partager l'aventure n'ayant pu supporter la solitude du lieu.

– Elle n'aimait pas assez la mer, conclut le plongeur, dont la peau burinée atteste de l'inverse.

Patricia apprécie ces bribes de confidences, alignées au fil des soirées. Elle se sent en paix, comprise sans besoin d'explications. Elle sourit quand Tony lui révèle qu'il était autrefois médecin, basé dans un hôpital de Dublin. Il a un jour pris conscience qu'il travaillait toute l'année pour trois semaines de joie : plonger dans n'importe quelle mer, pour retrouver *la* sensation.

– Enfant, je prenais mon bain avec masque et tuba. Les palmes, cela ne passait pas dans la baignoire, précise-t-il avec sérieux tandis qu'elle sourit.

– J'ai suivi ma passion, conclut-il.

Elle sursaute, tant le constat lui parle. Pourtant, depuis son arrivée sur l'île, elle ne pense plus à Brel et a cessé de lire.

Sa nouvelle vie marine l'accapare, ravivant en elle un besoin d'action nouveau. Elle a rapidement compris le fonctionnement du club que Tony a racheté deux ans auparavant, soit une activité sporadique, saisonnière, nourrie par une clientèle européenne à dominante française, les îles polynésiennes ne faisant pas recette auprès des voyagistes américains. Accès compliqué, infrastructures sommaires, influence française trop marquée... Patricia l'entend souvent répéter ces arguments, la mine sombre.

– Tu es référencé auprès de tour-opérateurs ?, lui lâche-t-elle un jour en le surprenant au sortir d'une plongée, pétrifié devant un monceau de papiers.

– Ce n'est pas mon positionnement, rétorque-t-il de façon abrupte.

– Ne t'étonne pas de ne pas avoir de clients, alors.

L'échange pimente la soirée de façon différente. Plus de confidences ni d'impressions de plongée, ils se confrontent de façon directe. Patricia lui rappelle les dysfonctionnements du club, les horaires approximatifs de départ sur le bonitier parce que le capitaine est arrivé trop tard, les flottements de John, un jeune instructeur qui fume trop et oublie de se réveiller, la qualité moyenne de certains équipements, les gilets qui menacent de se déchirer, les détendeurs fendillés. Elle s'étonne elle-même de sa véhémence, qui lui rappelle son sens de l'observation ainsi que la clarté de son intelligence analytique.

– Tu l'as acheté comment, le club ?
– Un prêt, sur deux ans.
– Remboursé ?
– Non, justement. Il faut que je passe à la banque, lâche-t-il, l'air accablé.
– Je le fais pour toi si tu veux.

La proposition est sortie spontanément. Il lève la tête, interloquée.

– Tu sais faire cela ?
– J'étais dans la finance avant.

Depuis son départ, Patricia n'a pas évoqué son ancien métier, juste mentionné qu'elle travaillait en entreprise.

Les yeux de Tony s'écarquillent. Plus tard, il lui avouera que c'est la première fois qu'on lui propose de l'aide. Il bafouille, cherchant ses mots pour la remercier.

Suivre ses passions

– Tu m'emmèneras à l'île de Tahuata voir les raies manta !

Un nouveau rythme s'installe. Chaque matin avant l'aube, Patricia et Tony se retrouvent sur le bonitier, désormais mouillé en permanence devant le club, pour leur plongée du matin. Cap sur un nouveau site. Elle aime ce rituel, le contact avec l'eau tiède, la pression de la main de Tony sur la sienne lorsqu'il lui montre un nudibranche, une rose corail, un requin-citron, une raie léopard, cette profusion de couleurs et de formes de vie dont ils ne se lassent pas. Quand ils rentrent, ils partagent le petit déjeuner sur la terrasse.

Tony part ensuite accompagner les plongeurs de sa première sortie tandis que Patricia se plonge, elle, dans l'administratif. En quelques semaines, elle est parvenue à assainir la situation du club : référencement auprès des principaux voyagistes et des réseaux de plongée, recrutement de deux nouveaux instructeurs, organisation de plongées découvertes auprès des hôteliers de l'île, mise en place de soirées thématiques sur la faune et la flore sous-marines et, surtout, renégociation du prêt qui permettra à Tony de développer son activité de façon sereine.

Son activité ? Elle sourit au volant de sa jeep, qui la conduit à un rendez-vous de prospection plus loin dans l'île. Tony et elle sont amoureux. Il le lui a confié un matin, à l'aube sur le bateau. Elle lui a ouvert son cœur. Ils sont restés à contempler l'aurore, l'un contre l'autre, les yeux humides.

– Je veux t'épouser à la tahitienne, avec les colliers de fleurs et la fête toute la nuit, a lâché l'Irlandais, des étoiles dans les yeux.

– Et moi, je te rachète la moitié de ton club. Deal ?, a-t-elle lancé devant son regard ébahi.

– Deal !

Ils ont éclaté de rire.

Décryptage

Patricia mène une existence qui correspond aux critères de réussite dans son milieu. Après des études de commerce, elle occupe un poste à responsabilité dans une grosse entreprise. Elle a acheté sa maison dans un quartier chic de Bruxelles. Elle fréquente les clubs de sport à la mode. Elle est entourée d'amis issus du même contexte qu'elle. Seul hic à cette normalité affichée, elle ne parvient pas à inscrire une construction personnelle (sentimentale, conjugale, familiale) dans ce schéma. Le phénomène est révélateur d'une vie d'emprunt ou d'un destin décentré, soit une construction extérieure correspondant aux plans définis par d'autres. Comment s'ouvrir à l'intime quand on ne l'écoute pas en soi ?

Sa seule écoute, paradoxalement, de son intime, passe par Jacques Brel, son chanteur fétiche. Lui seul dans ses paroles exprime la vérité de cette jeune femme qui ne sait même pas qu'elle se cherche. D'où la passion qui l'attache à lui, au point de vivre à travers sa voix, qu'elle garde constamment accessible *via* la technologie.

Quand Patricia, perturbée par un rêve violent qui lui montre sa mort symbolique, décide de rejoindre l'artiste défunt à l'autre bout du monde, c'est clairement elle-même qu'elle choisit de retrouver. Un « elle » étranger, qui a besoin de la décantation de plusieurs semaines de navigation parmi des marins étrangers et d'un retour à ses fondamentaux de passion – le calme, les livres, l'espace – pour se dévoiler peu à peu à elle. Ce cheminement laisse émerger une personne différente dont l'énergie vitale circule à nouveau parce qu'elle s'est réalignée sur sa propre structure identitaire.

Émettant les vibrations justes de qui elle est vraiment, Patricia rencontre naturellement le projet et le compagnon de vie qui lui correspondent.

Tenir un club de plongée aux Marquises mariée à un bourlingueur irlandais. Telles sont les fulgurances de l'authenticité quand on lui laisse toute la place dans notre vie, comme le montrent de façon éloquente les étapes de son cheminement.

Comment l'inspiration a œuvré

- Elle cultive, même et surtout en secret, la passion dans sa vie et ne passe pas à côté d'elle quand les occasions de la recontacter se présentent (lecture, Jacques Brel, voyage en cargo, plongée sous-marine).
- Elle s'inspire de la passion chez les êtres qu'elle admire. Jacques Brel a intensément vécu un destin pluriel mêlant la carrière d'artiste, d'acteur de cinéma, les voyages, la voile, le pilotage aérien – ce qui la fascine.
- Elle accueille la nécessité de la rupture avec son quotidien en posant des actes à la suite de la violence du cauchemar qui la voit se noyer.
- Elle fait la différence entre le partage autour d'une passion (ses lectures qu'elle échange avec le capitaine et le chef mécanicien) et l'attirance authentique pour un être. Elle sait parler avec son cœur sans pour autant se placer en posture de séduction, *via* les archétypes de femme fatale/muse/mascotte. Ce type de jeu, tapi dans une fantasmagorie de « passion romantique », lui serait d'autant plus facile qu'elle est la seule femme sur le bateau.
- Elle découvre que la passion est un passage, une étape dans la croissance personnelle. Elle peut durer toute la vie ou conduire à une autre passion. Arrivée aux Marquises, elle ne lit plus et ne pense plus à Jacques Brel. S'être recueillie sur sa tombe a joué le rôle d'exutoire. Elle a rendu grâce à l'artiste de l'avoir mise sur la voie.

- Elle comprend que les passions se génèrent les unes les autres. Elles s'amplifient, dans le sens où plus on est passionné, plus on a de probabilités de le devenir davantage, sur un ou plusieurs autres sujets au fil de la vie.
- Grâce au respect porté à ses passions, elle se cisèle dans ce qu'elle a de plus singulier et façonne l'œuvre d'art unique qu'est en train de devenir sa vie.
- Elle réintègre, dans sa double passion pour son amoureux et le club de plongée qu'elle développe avec lui, ses qualités rationnelles et analytiques de financière qu'elle avait laissées de côté dans un premier temps.
- Elle vit son processus d'individuation (Jung), à savoir la création de son Soi dans sa totalité, intégrant les expériences de sa vie ainsi que les différents aspects de sa psyché, consciente et inconsciente.

CHAPITRE 3

Nicolas

Écouter son enfant intérieur

> « Mais si tu grattes là,
> Tout près de l'apparence tremble
> Un petit qui nous ressemble
> On sait bien qu'il est là. »
>
> Jean-Jacques GOLDMAN, *On ne change pas.*

– Vous le frottez entre vos doigts comme ça. Mmmh, ça sent bon...

Le groupe s'extasie, le nez dans les rameaux de pin.

– C'est du douglas, on le trouve au Canada et chez nous aussi, dans le Jura. Il monte jusqu'à soixante mètres. Là-bas, il dépasse les cent mètres. Il est magnifique.

Les regards s'arrondissent. Quel est ce guide qui parle d'un arbre comme d'une personne ? Puis qui s'avance sur le chemin, se plante au-dessus de la vallée en ouvrant les bras.

« *Wie stark ist nicht dein Zauberton*[1]... »

Les premiers vers de *La Flûte enchantée* s'envolent dans le ciel turquoise d'un matin de juillet. Les visages des marcheurs s'ouvrent. Puissante, généreuse, la voix du ténor les emporte

---

1. « Qu'elle est puissante ta musique... », phrase de Tamino, extraite de l'opéra de Wolfgang Amadeus Mozart, *La Flûte enchantée*, 1791 ; Alain Pâris, *Livrets d'opéra*, tome 1, *De Beethoven à Purcell*, édition bilingue, Paris, Robert Laffont, « Bouquins », 1991.

ailleurs, dans un univers magique. L'enfance et sa joie dans un écrin de verdure.

Bienvenue dans l'univers de Nicolas.

Nicolas est chanteur ténor, écrivain et technicien forestier – le tout dans le désordre ou plutôt dans une autre forme de logique, celle de son désir ou de sa puissance retrouvée qui s'exprime dans son métier actuel : chanteur d'opéra, animateur des « Randolyrics », sa création, à travers l'est de la France, l'Allemagne lyrique et romantique des bords du Rhin, et aussi les étendues chamaniques du Canada.

Le principe est simple. Nicolas conduit la randonnée. Le groupe marche lentement, attentif aux différentes dimensions du paysage, à la végétation, au mode de vie des habitants de ces espaces, en apparence immobiles. Soudain le guide s'arrête. Respire profondément. Et chante. Les arbres frémissent. L'air se distend autour de lui. La voix monte dans les airs, rebondit dans les coteaux, s'écoule dans la vallée. Elle amplifie l'espace et résonne en chacun. Les visages s'ouvrent. Les bouches se détendent. La musique circule, pulsation du monde.

Nicolas choisit ce moment pour inviter le groupe à le rejoindre. Certains s'esclaffent, d'autres gloussent nerveusement tandis qu'un volontaire s'élance, le texte des paroles brandi devant lui. Sa voix sert d'appel. Un à un, les timbres s'agrègent, timides, éraillés parfois, graves ou aigus, puis s'installent dans le chant. La clameur s'élève. Un clan se forme. Nicolas sourit. La meute, il connaît *via* son second nom, *Anariskwa*, soit le loup, en langage amérindien. Il l'a reçu d'un chef indien, de la nation huronne, de la tribu des Tortues. C'était il y a sept ans, au Canada. Là où il a rejoint son inspiration. Là où l'attendait son enfant intérieur.

Nicolas est né dans le Jura, un berceau d'arbres et de montagnes, de collines, de vallées et de chants d'oiseaux. Ses parents, amateurs de livres et de promenades, l'ont initié très tôt au charme de ces paysages idylliques. La nature s'est ancrée en lui par tous les sens. Enfant unique, il a reçu de ces promenades des frères sapins, des sœurs en forme de fleurs de toutes les couleurs, des cousins lapins ou chouettes, aigles et chamois. L'enfant a trouvé dans ces espaces une famille chaleureuse et joyeuse, pour jouer, courir, explorer sans fin dans la lumière.

L'école, en revanche, lui a appris la contrainte, la menace et la peur. Sensible et timide, le garçon a compris l'intérêt de la discrétion face à ses camarades. Ses épaules se sont resserrées. Sa bouche s'est refermée sur des secrets qu'il ne pouvait partager. Comment leur faire passer son émotion devant le soleil qui rosit la cime d'une montagne, le bruissement des ailes d'un milan royal échappé d'un sapin, l'intensité d'un regard de lynx qui vous happe au creux d'un sentier ? Seul dans un coin de la cour de récréation, il lui arrivait de fermer les yeux pour revivre ces merveilles. Ses copains n'auraient pas compris. Ils jouaient aux billes ou au ballon avant de chercher un bouc émissaire pour se battre. Nicolas les a évités toute sa scolarité, aidé en cela par son instinct, heureusement sûr. En sa compagnie, il s'échappait des journées entières dans les bois où il pouvait chanter à tue-tête. Son père l'accompagnait parfois, heureux de voir son fils se défouler en pleine nature. Et satisfait de le voir, après le bac, choisir une carrière de technicien forestier, ouverte sur les voyages et les explorations.

Le Burundi, soit un lieu magique au bord du lac Tanganyika, joua le rôle de déclencheur. Nicolas, parti pour son premier poste de garde forestier, y découvre son goût pour la musique en pianotant dans un bar le soir. Il n'aurait jamais osé en France, conscient de son niveau de jazzman débutant qui s'amuse avec les accords.

– Pas mal, s'exclame un client qu'il n'avait pas repéré dans un coin, cela vous dirait de donner des cours ?

De façon improbable, Nicolas vient de rencontrer le directeur de l'école française de Bujumbura qui lui propose de remplacer un professeur malade.

Des cours de musique, pour des élèves de sixième ? Pourquoi pas ! Inspiré par ces enfants de onze ans, Nicolas écrit pour eux et avec eux un conte musical, *Le Papillon noir*

ou l'affrontement entre un lutin et le Mal hostile, l'éradication de la haine par les forces bienfaisantes de la nature. Un éditeur mélomane, présent au spectacle où il se produit avec ses élèves, lui propose de publier le conte et ajoute cette phrase mystérieuse pour l'expatrié :
— Vous avez une voix de ténor. De ténor professionnel. C'est rare.

Nicolas reçoit un choc. Intrigué par ces propos, il sent aussi un soulagement s'installer en lui. Il existe une réalité derrière cette force qu'il sent monter dans son dos, cette énergie vitale qui explose dans sa gorge à travers les sons et les mélodies qu'il fredonne toute la journée. Puissance de la voix. La remarque de l'éditeur l'accompagne quelques années encore dans ses explorations forestières à travers d'autres pays, de nouvelles affectations. Cinq ans plus tard, il cède à sa passion.

Changement de carrière. À vingt-cinq ans, il reprend des études de chant au conservatoire de Nice. Travaillant d'arrache-pied, il apprend à bouger, à se mouvoir sur scène, à respirer pour prendre sa place sous les lumières de l'Opéra. Son talent éclôt, l'amenant, les années suivantes, à enchaîner un maelström de tournées à travers le monde. Vienne, Zurich, Shanghai, New York, les scènes se succèdent, tandis que, grimé, habillé et poudré, Nicolas offre à son public les airs qu'il attend... et parfois, hélas, une gestuelle qu'il n'attend pas. Car la puissance de sa voix ne parvient pas toujours à raisonner l'enfant timide tapi derrière l'adulte.

Dans ces salles frémissantes d'attentes et de jugements, il retrouve trop souvent le théâtre de son enfance – à savoir lui et ses secrets face à la meute des autres, avide de railler sa différence. Parfois, le trac, trop fort, l'aspire. Alors il chute. En pleine représentation. Zurich accueille à deux reprises ses évanouissements spectaculaires.

Fin du spectacle et représailles sur sa carrière. Car Nicolas ne peut pas chanter n'importe quel répertoire. Certains opéras dont les thèmes appuient sur ses blessures intérieures le mettent dans un état de malaise insurmontable. Qu'il affronte seul, car en l'espace de trois ans, il perd de la même maladie son père et sa mère, souffrance d'un double deuil étouffée dans les voyages et déplacements d'une vie d'artiste. Sa sensibilité, qui l'attend chaque soir dans sa chambre, une fois la scène quittée, le rattrape. Elle le désigne encore, fragile et vulnérable, face aux autres. Une aphonie subite et forcément somatique, la veille d'un *Pelléas et Mélisande*[2] qu'il aborde de façon contrainte tant le climat malsain de la pièce lui pèse, marque la fin de sa carrière.

– On ne peut vraiment pas compter sur toi !, conclut le directeur du théâtre, furieux.

Nicolas frémit. Ce constat le hante chaque jour. Comment croire dans son talent quand celui-ci peut vous lâcher au dernier moment ? Il ne se fait plus confiance, tout comme on ne lui fait plus confiance. Effondré, il abandonne le chant et se terre dans un studio à Maisons-Laffitte. Durant les trois ans qui suivent, il oscille entre l'accablement et la panique. Confronté à la puissance d'une voix qui peut se retourner contre lui de façon mystérieuse, il multiplie les efforts pour la dompter. Outre le travail d'élucidation psychologique indispensable, il consulte les meilleurs professionnels du chant qui, tous, confirment le verdict psychosomatique. Il se fend même d'un aller-retour à New York pour une séance planifiée avec un délai d'attente de six mois auprès du phoniatre de Pavarotti qui ratifie, à raison de mille dollars les trente minutes de rendez-vous, le diagnostic.

Attiré par les vastes espaces américains, Nicolas envisage de déplacer le problème. Pourquoi pas une carrière à l'international ? Il s'envole pour New York, puis pour Montréal. Il contacte des théâtres, fait la tournée des opéras. S'il réussit généralement la première audition, il retrouve l'échec à la seconde. Sa voix lui fait l'effet d'une bombe à retardement, une sorte d'épée de Damoclès qu'il ne maîtrise pas et qui le

---

2. Claude Debussy, *Pelléas et Mélisande*, 1902.

plonge dans l'angoisse. Il se sent démuni, sous l'emprise d'une force qui agit selon des lois mystérieuses dont il comprend les mécanismes de fonctionnement sans pour autant en maîtriser les facteurs de déclenchement. Pouvoir des émotions.

Celles-ci ont raison de lui. Les voyages et tentatives d'expatriation ont dévoré ses économies. L'agitation de la survie cède le pas à la prostration. Réduit au RMI, Nicolas sent son moral décliner. Ses dernières années de chanteur lyrique en mouvement constant à travers le monde ont épuisé son entourage amical. D'un naturel pudique, il préfère éviter les quelques irréductibles fidèles qui ne manqueraient pas de s'inquiéter pour lui, ajoutant à l'effroi qui le rattrape quand il dresse le bilan. La trentaine, deux avortements de vies. L'une, de garde forestier, déchirée par l'irruption de sa passion pour le chant, l'autre, de chanteur lyrique, décimée par le sabotage de sa psyché.

Nicolas broie du noir en cette soirée d'hiver où défilent dans les vingt mètres carrés de son studio les paysages de ses anciennes vies, leurs espoirs et rêves déçus. Les larmes lui viennent, celles qu'il a étouffées, tant à la mort de ses parents qu'à chacune des épreuves de sa jeune vie. Pudeur de l'artiste, chagrins d'enfance qui le rattrapent dans un sentiment d'impuissance qu'il recontacte, assorti d'une colère qu'il ne connaît que trop bien.

– Marre !

Il se redresse, contemple le vieil ordinateur qui constitue le seul élément de décoration de son studio. Sa main s'abat sur le clavier, comme pour chercher une solution, la réponse à ce malaise qui l'a rattrapé au sortir de l'innocence, quand il riait et rêvait...

– De quoi, bon sang ?

Loup. Indiens. Canada. Les mots s'inscrivent sur le clavier, totems de l'enfance exhumés en un instant. *Croc-Blanc*, Jack London, les grands espaces, l'infini des terres blanches... En lui un petit garçon frémit. L'adulte se fige, interdit. Puis ses doigts s'agitent. Chamanisme... Indiens... Hurons... traditions ancestrales... tribu des Tortues... Internet dévoile un univers qui a réveillé Nicolas. Assis tout droit, l'œil brillant, il vient en quatre clics de s'inscrire pour une retraite chez les Hurons et de sacrifier ses dernières économies dans un vol Paris-Québec.

En sortant de l'aéroport à Québec, Nicolas a du mal à ouvrir les yeux. Un mètre de neige partout sous une lumière étincelante. La température avoisine les moins vingt degrés sous un ciel bleu intense. Heureusement, les propos de son accompagnateur le tiennent éveillé. Trapu, le visage large et ouvert, le chef huron de la tribu des Tortues est venu le chercher en personne.

– On le fait quand il n'y a pas trop de monde. Vous n'êtes pas nombreux, vous autres, en cette saison, lâche-t-il avec la rondeur de l'accent québécois.

« Vous autres » désigne les visiteurs en quête de ressourcement, comme le lui explique le chef, en montant dans un pick-up dernier cri. Très vite, ils quittent l'autoroute pour s'enfoncer dans la forêt. En le regardant négocier les virages entre les congères, Nicolas a l'impression de plonger dans un film. « Comme si on m'enlevait... » La route serpente entre coteaux enneigés et murailles de sapins. Il perd la notion du temps. Ils s'arrêtent dans une clairière face à une grande bâtisse en bois.

– C'est là que je loge. Tu viendras m'y retrouver tous les matins. Prends ton sac, je vais te montrer ta hutte.

Nicolas se voit conduit à une cabane de bois, celle du style dont il rêvait, enfant. Le parfum de mélèze l'accueille. La pièce ne contient qu'une banquette de bois recouverte d'une couverture en fourrure.

– Il n'y a pas de chauffage ?

La panique monte, mais un coup d'œil sur le visage de son hôte le calme.

– T'inquiète donc pas, mon gars. Vous êtes tous pareils au début, pis dès que vous voyez comment que ça se passe, vous vous laissez aller.

Nicolas se détend instantanément. Il a perdu l'habitude d'échanger avec un adulte bienveillant. La vie de chanteur lyrique l'a habitué aux jalousies entre artistes, aux rivalités pour obtenir les rôles convoités, aux rapports de force avec les producteurs. Cacher ses doutes, sourire et ne pas oublier de séduire font partie de son quotidien. Peine perdue ici, devant cet Indien huron qui le devine sans avoir même besoin de le regarder.

– Apaise-toi, on te veut du bien, lance-t-il dès le lendemain lorsqu'ils se retrouvent pour le café du matin, assis en tailleur dans la hutte.

Nicolas s'amuse du contraste entre la posture « calumet de la paix » de son hôte et la présence de l'ordinateur et du smartphone posés sur la table.

– Respecter sa tradition ne veut pas dire s'y enfermer, explique l'Indien en apercevant son regard. Pose-toi donc là, mon gars. Ton œil saute partout comme un maringouin qu'aurait la bougeotte. T'es-tu donc pas dans le présent !

Nicolas soupire. Il n'a pas besoin qu'on lui répète sa difficulté à habiter l'instant, sa propension à osciller entre regret du passé et peur de l'avenir.

– Ça va bien revenir ici.

Et le chef de lui faire signe de s'habiller pour le suivre. Ils passent la matinée à explorer les environs, la forêt dans laquelle se promènent les loups – les ours hibernent, apprend-il avec soulagement. Le chantier où se coupe le bois, la hutte qui fait office d'atelier de menuiserie pour le camp. La population est mixte, mi-indienne, mi-québécoise et l'ambiance, active.

– Sûr qu'avec le froid, t'as intérêt à bouger, commente en souriant le chef.

Nicolas passe ses premières journées entre travaux physiques – tailler des bûches, porter des stères de bois, réparer les huttes – et enseignements chamaniques. Chaque matin, quand il se hâte dans l'aube glacée pour les prières du matin, échevelé et le col ouvert, il sourit en pensant à ses précautions de chanteur lyrique d'autrefois. Son foulard qui ne le quittait jamais, les cols roulés et les écharpes à portée de main en cas de courant d'air, l'attention maniaque portée à son alimentation, aux méchants agrumes, produits laitiers, sodas et autres boissons pétillantes, périlleux pour sa voix.

Là-bas, plus besoin de se protéger. Aucune scène ne l'attend. Après les prières qui concluent rituellement la phase d'enseignement, ils déjeunent. Puis le chef l'emmène en promenade. Nicolas aime cette pédagogie en mouvement, sa sagesse qui s'inspire des phénomènes de la nature et des correspondances entre l'intérieur et l'extérieur.

– Tout ce que tu vois quand tu marches reflète qui tu es, commente le chef. Les gens qui ne voient rien dans une forêt, ni les animaux ni les arbres, sont vides au-dedans.

Nicolas retrouve la vue. Il a conservé de son passé de technicien forestier l'habitude d'observer, mais il se rend compte que son nouveau regard va plus loin. Intuitif, perçant, il englobe le haut et le bas, le visible et le non-visible. Il se met à ressentir la nature de façon intime, comme une partie de lui, celle qui le ramène aux découvertes de son enfance en plein air.

Les journées se terminent par des rituels de purification. Baigné par les effluves de sauge, il transpire longtemps dans la *sweat lodge*[3], conscient qu'il n'y laisse pas que des toxines, mais aussi toutes les pensées négatives qui l'ont obsédé ces derniers mois. Angoisse, amertume, pessimisme, tristesse, colère, frustration se dissolvent comme des gouttelettes de buée. Il s'allège de jour en jour.

Un jour, en passant devant une fenêtre, il surprend dans le reflet un visage souriant – le sien quand il avait dix ans. Sa nouvelle famille, la quinzaine de personnes qui habitent le camp, dort autour de lui la nuit. Il partage avec eux le dîner du soir autour de la large table de bois. Il fait partie

---

3. La *sweat lodge* ou hutte de sudation est utilisée dans le cadre d'une cérémonie de purification du corps et de l'esprit pratiquée par les Indiens d'Amérique du Nord.

de cette meute d'hommes courageux, physiquement forts et résistants. Le ténor autrefois fragile se meut en gaillard solide et résistant au froid. Le chef, son père spirituel, l'accompagne sans émotion ni précaution inutile. Il pose les questions qui lui sont nécessaires de façon franche, abrupte parfois.

Quatre mois plus tard, il lui lance :

– Ben mon gars, t'es bientôt mûr pour la retraite, sais-tu ça ?

Nicolas sent sa gorge se crisper. Il a entendu parler de la fameuse retraite de quatre jours sans manger ni boire, seul dans la forêt. Cette cérémonie initiatique a valeur de rite de passage chez les Amérindiens. On l'appelle aussi « la quête de vision ». Le ténor ne peut reculer. Il avait prévu de rester un mois seulement au Canada. Au bout de quatre mois qui ont fait de lui un autre homme, il se sent prêt à recevoir la réponse. Que faire de sa vie ?

Le matin de sa retraite, le chef le purifie pendant une longue et minutieuse cérémonie. Puis ils marchent pendant plusieurs heures jusqu'à une hutte enfouie derrière les sapins au sein d'une clairière. Les arbres montent si haut qu'on voit à peine le ciel. Il lui explique comment allumer le feu et s'en va. Nicolas sent le sang affluer dans ses tempes tandis que ses mains deviennent moites. Quatre jours, il doit passer quatre jours seul, dehors ! Étonnamment, il ne s'inquiète pas de la privation de nourriture et de boisson, non plus que des visites d'animaux la nuit. Les loups et les lynx, il les a déjà pratiqués dans son Jura natal. C'est juste qu'il redoute de s'ennuyer, seul avec lui-même pendant toutes ces heures. L'appréhension ne dure que quelques instants.

Assis devant son tipi, enveloppé dans sa couverture, le chanteur découvre un univers magique fait de chants, de jeux de lumière et de bruits, délicats ou fermes, des bruissements, des craquements, des feulements – une symphonie inédite dont se délecte son oreille de musicien. Ses pensées se posent peu à peu, et il se surprend à pouvoir les appeler et les renvoyer à sa guise. Au fil des heures, il s'enhardit et décide de dormir

dehors. Yeux grands ouverts, narines pénétrées de senteurs de terre et de végétation, il sent la joie réchauffer son ventre, comme une jubilation nouvelle, enfantine et facétieuse à la fois. À preuve, il dort comme un bébé. Le troisième matin, il sort de la hutte quand un essaim de papillons noirs fond sur lui.
Le Papillon noir !
Nicolas repense au conte initiatique écrit au Burundi, à cette victoire du Bien sur les forces du Mal. Il a reçu son signe. Les bras déployés devant lui, il ouvre la poitrine, hume à pleins poumons la brise fraîche du matin et...
– Je ne sais si je veille ou si je rêve encore[4].

Sa voix fuse dans la clairière, grimpe au sommet des arbres, ricoche sur les montagnes. Il tressaille, impressionné par l'irruption du drame lyrique de Massenet dans le paysage. Sa carrière ne l'a pas accoutumé à une telle chambre d'écho. Se produire dans des salles, devant des spectateurs enfoncés dans leur fauteuil, induit des sensations si différentes de ce chant sauvage, sous les arbres ! L'enfant en lui jubile.
– Pourquoi me réveiller...
Il pousse la voix plus loin, comme pour tester les limites du miracle. Extensible et porteur à la fois, l'air propulse le son plus haut. Plus large. Nicolas continue, émerveillé de ces résonances qui l'enveloppent. Il se sent serein, joyeux, profondément apaisé – ce qu'il explique au chef venu le chercher le lendemain.
– Tu as trouvé et tu t'es trouvé, commente sobrement le chef, quand tu as chanté.
Nicolas ne pose pas de questions. Il connaît les dons de vision des Indiens chamans, leurs pouvoirs spirituels qui leur permettent d'accompagner à distance, d'âme à âme. Le chef a entendu son chant, cela lui suffit. Il ne sait pas exactement ce qu'il a trouvé, mais il fait confiance.
Son vol de retour part deux jours plus tard. Entre-temps, il devient amérindien, lors d'une cérémonie qui dure la moitié de la nuit avec feu rituel, chants et danse.

---
4. Jules Massenet, *Werther*, 1892.

– Ton nom est *Anariskwa*. Le loup !, lui assène le chef en le regardant dans les yeux. C'est ton animal de pouvoir. Pense à lui pour retrouver ta force.

Le loup. Sauvage et tribal, tendre avec les siens, féroce face à l'ennemi. Nicolas passe son voyage de retour en état de rêve éveillé, à se promener avec Croc-Blanc dans les grands espaces qu'il connaît désormais. Son loup le guide et le protège. *Rentre dans le Jura,* lui souffle-t-il à l'atterrissage à Paris.

Nicolas sursaute. Depuis la mort de ses parents, il n'est pas retourné dans la région de son enfance. De cette petite famille dont il est le fils unique, il ne reste que lui. Et son loup, car il n'est plus seul désormais.

Ce sentiment se confirme dès les premiers jours. En se réinstallant près de la ville où il a passé sa jeunesse, Nicolas a réveillé des amitiés d'enfance qui ressurgissent. Il est invité à déjeuner, à dîner. Il se sent comme un enfant prodigue revenu d'un Grand Nord dont il ne parlerait pas, de peur de mettre mal à l'aise.

– Tu devrais contacter le parc des Ballons d'Alsace, suggère un ami, je sais qu'ils cherchent des gens pour animer des balades originales.

Correspondance entre l'intérieur et l'extérieur ! En écoutant le directeur du parc évoquer avec passion son envie de faire vivre cet espace magnifique, Nicolas imagine en un instant un nouveau concept, la « Randolyric », soit une randonnée classique agrémentée d'extraits d'opéra chantés au fil du parcours. Il a envie de faire partager l'euphorie du chant libre, en pleine nature.

Son énergie d'Amérindien ravit le responsable, qui lui commande illico dix randonnées pour les week-ends d'été. Entre-temps, le chanteur a repris des cours et aussi des engagements au sein des anciennes troupes pour lesquelles il travaillait.

Il n'a plus peur. Le garçon timide qui redoutait le regard des autres s'est évanoui dans les gouttelettes de buée de la *sweat lodge*. La retraite de vision dans la hutte l'a remplacé par un enfant joyeux, intrépide, profondément et foncièrement optimiste. C'est lui qui lui fait animer conférences et séminaires avec audace et brio. Il échange, transmet, fait chanter ses randonneurs, leur passe des branches d'arbre à humer...

Comme ce matin, sur ce chemin de printemps.

– Le douglas..., respire, pensif, un des promeneurs du groupe qu'accompagne Nicolas ce matin-là.

Leur guide se retourne d'un mouvement large de buste vers la vallée.

« *Wie stark ist nicht dein Zauberton.* »

Sa voix enfle et s'élève, faisant tressaillir ses auditeurs, toujours surpris de cette intimité soudaine, archaïque, que le chant d'opéra déclenche dès la première note. Sauf que là, sans afféteries de placement en balcon ou corbeille, sans installation d'orchestre dans la fosse, sans effets de lumière et autres raclements de gorge élégamment étouffés, le chant d'opéra jaillit. Pur et nu. Les participants se sentent gênés, troublés aussi par ces sons qui les envahissent. Et s'élèvent dans les airs, portés par une puissance qui les dépasse. Une force qui guérit. Les visages s'illuminent. Ils sont prêts.

– À votre tour !, lance Nicolas en leur tendant à chacun une feuille de texte.

Ils le regardent, apeurés, ouvrent vaguement la bouche et font semblant de chanter. Puis, le volume se renforçant avec le nombre, ils lancent leur voix de façon plus ferme, jusqu'à ce que, euphoriques, ils se lâchent en un chœur espiègle, insouciant enfin.

Nicolas jubile, comme chaque fois.

Enfouis dans ces grandes personnes, les enfants libres lui ont répondu.

Décryptage

Nicolas est né avec une sensibilité vive, essentiellement connectée à la nature et aux animaux. Son père et sa mère, dotés des mêmes caractéristiques, ne l'ont pas aidé à s'intégrer dans des environnements urbains, perçus comme artificiels et menaçants. Il est logique que sa première confrontation au collectif, représenté par ses condisciples à l'école, le conduise à se replier, par peur. Ou, plus tard, à s'enfuir, à travers les évanouissements spectaculaires de sa carrière d'artiste.

L'enfant qui vit au cœur de Nicolas adulte vibre toujours sur les fréquences du passé. Timide, réservé, défiant face à un univers dont il ne maîtrise pas les codes, codes qui ne l'intéressent d'ailleurs pas. Cet enfant fragile, porteur d'une histoire familiale marquée de secrets dont il découvrira dans sa démarche d'investigation personnelle qu'ils sont passablement lourds, continue à se faire entendre de façon décalée ou saboteuse tant que Nicolas n'accepte pas de l'écouter.

À travers cette écoute, d'abord imposée par l'état de déréliction que ses difficultés professionnelles et financières suscitent, il permet à son enfant intérieur blessé de guérir pour, ensuite, révéler son plein potentiel, source d'inspiration constante dans sa vie. Cette attention fine aux besoins de son enfant intérieur s'affirme peu à peu jusqu'à devenir un automatisme salutaire.

Comment l'inspiration a œuvré

- Nicolas trouve d'emblée son territoire d'expression privilégié à travers la fréquentation de la nature. La forêt, les animaux et les plantes le comblent et l'apaisent.

- Il choisit une voie professionnelle – technicien forestier – en phase avec sa nature profonde.
- Il relève le défi de donner des cours de musique à des élèves de sixième alors qu'il n'est ni musicien, ni professeur. Attitude caractéristique du « pourquoi pas ? », cette ingénuité risque-tout de l'enfance.
- Il suit sa passion en changeant de carrière au bout de six ans et en se lançant dans le chant.
- Il comprend le message de l'enfant intérieur à travers ses évanouissements sur scène : « Tu n'es pas prêt à affronter le public, car tu as des choses à réparer en toi d'abord. » Il écoute et interrompt sa carrière.
- Il investit avec fougue une quantité impressionnante de temps et d'argent dans un travail personnel nécessaire : thérapies comportementalistes, approche psychogénéalogique, phoniatres, ouverture spirituelle...
- Il écoute son intuition qui le guide à travers cette recherche sur Internet effectuée dans son studio, un soir de désespoir. De façon impulsive, il lâche ses derniers euros pour partir au Canada, un endroit qui l'attire depuis l'enfance.
- Il prend sa place au sein de la grande famille amérindienne. Il accepte de se laisser guider. Il prend le risque de vivre la retraite solitaire dans la forêt – qui correspond à la plus grande frayeur de son enfant intérieur.
- Il offre à son enfant intérieur la joie et la fierté de passer l'épreuve initiatique de cette retraite. Le chant de celui-ci à l'issue des quatre jours célèbre sa guérison définitive. L'enfant libre est né.
- Il ose retourner sur le territoire de son enfance blessée pour s'offrir une réparation symbolique. Ce faisant, il se réapproprie son enfance et la colore de sa joie et de sa confiance retrouvées. Nicolas comprend qu'il n'est jamais trop tard pour avoir une enfance heureuse.
- Il se crée une vie professionnelle sur mesure qui intègre des aspects paradoxaux de sa personnalité : l'homme des bois et le chanteur lyrique, l'homme nature et l'artiste sophistiqué.

• Il touche l'enfant intérieur blotti en chacun des promeneurs qui l'accompagnent, quels que soient leur âge, leur métier et la conscience de leur importance sociale. Leur enfant intérieur vibre à son contact et se libère aussi en chantant avec lui.

• Il s'inspire de la fougue et de la créativité de son enfant intérieur pour développer ses Randolyrics de façon thématique et géographique, en organisant dès août 2013 un programme de randonnées au Québec, sur le territoire de son éveil et en y associant le chef huron de la tribu des Tortues !

CHAPITRE 4

Jérémie

La force des rencontres

« Proposons-nous de grands exemples à imiter
plutôt que de vains systèmes à suivre. »

Jean-Jacques ROUSSEAU, *Lettres*[1].

Jérémie, trente-trois ans, habite chez ses parents à Paris, près de la porte Maillot. L'appartement, un quatre pièces haussmannien, domine la Petite Ceinture, soit une voie de chemin de fer désaffectée qui contourne cette partie ouest de Paris, essentiellement résidentielle. La rue étroite, assombrie par les grands immeubles caractéristiques de cette architecture, donne sur un boulevard rugissant de voitures et, à l'angle, sur l'école primaire où Jérémie a appris à lire. L'appartement n'a pas bougé depuis cette époque, à l'exception des voilages des hautes fenêtres du salon que la mère a fini par faire nettoyer – après avoir longuement plaidé auprès de son mari.

Le père de Jérémie n'est pas vraiment avare, plutôt attentif à la dépense, ce qu'il explique lors de longs monologues qui endorment sa famille. En l'occurrence, son épouse qui n'a jamais travaillé pour mieux s'occuper de « son intérieur », son fils, consultant en informatique et sa fille, de deux ans

---

1. Jean-Jacques Rousseau, *Lettres*, tome 1 : *1728 à 1778*, Genève, Éditions Slatkine, 2012.

plus jeune, qui termine son stage de certification chez un expert-comptable.

Les deux enfants, adultes et dotés chacun d'un salaire, n'ont jamais manifesté le désir de quitter le domicile familial, ce qui convient aux parents dont le quotidien reste immuable. Ils les aperçoivent de retour de leur travail respectif avant qu'ils ne s'enferment dans leur chambre jusqu'au « À table ! » maternel. Le dîner permet au père de se livrer à quelques commentaires sur l'actualité, essentiellement économique, que sa vie de retraité lui permet de suivre méticuleusement, *via* journaux et magazines spécialisés. Ingénieur de formation, ayant accompli toute sa carrière dans la même entreprise au gré d'affectations intrahexagonales, il décortique les évolutions des entreprises avec une gourmandise pas vraiment contagieuse. Son épouse soupire et pense à autre chose, comme sa fille et son fils qui plongent dans leur assiette. Le père ne s'en aperçoit pas, emporté par ses propos libéraux, avant de convier la famille à le rejoindre autour d'un reportage télévisé, à dominante économique ou sociétale – proposition régulièrement déclinée par les deux enfants qui regagnent leur chambre. La mère s'essaie à l'exercice pour faire plaisir à son mari avant de regagner ses magazines – cuisine et décoration. Le foyer ronronne benoîtement, chacun se satisfaisant de sa routine.

Jérémie travaille depuis huit ans comme consultant dans une SSII, soit une société de service et ingénierie en informatique qui prodigue assistance, installation et maintenance de systèmes pour des entreprises. Sérieux et docile, il y occupe toujours le même poste, essentiellement voué au périmètre français, soit les missions en province. La plupart de ses collègues du même âge voyagent en Europe et dans le monde pour des clients internationaux, souvent anglo-saxons. Jérémie n'a que des clients hexagonaux – ce que son père, qui a fait toute sa carrière en France, approuve. Peu doué pour les langues étrangères, il apprécie de s'en tenir à sa langue maternelle, même si son métier le rend peu disert. Rivé à son ordinateur au sein de la direction informatique qui l'héberge pendant la durée de sa mission – des cycles de cinq jours d'affilée en moyenne –, il ne parle à personne dans la journée, sauf à l'heure du déjeuner où il accompagne le reste de l'équipe à la cantine de l'entreprise. Là, il écoute vaguement les propos de collègues ou clients qu'il côtoie et oubliera dès qu'il aura regagné son TGV du retour.

Jérémie est considéré comme un solitaire, étiquette qui lui convient, car elle implique qu'on le laisse tranquille. Il a gardé quelques amis de son enfance scoute, de jeunes professionnels vivant sur Paris qu'il retrouve parfois le vendredi dans leur bar de prédilection sur les Grands Boulevards. Certains amènent des jeunes filles que Jérémie évite, mal à l'aise. Il rougit, intimidé par leurs questions et par un jeu de séduction dont il ne possède pas les clefs. On n'a jamais évoqué ces situations chez lui. La vie sociale se cantonne à des célébrations familiales, mariages, communions, baptêmes nombreux car son père et sa mère ont plusieurs frères et sœurs dotés chacun de nombreux enfants et petits-enfants. Elle s'organise aussi autour des rituels religieux. Messe chaque dimanche matin suivie du déjeuner avec un couple d'oncle et tante différent, confession une fois par mois. Jérémie respecte la piété de son père, activement catholique et impliqué au sein de sa paroisse. Lui-même n'a guère d'opinion sur le sujet, et particulièrement sur celui qui l'inspire. Jésus-Christ ne lui dit pas grand-chose, même s'il fait les gestes qui accompagnent la commémoration de sa Passion chaque dimanche. C'est comme un point de repère dans la semaine, l'occasion aussi de saluer, à la fin, sur le parvis de l'église, des gens qui l'ont vu grandir depuis trois décennies. Confortable et tranquille, le monde de Jérémie tourne donc, sans drame ni difficulté particulière, si ce n'est...

Sa santé. Mince et de taille moyenne, Jérémie est affligé d'un corps qui le fait chroniquement souffrir. Migraines et maux de dos le réveillent la nuit, douleurs qu'il tente de déjouer en se couchant de plus en plus tard au moyen d'heures de jeu vidéo sur son petit bureau de collégien. Mais cette stratégie de geek a ses limites. S'il repousse l'heure de la confrontation avec lui-même, il reçoit en échange des cernes et un teint blême qui lui attirent les remarques de son père :

– Va voir un médecin, je suis sûr que tu as un problème.

Jérémie, qui déteste s'appesantir sur lui-même, opine comme à l'accoutumée, et sort de son tiroir de bureau une tablette de comprimés antidouleur avant d'allumer son ordinateur.

– C'est psychosomatique, ton truc, lui fait remarquer la fiancée d'un de ses amis lors d'un dîner. Ça va dans ta vie ?, ajoute-t-elle en toisant son polo défraîchi et son pull avachi, tous deux vieux de près de vingt ans.

Jérémie fronce les sourcils. Il ne s'intéresse pas aux vêtements. À sa vie non plus. Il se contente de la dérouler, la même chose jour après jour, dans un cadre qui ne change pas et que tout le monde, au travail comme à la maison, a l'air de trouver normal.

– Il partira quand il se mariera !, conclut sa mère quand ses amies lui posent la question. Il est bien ici. À quoi ça lui servirait de gaspiller son argent dans un loyer ?

Le problème, c'est que pour se marier, il faut rencontrer des femmes. Au moins une, ce que Jérémie ne cherche pas du tout.

Jeudi matin, *global meeting*. Les consultants de l'entreprise sont rassemblés autour de la grande table. Une nouvelle mission est tombée. La direction informatique d'une filiale d'un groupe américain, basée dans le centre de la France. Jérémie rêvasse en gribouillant sur son cahier – son comportement habituel en réunion.

– Guillaumin ! Un groupe international, ça vous changera. Vous partez lundi matin. Avec Tom Wilford, le Managing Director en charge du compte, qui vient de notre bureau de New York pour vous briefer.

Il sursaute, les tempes en feu. Un Managing Director, américain en plus ? Il a soigneusement évité de croiser ce genre d'individu, préférant travailler trois niveaux hiérarchiques au-dessous pour ne pas être importuné. Jérémie respecte la hiérarchie, nourri des propos déférents de son père qui a toujours meublé les repas familiaux du récit de ses aventures avec son « patron ». En revanche, il n'a jamais été confronté à celle-ci de façon proche, à savoir cinq jours en tête à tête avec un n+3[2], comme on dit dans son jargon.

Lundi matin, sept heures quarante-cinq à la gare de Lyon. Ils sont censés prendre le train de huit heures. Jérémie regarde autour de lui, ne remarque aucun Managing Director à l'horizon. Ce type élégant qui attend devant le train en costume mode, avec une allure de mannequin pour vêtements de sport ? Il doit travailler dans la photo ou dans la pub. Pas l'informatique. Raté.

– Jérémie ?, lance le beau gosse, sourire éclatant et main tendue. *Good to see you. Let's go !*

Jérémie suit, intrigué. Tom a l'air plus jeune que lui. Ils s'installent côte à côte.

Le voyage se passe étonnamment bien pour un Jérémie qui s'attendait à des échanges laborieux dans son anglais rouillé. Tom pianote sur son ordinateur, absorbé par ses dossiers. Jérémie hésite à faire pareil, sachant qu'il profite d'ordinaire de ces trajets pour se plonger dans ses jeux vidéo. Plaisir solitaire, seulement compréhensible pour les geeks comme lui. Il reste silencieux, à l'observer.

L'informaticien ne se départira pas de cette attitude pendant les quatre jours qui vont suivre, tant Tom capte son attention à chaque moment de la journée. Vif, structuré, il rassure les dirigeants américains de la société cliente, venus spécialement du Wisconsin pour le rencontrer. Jérémie frémit, soulagé du soutien de son collègue américain. Dire qu'il avait espéré un moment effectuer la mission seul ! Avant Tom, il n'avait jamais vu quelqu'un regarder son interlocuteur dans les yeux, secouer la tête pour rejeter une option, taper du

---

2. Terminologie d'entreprise pour qualifier le rapport hiérarchique entre deux cadres de la même entreprise, soit en l'occurrence 3 niveaux au-dessus.

poing sur la table pour marteler un propos, quitter une salle de réunion pour marquer son désaccord ! Il se repasse les séquences le soir quand il regagne sa chambre, épuisé par la longue journée et par les échanges de débriefing avec son collègue devant une pizza. La nuit, son cerveau synthétise un mélange de *crash course* de gestion de crise, techniques de communication et formation au leadership.

– On n'a pas fini, on rentre plus tard, annonce Tom le jeudi soir. Départ dimanche dans la journée. OK pour toi ?

Jérémie opine, sans états d'âme particuliers, ce qui l'étonne. Il déteste pourtant donner de son temps à l'entreprise. Son rapport avec elle reste transactionnel, sans illusion. Il sait qu'elle lui réserve les missions les plus ternes, celles qui impliquent province et TGV. En échange, il lui concède le temps de service prévu dans sa convention collective. Rien de plus. Sauf quand il a l'occasion de côtoyer quelqu'un comme Tom. Toujours fasciné, Jérémie continue à détailler ses moindres faits, gestes, propos. L'Américain a son âge, il a vérifié sur le site Web de l'entreprise et recherché sur Google tout ce qui avait trait à son collègue, essentiellement des vidéos de ses nombreuses interventions et conférences, aux États-Unis et en Asie, notamment. Un autre monde ! Comme s'ils n'étaient pas de la même espèce.

Amusé et flatté de cet intérêt, Tom se montre pédagogue et rallonge parfois leurs soirées de travail de conseils en matière de management, gestion du client, stratégie globale. Jérémie ne voit pas le temps passer, jusqu'au moment où ils terminent leur mission à vingt-trois heures le samedi.

– Départ en fin de matinée, conclut d'un bâillement l'Américain. Un jogging avant ?

Jérémie le fixe, ébahi. Il s'apprête à se plonger dans une nuit de jeux vidéo pour rattraper celles qu'il a sacrifiées à sa mission – leur collaboration ayant mobilisé une énergie bien supérieure à celle qu'il dépense quand il travaille seul. Le réveil matinal, baskets aux pieds, ne fait pas partie de son programme.

– Tu n'as pas tes chaussures ? Je m'en doutais, je ne t'ai pas croisé de la semaine, commente Tom, qui lui révèle par la même occasion qu'il a couru chaque matin avant le petit déjeuner. OK, retrouvons-nous après. On ira prendre un café.

Le dimanche matin les réunit à la réception de l'hôtel, Tom, le teint animé de son jogging, Jérémie très pâle. Il est sorti de sa nuit de jeux pour dormir trois heures, entre six et neuf heures du matin. L'Américain sourit, malicieux.

– Un « petit café », comme vous dites ?

Ils s'installent dans un café en face de l'église, à côté de la boulangerie. Tom étend les jambes, contemple les toits de tuiles des maisons, l'inclinaison douce de la place autour de la fontaine, les joueurs de pétanque à l'écart.

– Magnifique !

– Mmmm ?, grommelle son voisin, le nez penché sur la table.

Pourvu qu'il ne me fasse pas le coup de l'Américain enthousiaste, s'effraie-t-il, avec balade touristique dans les ruelles et questions à n'en plus finir.

– Au fait, tu voulais peut-être y aller ?, lui demande Tom en désignant l'église. Tu es catholique, non ?

– Oui, mais pas vraiment pratiquant, bafouille son voisin, gêné. Tu veux y aller, toi ?

– *No way*, je suis protestant, rétorque l'autre en pointant le ciel du doigt. Accès direct !

Jérémie grimace. Il n'avait jamais considéré l'église comme un intermédiaire. La remarque de Tom l'a bizarrement détendu. Le soleil apparaît derrière les nuages. Ils reprennent deux cafés, tandis que les portes de l'église s'ouvrent. Fin de la messe. Jérémie voit un sourire glisser sur les lèvres de son compagnon, qui s'élargit bientôt en un rire.

– Quoi ?, demande-t-il en regardant autour de lui.

– C'est que..., commence Tom, qui part en fou rire. Regarde !

Il tend un bras vers les fidèles qui descendent les marches du parvis. Jérémie se renfrogne. Il ne comprend pas.

– Dis-moi, Jérémie, glousse l'autre d'un air hilare. Pourquoi les catholiques ont-ils l'air de losers ?

Jérémie sursaute, indigné. Il jette un regard furieux sur son voisin et, malgré lui, se détourne pour contempler la foule des fidèles que l'église continue à dégorger. Jupes grises sous le genou pour les femmes, épaules baissées pour les hommes, enfants endimanchés et contrits par deux heures passées dans la pénombre à psalmodier au son de l'harmonium. Les communiés n'ont effectivement pas l'air conquérant.

– Je ne veux pas te blesser, explique l'Américain devant la mine de son voisin, mais je les trouve un peu *down*. Nous, quand on sort du temple, on a la pêche ! On rigole, on va faire des barbecues et jouer au basket avec les enfants.

Jérémie imagine son père et ses oncles du XVIe arrondissement faisant griller les saucisses dans le bois de Boulogne avant de taper la balle en short. Malgré lui, il sourit à nouveau.

– Tu vois, tu es d'accord, continue l'américain. C'est débile de faire cette tête. Jésus n'était pas un loser. Encore moins un mec triste !

Il a l'air tellement convaincu que, encouragé par l'air stupéfait de son voisin, il se lance dans un monologue sur la vie de Jésus qu'il connaît visiblement par cœur. Courageux, dynamique, un vrai leader, charismatique en plus, dès qu'il entre dans une ville, la foule l'accueille, un mental puissant, il se connecte à des forces suprahumaines pour réaliser des miracles – guérir, relever l'infirme, faire voir l'aveugle, ressusciter le mort, nourrir des foules de deux paniers de pains. Un provocateur aussi, il n'hésite pas à dîner chez le percepteur des impôts, comme s'il mangeait avec le chef de la mafia à l'époque, explique-t-il à Jérémie. Il bavarde avec des prostituées, il donne des conférences en veux-tu en voilà et surtout, il tient son équipe en main, les apôtres qu'il a entraînés à sa suite sans même leur laisser le temps de prendre un caleçon. Parce qu'il n'est pas commode, en plus, un sacré caractère, il pique de ces colères devant les marchands du temple ! *Out*, à coups de fouet qu'il les chasse du lieu sacré !

Et Tom de continuer à dépeindre un Jésus dont Jérémie n'a jamais entendu parler, pas le héros d'une histoire religieuse qui ne lui dit rien depuis le début. Cela veut dire quoi d'accepter de mourir sous les coups d'abrutis pour soi-disant sauver d'autres abrutis qui n'en ont rien à faire, surtout vingt siècles plus tard ?, pense-t-il régulièrement au moment de la commémoration de la Passion, quand il somnole en tétant son hostie. Tandis que là, dans les propos enthousiastes de son voisin, apparaît un homme formidable, totalement inspirant.

— Mais d'où tu sais tout ça ?, finit-il par l'interrompre.

— Le Nouveau Testament ! Tout est dedans. Ne me dis pas que...

Si. Jérémie a lu les livres obligatoires de sa scolarité et quelques bandes dessinées — la dernière, il y a trois ans. Depuis, il se contente de faire bouger ses yeux sur l'écran de son ordinateur. Du mouvement, ça bouge, ça saute, ça se bat. Mais on ne parle pas de Jésus là-dedans.

Tom n'ajoute rien. Ils regagnent l'hôtel pour récupérer leur bagage.

Le lendemain après-midi, installé dans l'*open space* de l'entreprise face à son écran, Jérémie se voit remettre un paquet par un coursier. C'est une édition du Nouveau Testament, assorti d'un mot de Tom, reparti le matin même pour les États-Unis.

« Top de travailler avec toi. Viens nous voir à New York. Et d'ici là, bonne lecture ! »

— Tu as vraiment mauvaise mine, commente son père le lendemain matin en le voyant se verser du café dans la cuisine. Je t'assure, va voir un médecin.

S'il savait... songe le jeune homme en s'asseyant sans lui répondre.

Jérémie a passé la nuit à lire les Évangiles consacrés à la vie de Jésus. Il a comparé les expériences des apôtres, découvert des anecdotes nouvelles sur le personnage... qui a le même âge que lui, encore un ! Il n'a jamais rencontré d'homme aussi fascinant. Si, peut-être Tom. Mais, sur Tom, on n'a rien écrit. Il regarde son père.

Si je lui parlais de Jésus ? Après tout, il passe son temps à l'église. Il va comprendre. Non, il va me faire la morale, me raconter sa version ou celle du curé. Pas la peine.

Et Jérémie de fixer son père dans les yeux, pour la première fois depuis des années.

– Je vais bien. À ce soir.

Il se lève avec une fermeté nouvelle, dynamisme qu'il a emprunté à Tom, qui danse plutôt qu'il ne bouge. Jérémie adore cette façon de remuer, cela réveille celui qui se déplace comme celui qui l'observe. De la même façon, il a appris à grimper les marches d'escalier en courant et à se frotter les mains avant de parler.

Cela donne plus d'autorité au discours, remarque-t-il quand il prend, plus tard, la parole en réunion devant ses collègues, étonnés de le voir s'exprimer.

L'étonnement dure quelques jours, le temps de s'habituer à un Jérémie différent, plus ouvert, présent, voire agressif.

– Dis donc, lui demande son patron en le prenant à part à la fin d'une réunion où Jérémie a osé contredire un supérieur hiérarchique. On dirait que ça s'est bien passé avec Tom. C'est devenu ton mentor ?

Jérémie sourit. Un mentor est censé parler, expliquer, donner des conseils. Rien de tel avec Tom. Jérémie se contente de revoir les moments qu'ils ont passés ensemble, et surtout d'évoquer son collègue américain quand il a une décision à prendre. Que ferait-il à ma place ?, se demande-t-il souvent. Et l'action juste survient, le nourrissant d'une force nouvelle. Tom l'inspire, c'est tout. Comme Jésus, par sa simplicité, sa clarté, son courage. Jésus, trente-trois ans, quelques mois avant son martyre, qui donne tout.

Il va jusqu'au bout. Et moi, je fais quoi ?

Jérémie délaisse ses jeux vidéo. Il ne s'enferme plus dans sa chambre après le dîner, mais part marcher dans les rues désertes, tournant et retournant ses pensées sous les façades austères. Il s'est aussi acheté un short, des baskets et court trois fois par semaine au réveil. Il sent une énergie nouvelle monter en lui. Son teint s'est animé. Personne ne lui recommande plus d'aller chez le médecin, même si son entourage l'observe, circonspect. On ne le reconnaît plus.

Ils ne me reconnaissent pas, remarque le jeune homme en s'amusant de la mine effarée de son père quand il monte quatre à quatre les cinq étages, tout transpirant de son jogging. Normal, moi non plus. Impression de me découvrir à trente-trois ans. Je démarre ma vie !

Très vite, il se sent à l'étroit dans le bureau de Paris et demande à s'associer à des missions en Europe.

– Désolé, pas de place, lui répond sèchement son patron, agacé de l'avoir vu le même matin refuser une mission peu engageante en Lorraine. Tu n'as qu'à contacter ton ami américain, puisqu'il a l'air de t'apprécier.

Jérémie entend l'allusion. Il a appris entre-temps que Tom appartient à une minorité dont il ne s'est jamais préoccupé, en bon abstinent qu'il est depuis des années. Tom est homosexuel.

– Bizarre, je n'ai rien senti, a-t-il réagi quand on le lui a appris au détour d'une conversation de cantine, déclenchant évidemment des rires lourds.

Puis, il a repassé en revue les moments avec Tom, son allure, son élégance, son aisance avec son corps. Et comparé avec les figures d'hommes qu'il connaît, tous hétérosexuels sans exception, gras dès la trentaine et paradoxalement asséchés aussi à force de tension professionnelle et de charges familiales. Des époux mal habillés, sans charme. Pas très inspirants.

Allez, que ferait-il à ma place ?

Il écrirait un mail à Tom, lui proposant de venir à New York comme on le lui avait proposé.

Dont acte. Tom acquiesce par retour de mail.

– Je te préviens, tu le prends sur ton budget, ton congé, prévient son boss parisien, mécontent de voir s'envoler outre-Atlantique son spécialiste de la province.

Jérémie jubile dans l'avion, installé en classe business. Quitte à déchirer son budget, autant le faire dignement. Tom l'a inspiré. Son sac de voyage, de la même marque que celui de l'Américain, sent bon le cuir souple, neuf comme les vêtements qu'il contient. Il s'est offert un samedi après-midi de shopping dans des boutiques pour hommes repérées dans les grands magasins du boulevard Haussmann. Oubliés les vieux chandails d'adolescent, les polos défraîchis et les pantalons en velours côtelé couleur moutarde. À l'aise dans son jean skinny noir, son sweat-shirt bleu marine et son blouson de cuir looké, il se surprend à attirer les regards.

– Jus d'orange ?

L'hôtesse l'inonde d'un sourire voluptueux et, pour la première fois dans ce type de circonstance, Jérémie le prend pour lui.

Je plais. Cette évidence se vérifie dès qu'il arpente les trottoirs de New York. Tom lui a donné rendez-vous au bureau pour le déjeuner. Jérémie dépose son sac dans l'hôtel branché de SoHo que lui a recommandé son collègue et part marcher. La promenade l'enivre. Partout du mouvement, de la vitalité, du dynamisme, des regards directs. Il se surprend à se redresser et à sourire aux gens. Il s'arrête boire un café dans un *delicatessen*, accepte trois *refills*[3], pour le seul plaisir d'être servi avec cette gentillesse, cet entrain. En deux heures, Jérémie est tombé amoureux de New York.

– Autre vie ici, commente Tom. Elle te conviendra mieux.

Intense, concentré, dépourvu de pauses-café ou de déjeuners languissants à la cantine, le rythme de la filiale américaine absorbe Jérémie qui se sent revigoré, plein d'une énergie physique et intellectuelle qui le sidère lui-même. Il a accepté de participer à une mission sur l'Europe qu'on lui a proposée le premier jour. Chaque soir, il regagne à pied son hôtel après avoir exploré un nouveau quartier pendant des heures, avale

---

[3]. Principe du service à volonté à l'américaine, où les serveurs/euses proposent régulièrement de vous resservir (*refill*).

un snack au bar où, malgré la musique et le va-et-vient des serveurs, il parvient à se concentrer sur les magazines américains qu'il décrypte, avant de renforcer son acculturation d'un zapping télévisé dans sa chambre. Il ne se sent jamais seul, alors que pour la première fois de sa vie, il l'est tout le temps !

– Tu as prévu quelque chose pour le week-end ?, s'enquiert Tom le vendredi, en passant le voir avant de quitter le bureau.

Jérémie, qui doit repartir le lundi après-midi, se réjouit. Tom ne lui manque plus, il l'a intégré en lui d'une certaine façon. Sauf qu'à défaut de mentor, il est ravi de bénéficier d'un guide pour découvrir la ville de l'intérieur, pas comme un touriste.

– Je passe te chercher à ton hôtel à vingt heures.

Si on pouvait soupeser la valeur d'une vie à l'intensité des moments vécus, les deux jours suivants se compteraient en années dans la vie de Jérémie. À travers un tourbillon de musées, de cafés, de restaurants, de boîtes, de quartiers que lui présente Tom, infatigable, il commence à distinguer les contours d'une ville et d'une vie qui lui parlent de plus en plus. Le quartier de Brooklyn, notamment, le fascine avec son ambiance de petits immeubles bariolés, de bars et restaurants alternatifs.

Mais le choc majeur survient lors de la visite d'une exposition consacrée à Keith Haring. Jérémie ouvre la bouche, fasciné par l'ampleur de l'œuvre, les cinq mille dessins à la craie laissés sur les trottoirs par le pionnier du street art, les immenses fresques. Sida, apartheid, capitalisme, religion, suprématie américaine. L'artiste a dénoncé, stigmatisé, lutté toute sa vie.

– Tu ne connaissais pas ? C'était un fou de la France, il a peint une énorme bâche pour votre Bicentenaire.

Jérémie soupire. À croire qu'il était anesthésié avant. Jamais il ne se déplaçait pour une exposition, un film, un spectacle. Comme s'il restait...

– Un enfant, assène son guide à qui il confie ce constat. Normal, tu n'es pas parti de chez toi. « Le fils de l'homme doit quitter ses parents. » C'est écrit dans la Bible. Ici, on le fait à seize ans.

Jérémie ne répond pas. Le lendemain matin, il retourne voir l'exposition. Puissant, ludique, tellement mûr et sérieux en même temps. L'univers de Keith Haring lui parle. Il comprend sa simplicité, son côté enfantin, son humour. En même temps, il se sent si loin de cette vie tellement intense, entre voyages, rencontres, activisme politique. La tête lui tourne en la découvrant au fil des pages de la biographie qu'il a achetée et dévorée dans la foulée.

– Ce type est mort à mon âge. Mais il a vécu dix fois plus que moi, confie-t-il à Tom, le dimanche soir tandis qu'ils prennent un dernier verre.

– Sauf que toi, tu es vivant.

Jérémie hoche la tête. Après avoir fait ses adieux à Tom, il regagne sa chambre et s'assied sur le fauteuil en face du lit. Vivant, vraiment ? Sa vie parisienne rivée à son antre du passé le dégoûte quand il y songe. Routine, ressassement, absence de risque. Un vieil enfant, voilà ce qu'il est, même pas capable de vivre sa vie d'homme. Engagement, courage, sexualité, où êtes-vous ?

Car Jérémie a ressenti pour la première fois le désir dans la boîte gay où l'a conduit Tom le samedi soir. Évidence. Celle qu'il a masquée toute sa vie, dès l'adolescence, en s'enterrant dans le mausolée de son enfance pour ne pas prendre le risque de grandir et d'affronter la vérité. Comment vivre ma vie d'homme si je n'assume pas mon identité ? Peur de moi-même. Peur des autres. Stérilité. Voilà ce qu'a été ma vie jusqu'ici. *Hello* Keith, tu ferais quoi à ma place ?

Go !

La voix résonne dans la chambre d'hôtel, un nasillement new-yorkais des années 1980, venue du tréfonds de l'âme du *Frenchie* et couplée à celle de l'autre qui d'outre-tombe envoie le message.

OK.

Jérémie se redresse, renfile son blouson. Il hèle un taxi et retourne dans la boîte que lui a fait découvrir Tom. Dimanche, une heure du matin, les bureaux ouvrent six heures plus tard et l'endroit est plein. Hors du temps. Jérémie aussi, qui se sent enfin à sa place.

Il n'est revenu à Paris que pour régler les détails de son départ, embrasser ses parents, donner ses jeux vidéo à son filleul, un petit geek de dix ans. Cap sur New York, un appartement dans Brooklyn qui donne sur un parc empli de joggers. L'attend une mission de six mois à New York, en alternance avec Amsterdam, où est installé le siège européen du nouveau client sur lequel il a commencé à travailler dès son arrivée. Cette initiative lui vaut de piloter la mission lui-même, fort de son statut d'Européen – une première pour le bureau américain et surtout pour lui qui a toujours joué les seconds couteaux jusqu'ici.

Tout a désormais un goût de première fois pour lui. Les rires qu'il échange avec ses nouveaux amis, l'émotion de l'intimité, le plaisir sexuel, les émotions qui l'assaillent dès qu'il ouvre les yeux, les couleurs vives, acidulées, joyeuses, enfantines – merci Keith – des murs, des meubles et des vêtements qu'il a achetés pour sa nouvelle vie. Tom, Jésus, Keith... Il les remercie le soir en se couchant de l'avoir conduit vers lui-même.

Mes *role models*.

Il a appris le mot la veille lors d'un séminaire de management pour l'ensemble du bureau – de l'importance de s'inspirer de personnes que nous admirons, même si nous ne les connaissons pas, même si elles sont d'une autre époque ou qu'elles sont mortes, explique le consultant. « Ces *role models* nous parlent de nous, de la plus belle partie de nous, de celle qu'ils nous aident à mettre en valeur. N'hésitez pas à les solliciter, à leur demander ce qu'ils feraient à votre place quand vous êtes dans une situation difficile. Ils vous aideront à prendre la décision à partir de la partie la plus élevée de vous-mêmes. »

Tom, Jésus, Keith. Ils ont été mes *role models*, s'amuse Jérémie assis sur son lit, face à Manhattan. Je suis curieux de connaître les prochains !

Décryptage

Jérémie s'est trouvé dès sa naissance inscrit dans une histoire familiale marquée par des règles, des lois et des fonctionnements immuables. Cette histoire a englobé l'ensemble des dimensions de vie de l'enfant et du jeune homme. Socialisé dans ce contexte, Jérémie en a forcément apprécié les aspects rassurants et commodes. Foyer familial, tutelle du patriarche, rituels religieux, sécurité et soutien à portée de main. Il s'est laissé « endormir », sans voir le temps passer. Tel le poisson prisonnier de son bocal, il n'a pu se distancier de lui-même pour repérer son décalage avec le monde extérieur. Et les faibles retours que lui a prodigués ce monde extérieur, soigneusement refoulé, n'ont pas suffi à l'alerter.

Tom, le collègue américain, intervient comme le « trickster » des mythes, ce violateur d'interdits qui apparaît pour briser la chaîne des limitations autour de Jérémie. Il l'inspire et le touche puissamment, car il fait vibrer en lui sa vraie nature. Celle-ci s'affirme grâce à d'autres personnalités modèles qu'il met peu à peu en place, *via* une sorte de *role modeling* informel.

Comment l'inspiration a œuvré

- Jérémie est figé, car bloqué par le modèle familial qui s'impose comme le seul possible pour lui : mariage catholique, responsabilités professionnelles, rituels familiaux et sociaux. Son père, notamment, ne l'inspire pas, même s'il le respecte.

- L'absence d'alternative à ce modèle imposé, rebutant pour lui, l'amène à refuser carrément de grandir. Il reste un adolescent qui fuit dans des univers de jeux vidéo, un travail sans contacts vers l'extérieur, un manque d'ambition qui lui évite de penser à lui.
- Tom partage avec lui sa vitalité, son intelligence et sa capacité d'engagement. Jérémie découvre peu à peu et à sa grande surprise que ces qualités qui le fascinent chez son mentor, il les partage aussi. Car, secret fondateur du *role modeling*, on ne peut admirer une qualité chez quelqu'un d'autre que si on la possède, même de façon mineure en soi. Un escroc n'admirera jamais un homme honnête. Il faut ressentir la vibration, même ténue à l'intérieur, pour vibrer plus fort devant l'expression de cette qualité à l'extérieur de soi.
- Jésus et Keith, du même âge que lui et tous deux héros de destins différemment dramatiques, le sensibilisent à la rareté et à la beauté de la vie. En s'intéressant à leurs vies respectives à travers les écrits, l'iconographie, les expositions et les articles qui leur ont été consacrés, Jérémie reconnaît des qualités qui lui parlent de lui ou qui, à défaut, lui donnent envie de les épanouir.
- En invoquant par la suite ces *role models* lors de choix ou de situations complexes, Jérémie s'assure que la partie de lui-même qui prendra la décision sera la partie la plus élevée, la meilleure partie de lui. Il fait appel au « meilleur Jérémie » *via* ce rituel.
- Le *role modeling* n'a rien à voir avec l'imitation ou le copiage. « Imitation égale limitation », disait dans une chanson MC Solaar. Jérémie ne prend du comportement de ses *role models* que ce qui a trait à sa problématique précise. On peut prendre pour *role model* sur un sujet personnel ou professionnel un personnage, vivant ou mort, qui ne nous inspirera par ailleurs pas quant à d'autres aspects de sa vie.
- En multipliant les *role models* et en s'enquérant des prochains qui vont apparaître dans sa vie, Jérémie comprend que les *role models* nous parlent de différentes facettes de notre

personnalité, de différents aspects de notre vie (personnel, professionnel, amical, social, sexuel...), et surtout qu'ils peuvent varier ou évoluer au fil du temps. Il est rare d'admirer les mêmes personnages tout au long de sa vie.

• L'émotion d'admiration, qui est à l'origine du *role modeling*, contribue d'ailleurs à l'effet d'expansion personnelle souvent associée à ce type d'inspiration. Admirer nous remplit d'endorphines, d'images positives, favorisant à la fois une mise en action hardie et une paix intérieure.

• Les choix de Jérémie découlent de la même évidence : il a intérêt à rejoindre le pays où la culture spécifique d'un lieu (New York) amplifie ce qu'il a de plus fort en lui. S'il reste en France, le caractère répétitif des patterns émotionnels et sociétaux qu'il a inscrits en lui risqueront d'annuler l'éveil suscité par les *role models*.

• Les décisions prises sous l'influence des *role models* sont fermes, claires et sans retour en arrière. L'inspiration perçue comme souffle de renouvellement vital prend ici tout son sens.

• À travers les *role models*, on admire qui on est en puissance. À nous de le devenir vraiment.

CHAPITRE 5

Isolde

Lâcher prise

« Lâcher prise, c'est craindre moins et aimer davantage. »

Charles R. SWINDOLL, *L'Éveil à la grâce*[1].

Isolde a vingt-deux ans. Agrégée de lettres depuis un an, elle se partage entre son domicile, un studio du Ve arrondissement de Paris, son lycée d'affectation en banlieue nord et la faculté de Nanterre où elle rédige sa thèse de doctorat. Jeune, vive et bourrée d'énergie, elle aime ce rythme qui la distribue au gré des jours entre l'ouest, le nord et le centre de la capitale. Les heures de trajet en RER et métro ne lui pèsent pas. Elle lit et quand elle n'est pas plongée dans un roman, elle observe les gens autour d'elle. Leurs visages, les yeux qui se baissent sur des secrets inavouables aux transports en commun, les émotions qui tressaillent au coin des lèvres : jalousie, colère, frustration... Ces frétillements humains la passionnent, au point d'en manquer sa station de destination.

Isolde est grande et vigoureuse, une constitution qui lui assure des jambes musclées, une silhouette droite, un visage harmonieux aux pommettes et mâchoires bien dessinées. Elle sait que sa puissance physique l'aide quand elle se tient face à

---

1. Charles R. Swindoll, *L'Éveil à la grâce*, Paris, Le Messager chrétien, 2008.

ses classes de lycée, âgées en moyenne de quatre ou cinq ans de moins qu'elle. Elle a aussi compris que cette vitalité rassure, notamment l'agent immobilier qui lui a proposé le bail du studio qu'elle occupe depuis un an. Les six années précédentes, elle se contentait des six mètres carrés d'une chambre de bonne mal chauffée dans un immeuble du XVIe arrondissement, une affaire que sa mère lui avait trouvée *via* des relations. Sa mère est fonctionnaire à la mairie de Fontainebleau. Son père a quitté le foyer quand elle avait huit ans pour ouvrir un *coffee shop* en Thaïlande avec un ami – façon *kiss cool* d'annoncer en séquentiel sa séparation et son coming-out. Isolde ne l'a jamais revu. Quelques cartes postales, une ou deux tentatives sur Skype, échanges chaotiques de deux inconnus pas vraiment connectés.

Isolde vient de se lever, un sourire sur les lèvres. Elle aime son lieu de vie qu'elle redécouvre chaque jour en ouvrant les fenêtres. Un ancien couvent transformé en immeuble d'habitation au cœur du Quartier latin, soit une bâtisse rectangulaire enserrant un ancien cloître devenu jardin, planté de buis, de rosiers et de bouleaux disposés en triangle sur une pelouse. Tôt le matin, on entend les oiseaux pépier, les feuilles bruisser sous le vent. Elle prend le temps de contempler le spectacle, sa tasse de café à la main. Il la rassure, elle se sent proche de cet îlot de nature en évolution. Comme accompagnée. Elle sourit en songeant à l'agacement de son copain, Samuel, qui ne comprend pas ses émotions devant les bourgeons, les boutons de rose et autres merveilles qui abondent sous ses fenêtres. Samuel est agrégé de mathématiques, thésard en économétrie et fanatique de jeux vidéo. Il a vécu dans un appartement surpeuplé de sœurs, oncles, grands-parents dans une rue étroite, avec vue sur le même spectacle tribal dans l'immeuble d'en face. Il ne regarde pas par la fenêtre.

Isolde ne s'en plaint pas, elle a pris l'habitude de garder pour elle ces émois qui lui parlent au cœur quand elle voit des coins de nature, même tout petits, entre deux rues de Paris. Elle grave ses émotions dans sa mémoire, quitte à les évoquer quand elle se sent seule. Soit toute son enfance aux côtés d'une mère obsédée à ressasser le départ de son père et à s'aigrir chaque jour de ressentiment.

À Paris, elle n'a plus le temps d'être seule entre ses cours, les recherches pour sa thèse et quelques soirées parfois entre universitaires. L'œil las et enfiévré en même temps, ils évoquent les doctorats qui les retiennent des heures assis derrière l'ordinateur ou dans des bibliothèques à dépouiller, analyser, recenser les informations sur leur sujet d'étude. Examen des références, précision des notes de bas de page, inventaire exhaustif des écrits de tel ou tel chercheur déterré d'une université du bout du monde et dont les écrits font foi parmi les spécialistes...

Le processus, fastidieux, lui pèse. Isolde adore son sujet, soit l'« énergie de la création » chez Anna Akhmatova, une poétesse russe de l'ère stalinienne, dont les fils, compagnons et amis ont été broyés par la monstruosité du régime, sans qu'elle-même ne perde sa foi dans la vie ni son talent, cette magie des mots qui résonnent à l'âme. Quand elle l'a découverte, à la grâce d'une expédition dans une librairie russe de Paris, Isolde a reçu un coup au cœur, comme une évidence au plexus. On lui parlait, ou plutôt, une autre elle-même lui parlait, lui racontait avec ses mots ce qu'elle ressentait sans parvenir à l'exprimer. Pour mieux s'ouvrir à cette vérité partagée, Isolde a décidé d'apprendre le russe, une langue qu'elle a assimilée comme une évidence.

Le problème avec ce sujet, c'est qu'Anna Akhmatova est morte depuis plus de cinquante ans et que des centaines de spécialistes se sont livrés à la dissection de son œuvre. Isolde vibre d'intuitions, d'émotions, de sentiments qui lui emplissent le cœur et lui font monter les larmes aux yeux, même à la bibliothèque. Mais elle n'a pas le droit d'en tenir compte – seule l'exhaustivité du travail de compilation universitaire vaut. Avant d'émettre toute idée, elle doit vérifier que personne ne l'a devancée, sinon il lui faut « citer ses sources », l'impératif catégorique du travail académique.

Le caractère analytique et méticuleux du doctorat vaut à notre jeune thésarde des maux de tête, des remords *a priori*, des retours inquiets dans les travées désertes de la bibliothèque de Nanterre qui recueille sur microfiches l'essentiel des documents de l'époque stalinienne. Journaux, articles de presse, revues de lecture, toute une époque défile en caractères cyrilliques sur l'écran. Isolde a calculé qu'il lui faudrait quatre ans pour couvrir l'essentiel de la vie et de l'œuvre de son sujet d'étude.

La jeune femme soupire, sa tasse de café vide à la main. Un nuage a couvert la lueur irisée qui réchauffait la cime du bouleau. Le froid de janvier entre dans son appartement. Un dimanche de recherche devant son ordinateur l'attend, en compagnie de Samuel qui vivra le même programme, version mathématiques. Ce n'est pas la masse de travail, les milliers d'archives à éplucher qui l'épuisent – elle a l'énergie de ce déchiffrage –, mais le temps, incompressible et administratif, des vérifications, recensement, validation des moindres informations. Sans parler des aspects politiques du parcours universitaire. Elle devrait fréquenter davantage le cours de son directeur de thèse, lui adresser des extraits de son travail, solliciter son avis. Isolde, au contraire de Samuel, rompu aux aspects politiques d'une carrière grâce à son père, cadre en entreprise, ne parvient pas à mettre en place ces comportements. Sa désinvolture ou son indifférence devant ses conseils se solde régulièrement par une sortie réelle ou figurée de Samuel :

– Tes cinq ans de thèse, tu sais quoi ? Cela ne vaut rien si tu ne fais pas ça, ma vieille !

Ce jour-là, il claque la porte plus fort que d'habitude. Effroi de l'abandon. Samuel appuie sur sa blessure et il le sait. Elle s'élance comme chaque fois pour le supplier de revenir, mais se ravise. Fatiguée d'essuyer leurs reproches, de subir leurs peurs.

– Débrouille-toi pour faire fonctionnaire, ma pauvre fille !, répétait sa mère. Le monde est dur.

Dur ? Elle sourit tandis que s'esquisse derrière ses yeux le visage d'Anna Akhmatova, doux et noble à la fois. L'élégance de la poétesse, le courage de celle qui a subi la terreur stalinienne, la déportation et l'exécution des hommes de sa vie, le départ de son fils pour le goulag, la misère, le froid, la détresse, la violence, la trahison du mal partout présent, au coin de la rue comme au creux des familles éventrées. Le monde d'Anna était dur. Pour autant, elle n'a jamais cessé d'écrire.

Isolde débarrasse les assiettes du déjeuner, soulagée du départ de Samuel. Elle se sent seule quand il est là. Le reste de la journée, elle classe les informations compilées à Nanterre. Elle a prévu d'y passer la journée du lendemain, soit lundi, jour où elle n'a pas cours.

Le ciel gris déploie un étau glacial autour de sa silhouette qui sort du RER. La bibliothèque est quasi vide. La section consacrée aux archives de l'époque stalinienne ne passionne pas les étudiants un lundi matin. Elle retrouve la nuque d'un monsieur âgé, courbé au-dessus des documents qu'il consulte quotidiennement. Isolde a fantasmé sur lui, imaginé un réfugié nostalgique ou bien, à la vue de sa silhouette mince, un ancien danseur en peine de mémoire. Aujourd'hui, cette fréquentation silencieuse lui pèse, surtout au moment des repas qu'elle prend seule, n'ayant pas le droit de déjeuner au réfectoire des étudiants dûment inscrits à Nanterre. La visiteuse qu'elle est se contente d'avaler son sandwich, dans les couloirs aux vitres sales s'il pleut, ou à l'extérieur sur un terre-plein.

Son repas devient rapidement glacé dans l'air froid. Elle croise un ou deux visages, enlaidis par la lumière grise, avant de trouver la machine à café en panne. Journée disgracieuse. Privée de son remontant, elle trouve le redémarrage plus rude, tient laborieusement le rythme jusqu'à la nuit. Elle a du mal, aujourd'hui. L'environnement, la lourdeur, l'ennui surtout. Comme l'impression de ne plus vivre, d'être en suspens dans un sas empli d'ordinateurs, de fonctionnaires, d'horaires et de microfiches.

– On ferme.

Le haut-parleur sonne le glas des dix-huit heures, l'horaire des vêpres pour les moines que nous sommes, songe-t-elle en se redressant, courbatue des heures prostrée sur sa table. L'heure de retour en RER lui paraît longue. Les vitres noires alignent les masses des immeubles de Nanterre, la Défense, puis le tunnel les avale jusqu'à Paris, elle et ses pensées. Elle contemple les autres passagers, ses frères humains. Seuls, préoccupés, pressés ou inquiets, ils lui renvoient ses frayeurs d'enfant face à un monde dont elle sait qu'elle l'aborde avec fragilité.

– Tu ne peux compter que sur toi, répétait sa mère. Occupe-toi de toi.

Ce mantra, Isolde l'a entendu quotidiennement sans en comprendre le sens, sinon qu'elle est seule à Paris, sous tutelle de l'État à qui elle doit une thèse de six cents pages, soit plusieurs années de temps de vie... et que si elle ne l'écrit pas, elle restera professeur de lycée. Un maigre salaire, une série d'affectations à travers la France au gré des besoins de l'Éducation nationale, une vie rétrécie à elle-même que ses émoluments financeront à peine. Le strict minimum, ou le principe directeur de sa vie jusqu'ici. Pas sexy.

Elle respire fort dans la rue pour chasser ces pensées noires, jette son manteau sur le lit en arrivant. Deux yaourts, deux barres de chocolat, elle se couche sans plus réfléchir – un cadeau de son âme lasse.

– Où suis-je ?

À peine réveillée, Isolde se rend compte qu'elle sourit. Une joie profonde qui vient de la lueur qui baigne le cloître.

– La neige !

Elle est tombée pendant la nuit, un manteau suave qui recouvre le jardin et adoucit les formes, candeur qui ramène à l'enfance, aux paupières qui s'ouvrent sur la magie d'un monde à découvrir. Rien d'anormal dans ce climat d'un début janvier, Isolde a déjà vu la neige dans Paris, mais chaque fois le spectacle l'émerveille. Elle se prépare rapidement, entend à la radio des nouvelles qui ressassent en boucle les avatars de l'épisode neigeux qui traverse la France, les difficultés de circulation.

Elle écoute à peine, concentrée sur le défilé des tâches qui lui évitera d'être en retard devant ses élèves, son angoisse.

Trente minutes plus tard, quand elle sort dans le jardin, elle comprend. Ses jambes s'enfoncent jusqu'aux chevilles dans la neige. Elle glisse jusqu'à la porte d'entrée de l'immeuble, une grille voûtée qui... ne s'ouvre pas, bloquée par une congère. Elle force sur la porte, s'arc-boute. Rien n'y fait. Isolde s'agenouille et déblaie la neige de toutes ses forces. Elle transpire, paniquée à l'idée d'être en retard tandis que ses élèves l'attendent. Ses gants de laine trempés, elle fait coulisser le battant de fer qui s'entrouvre suffisamment pour qu'elle s'élance à l'extérieur. Le silence la saisit. Les rues, désertes, luisent sous la lumière des lampadaires. La courbe des trottoirs ondulant sur la chaussée, les monticules des voitures blotties tels des igloos devant les immeubles, la ville endormie dans un paysage de conte de fées. Le paysage habituel a pris un caractère irréel, comme hors temps. Son trajet jusqu'à l'entrée du RER dure infiniment, comme si elle s'endormait au fur et à mesure qu'elle cheminait.

La station du RER, tapie sous son globe de neige, a l'air d'un observatoire en pays esquimau, une station spatiale du pôle Nord flanquée de lampadaires. Isolde s'agrippe à la rampe, descend les marches pour trouver la grille... fermée. « Circonstances climatiques particulières, conduisant à des mesures exceptionnelles », a-t-elle entendu à la radio. Ils ont fermé le RER ! Son cœur s'emballe, elle remonte à toute vitesse. Vite, un bus, une voiture, n'importe quoi ! Le boulevard, désert, les arbres du Luxembourg chargés de neige, les immeubles aux fenêtres noires n'ont rien à lui dire. Personne. Les mains moites sous ses gants trempés, elle fouille dans son sac, appelle le lycée. La sonnerie s'égrène dans le vide. La neige s'est remise à tomber, s'engouffrant dans son sac et son col de manteau. Elle grelotte. Le froid la rend confuse. Rester, attendre que le RER ouvre ? Ça y est, elle va être en retard. Prostrée sous le renfoncement d'un immeuble, elle pleure. Elle voudrait hurler, soulever la grille, remettre de l'animation dans cette désolation, de la vie ! Tout sauf cette léthargie de glace, cette indifférence qui la renvoie au gouffre qui l'aspire depuis qu'elle est née et qu'elle passe ses journées à fuir.

– Le lycée est fermé. Instructions du ministère, résume sèchement la responsable administrative qu'elle parvient à joindre à la troisième sonnerie. Pas de cours jusqu'à nouvel ordre, conclut-elle, agacée devant le trouble d'Isolde.

La jeune femme regagne son immeuble, effondrée. Plus de rythme. Une journée vide l'attend, sans cours ni visite à Nanterre. Une fois rentrée, elle rumine devant son ordinateur.

– Sois impeccable, répétait la mère. On ne te passera rien.

Isolde a retenu. Elle ne sait pas se détendre tant qu'il lui reste des choses à faire, en l'occurrence des centaines de pages à rédiger. Pourtant, elle se lève et se plante devant la fenêtre, comme aspirée par le calfeutrage de la neige qui tombe. Douceur, grâce, abandon. Les flocons flottent sans peser, tourbillonnant souplement les uns autour des autres, lente glissade au sol.

La tension qui la maintient en apnée en permanence se dissout. Elle sent son ventre se détendre. Respiration profonde. Les trois bouleaux ploient sous le poids de la neige. Plus loin l'if reste droit. L'homme noir, sourit la jeune femme, cet être menaçant des contes de fées qui contrôle, légifère, détruit la joie. L'inspecteur Javert dans *Les Misérables*[2] pourchassant un Jean Valjean racheté au-delà de la bonté, le mari jaloux de Krotkaïa, « la Douce », une nouvelle de Dostoïevski[3] qui met en scène la destruction d'une jeune femme par son époux, un être dur, agacé par une sensibilité qu'il ne peut accueillir. L'homme noir ne reçoit pas la bénédiction de la neige. Il ne se mêle pas aux autres, rosiers en dentelle, buis engloutis, bouleaux en alliance. Il menace. À l'écart.

L'homme noir lui évoque Samuel, enfoui dans ses chiffres et formules mathématiques abscons, avec la mécanique des calculs qui s'enclenchent dès son réveil et s'enchevêtrent dans

---

2. Victor Hugo, *Les Misérables* (1862), Paris, Pocket, 2013.
3. Fédor Dostoïevski, *La Douce* (1876), traduit du russe par André Markowicz, Arles, Actes Sud, « Babel », 2000.

son sommeil. Penser à lui la rend triste, comme lorsqu'elle pense à sa thèse.

Elle secoue la tête, passe d'une fenêtre à l'autre. Elle se sent fatiguée, comme alourdie de tout ce blanc. Il est neuf heures du matin. Debout depuis quatre heures, elle n'a rien fait de ce temps. Ne s'est jamais trouvée dans cette situation. *Tout va bien...* Elle ne connaît pas cette voix qui lui glisse de se reposer. *Personne ne t'attend, cela va te faire du bien...* Et qui lui caresse la joue pour la réveiller une heure plus tard, comme une plume de douceur qui l'invite à se lever du canapé, le regard frais, pour rejoindre son poste de travail. Elle a un peu honte. Mais très vite, ses yeux se lèvent de ses documents de thèse, comme happés par le jardin blanc. L'if ne plie ni ne blanchit. L'homme noir représente les instances castratrices de cette société. Les femmes contactent l'invisible. Krotkaïa, la Douce, périt parce qu'elle ne parvient pas à le mettre en mot.

Isolde connaît ce sentiment, comme un goût dans la bouche parfois, un ressenti d'inachevé, une évidence que l'essence de nos vies va bien au-delà des limites de notre corps ou de notre compréhension. Que nous sommes éternels, présents ici depuis toujours, que des siècles du passé à ceux de l'avenir, nous voyageons. Sa main s'est mise à griffonner ces pensées, comme un élan qui l'emporterait hors des limites de son immeuble parisien, par-delà son époque. Vers sa vraie nature. Vers sa vraie colère aussi.

L'homme noir. Qui l'a rendu ainsi, la société, ses peurs ? L'irrationnel effare tant les hommes qu'ils détruisent ce qui y ressemble. Contrôle, domination, exploitation, ils utilisent la force pour se prouver leur existence, ce pouvoir qui reste leur raison d'être. La subtilité des ressentis, la fluidité des formes en mouvement, l'infinie délicatesse de ce qui ne se connaît qu'avec le cœur, comme disait Saint-Exupéry aspiré dans les airs, ne leur parlent pas. Pas fiable, dangereux. Le problème, c'est que ce subtil les entoure de façon plus prégnante que l'air qu'ils respirent. D'où leur colère, permanente, obstinée, sans cesse renouvelée à travers de nouvelles armes, des styles de guerre différents : razzia, guérilla, génocide, affrontement tribal, guerre froide, dissuasion nucléaire. L'équilibre de la terreur. L'homme noir vit en rapport de forces, crispé dans une tension qui lui donne l'impression d'une normalité douloureuse entre deux angoisses. Samuel encore...

Solidaires, les femmes s'adaptent, passent d'un univers à l'autre et font semblant. Elles paient leur loyer, remplissent leur feuille d'impôts, assistent aux réunions en entreprise et aux assemblées de parents d'élèves. Heureusement, quand elles ont fini de jouer aux êtres raisonnables, elles se parlent aussi, comme les trois bouleaux penchés l'un vers l'autre sous le poids de la neige, des amies rassemblées par une essence qui les harmonise. Une sensibilité, une conscience qui apaise et glisse en flocons jusqu'au cœur. Isolde ne connaît pas cette puissance qui agite ses doigts sur le clavier et fait jubiler ses idées.

L'homme noir s'appelle Benjamin, Krotkaïa la Douce devient Elsa, ils se rencontrent à Moscou. Il est américain, travaille dans une banque d'affaires. Elle est musicienne et habite un studio en lointaine banlieue. Deux univers qui s'entrechoquent dans l'explosion de la passion et de la haine qui couve. Né de parents ukrainiens émigrés politiques, Benjamin parle russe. Il lui ouvre son monde, l'immense appartement avec vue sur le Kremlin, les restaurants à la mode emplis de call-girls, d'hommes d'affaires et de mafieux, les tables couvertes de crus prestigieux, de caviar, foie gras, loup de Méditerranée et langoustines de Bretagne, les cuisses offertes de blondes en strass. Elsa se laisse gâter à coups de dîners et week-ends aux quatre coins de l'Europe. Tourbillon de deux mois qui l'exfiltre de son quotidien, mais ne la comble pas.

Isolde s'enfièvre. Les heures glissent autour de ses doigts qui dansent des réalités qu'elle ne connaît pas, des vérités qu'elle découvre sur l'écran de l'ordinateur. « *Otkouda mne vcio ?* » D'où me viennent ces images, la Galleria, le restaurant moscovite *hype* qui se détache sous mes yeux, les scènes de débauche que je n'ai pas connues, les aéroports que je n'ai pas fréquentés, moi qui ne connais que les gares de Londres et

Lâcher prise

Amsterdam, les rituels implacables d'une séduction à la mode banquier d'affaires de Wall Street ? Je ne lis pas les magazines, dédaigne les comédies hollywoodiennes, snobe les affiches racoleuses des kiosques à journaux... Pourtant je sais. Fluide, évident, immédiat, l'univers d'Elsa et de Benjamin s'enrichit sous ses doigts, de nouveaux personnages apparaissent.

Elle s'étire et se tourne vers la fenêtre. Le soir est tombé, un moineau s'est perché sur le balcon et gazouille en la fixant, le bec levé. Dès qu'elle se lève, il s'envole. Isolde n'en revient pas. Elle a descendu deux paquets de biscuits, avalé un pack de yaourts et une tablette de chocolat sans y penser ? Elle ne voit qu'une journée engloutie dans un univers qui n'existait pas le matin même ! C'est ça, écrire ? La tête lui tourne. Enfant, elle consignait ses tristesses et déceptions sur ses carnets, exprimait ses rêves pour sa vie, des milliers de pages qu'elle ne relisait pas. Mais là, une histoire est née. Elle ne comprend pas comment. Elle dîne, pensive, ses personnages en filigrane autour d'elle, avant de se coucher, un sourire sur les lèvres.

Son réveil, fluide, lui arrache un gémissement de plaisir. Plus de tension aux maxillaires, de mâchoires crispées sur ses vieilles souffrances. Sa respiration est ample, sans l'oppression habituelle, l'effort pour débloquer un souffle qui s'étrique sous le poids des peurs. Paris est toujours bloqué sous la neige. Elle a sa journée pour elle. Pour eux aussi, ces personnages qu'elle brûle de retrouver.

Ce sentiment d'être entourée, Isolde le vivra pendant quatre jours, au fil d'une intrigue qui se met en place toute seule. Ses personnages l'attendent. Ils la réveillent à l'aube pour lui raconter leurs aventures. Ils ont besoin d'elle pour vivre leur destin.

L'appel a valeur de rituel. Isolde se lève, rapporte de la cuisine du café pour elle, un biscuit pour le petit oiseau qui l'accompagne dans l'écriture. Elle l'a surnommé Tolstoï, du nom de son romancier préféré, car il ne s'approche que lorsqu'il la voit installée devant l'ordinateur. Malgré le froid, elle entrouvre la porte-fenêtre pour mieux le sentir, perché sur le balcon à hauteur de son visage. Ils font équipe. Isolde exulte. En quatre jours de parenthèse hallucinée, elle a écrit cinquante pages qui lui donnent envie de connaître la suite. Elle habite un autre espace-temps.

Elle y reste, dans cet espace, même quand la neige cesse de tomber. Outre Tolstoï, elle y retrouve la voix, celle qui lui avait intimé de se reposer le premier matin sous la neige. Cette voix lui a rendu la vie plus douce. Elle lui chuchote des rêveries sur son canapé pour se détendre plutôt que des joggings dans le froid, un bain pour se ressourcer plutôt que le chlore de la piscine où elle alignait ses cinquante longueurs. La voix protège son inspiration, y compris quand la vie reprend son cours. Elle la protège tout court.

Car Isolde est retournée donner ses cours au lycée. Mais elle n'a pas remis les pieds à Nanterre. Ce n'est plus la peine. Termine d'abord ton histoire, lui a soufflé la voix.

Cinq mois s'écoulent, jusqu'à ce matin de printemps qui la voit imprimer deux cents pages minutieusement relues et travaillées, une germination d'hiver sous l'aile de Tolstoï.

– On dirait un roman !, s'exclame-t-elle, le manuscrit à la main.

La voix lui souffle d'en faire des photocopies et de déposer son manuscrit chez des éditeurs. De façon étonnante, elle reçoit trois jours plus tard par la poste son ordre d'affectation de professeur agrégée, soit cinq ans minimum de prise de poste. On lui a attribué un lycée technique à Denain, une petite ville du nord de la France, à côté de Valenciennes. Isolde n'est pas surprise. Elle ne possède ni l'ancienneté ni les points qu'un statut conjugal procure auprès de l'Éducation nationale. Certes, il lui serait théoriquement possible de refuser cette mutation et de se mettre en disponibilité, mais comment gagner sa vie ? Des piges auprès de journaux ou des cours particuliers ne lui assureront que des revenus aléatoires, insuffisants pour payer son loyer. Elle ne voit pas l'issue. Pourtant elle sait qu'elle n'a rien à faire à Denain.

Tu ne le sens pas ? Refuse !, susurre la voix. La vie a mieux pour toi.

Isolde entend les mots résonner dans sa tête, mais la seconde partie de la phrase ne s'inscrit pas en elle. Une boule d'angoisse au ventre, elle refuse tout de même le poste en demandant une disponibilité pour « raisons personnelles », et sort poster son ordre d'affectation. Elle regagne son studio, épuisée. *Très bien. Repos !*

Et Isolde de repartir dans la seconde sieste de sa vie, l'après-midi cette fois.

Deux heures plus tard, elle se réveille, emplie d'un calme étrange, totalement nouveau. Ses membres sont déliés, sa vue perçante. Elle aperçoit Tolstoï, perché sur un bouleau. Elle se sent légère. Son angoisse a disparu.

La paix du cœur, commente la voix, *celle qui sourd de l'accord intime avec soi.*

Isolde soupire, impressionnée par ces propos qui ne viennent pas d'elle. Elle se redresse, allume son téléphone pour vérifier l'heure et... trouve un message.

– Bonjour, dit l'éditeur, j'ai lu votre manuscrit. Il nous intéresse. Pourriez-vous me rappeler ?

Sa respiration s'arrête. Elle écoute et réécoute le message, toujours en apnée. Une semaine plus tôt, elle terminait son roman ! La vie peut-elle s'accélérer à ce point ? Elle tremble, le téléphone collé à l'oreille, trop confuse pour sentir la vague de joie qui monte en elle. Ce n'est que quand Tolstoï atterrit sur le balcon qu'elle lève les bras au ciel et crie son bonheur.

Tout s'enchaîne ensuite. Son premier roman sera publié neuf mois plus tard. Isolde reçoit de sa maison d'édition un à-valoir qui couvre tout juste son loyer et lui permet de se lancer dans son prochain livre qui sortira l'année suivante. Elle a oublié ses contraintes universitaires, tous les lycées de France où elle ne mettra jamais les pieds.

Hommage à cette période de sa vie, elle a choisi pour héros de son deuxième roman le vieux monsieur en gabardine de velours rouge installé chaque jour à la bibliothèque universitaire de Nanterre. Ce sera sa thèse à elle.

Décryptage

Isolde a vécu son enfance dans un climat laborieux marqué par la peur, la défiance, l'absence de joie et d'expression d'amour. Le « driver » ou mot clef qui la caractérise est « Fais effort », assorti de « Sois forte ». La morosité de la mère, l'abandon du père, la solitude, les difficultés matérielles ou personnelles s'enracinent dans cette croyance. Études, appartement, amoureux, chacun des projets de sa vie implique lutte, acharnement, vigilance et ténacité – avec un retour sur investissement déficient.

Le lâcher prise intervient à un moment de sa vie où elle atteint un état d'épuisement moral et spirituel qui porte en lui la réalité du fameux burn-out. Ses conditionnements – être impeccable, savoir se tenir, se faire toute petite, se débrouiller sans rien demander – sont tendus en elle au point qu'un dysfonctionnement mineur, comme ici l'aléa climatique, est susceptible d'ébranler l'ensemble de sa structure identitaire. D'où une instance de protection en elle (au choix et selon les croyances l'« inconscient », la « grande conscience », l'« Esprit saint », l'« ange gardien ») qui lui fait lâcher prise, à plusieurs reprises et de plusieurs façons.

Comment l'inspiration a œuvré

- Isolde accepte le départ de son « ami » Samuel qui ne lui correspond pas. Elle accepte sa non-envie de le retenir et ne se force plus.

Lâcher prise

- Elle s'inspire du mouvement des flocons en fluide « lâcher prise », et par mimétisme rejoint la neige dans le souple écoulement du temps.
- Elle prend le temps de s'écouter dans ses besoins, quitte à dormir dans la journée – ce qu'elle ne s'est jamais autorisé. Son cerveau émotionnel enregistrant les bénéfices d'un comportement spontané, étranger à ses codes, elle ouvre la connexion à son instinct.
- Elle accueille le déploiement d'une histoire et de personnages qui passent par elle pour exister. Elle se laisse aspirer par son inspiration, sans réserve ni jugement.
- Elle reste seule, à l'écoute de ce phénomène inédit, et ne cherche pas à se créer des distractions ou une ambiance « extérieure » par des rendez-vous ou des conversations.
- Elle écoute la voix, son guide intérieur qui la conseille. Elle laisse cette voix positive recouvrir peu à peu la voix maternelle négative qu'elle a introjectée et qui l'étouffe.
- Elle renonce à son engagement auprès de l'Éducation nationale parce qu'elle n'adhère pas à l'affectation qu'on lui impose et qu'une partie d'elle-même sait que cet « ordre de mutation » est dangereux pour elle. Elle prend le risque du vide, car elle n'a aucun plan alternatif pour sa survie.
- Elle lâche la lourdeur d'un parcours universitaire dont elle ressent que les aspects analytiques et politiques ne lui conviennent pas.
- Elle prend le risque du refus ou du ridicule en adressant sans solliciter d'avis préliminaires de son entourage son manuscrit à des éditeurs inconnus.
- Elle garde le flux du lâcher prise en repartant très vite sur un nouveau roman, avant même la publication de son premier texte – qui sera un succès.

CHAPITRE 6

Raoul

Percevoir les signes

« Ce qu'on ne veut pas savoir de soi-même finit par arriver de l'extérieur comme un destin. »

Carl Gustav Jung, *Ma vie*.

L'homme et l'adolescente discutent devant le paddock. Devant eux, dans l'enclos, les chevaux évoluent tranquillement, délestés des cavaliers du club. La journée s'achève, ils savent qu'on va les mener au pré pour la nuit. Accoudée à la barrière, la jeune fille fronce les sourcils.
– Il ne m'a pas appelée en arrivant.
L'homme tourne la tête vers elle.
– Il t'avait dit qu'il le ferait ?
– Oui, Papa...
Elle s'interrompt, surprise par une poussée imprévue. Un cheval vient de poser sa tête sur son épaule contre son oreille.
– Signe !, s'écrie son père, il pense à toi. Tu vas l'entendre bientôt.
L'adolescente soupire, incrédule. Son père a tellement changé. Plutôt en bien, songe-t-elle une heure plus tard après avoir reçu l'appel de son amoureux qui n'avait plus de batterie en sortant du train.
Raoul a effectivement changé. À cinquante ans, directeur général zone Europe du leader mondial du roulement à bille,

il a vécu un bouleversement majeur. Rien de lié à un événement extérieur, heureux ou dramatique. Pas de promotion, d'augmentation, de succès familial ni de décès autour de lui. Juste une épiphanie dont il ne parle à personne, pas même ses proches, tant le phénomène reste pour lui indicible. Et invisible aussi. Raoul a découvert un monde qui ne se voit pas. Un monde qui s'entend.

Tout a commencé un samedi après-midi, deux ans auparavant. Le week-end se déroulait conformément à la routine paisible d'une famille bourgeoise de Versailles. Son épouse et lui avaient fait les courses au marché avant d'attendre, discrètement et un peu à l'écart comme elles le leur avaient demandé, leurs deux adolescentes à la sortie de leur lycée pour jeunes filles. Cap sur la maison pour le poulet-pommes de terre sautées-tarte aux pommes du samedi midi. Puis les jeunes filles s'étaient égayées vers leurs activités – équitation pour l'une, scoutisme pour l'autre. Raoul et Anne, son épouse, s'étaient retrouvés face à face chacun dans le canapé du salon à boire le café. Après quelques propos benoîtement domestiques – évocation de travaux à faire dans la maison et de réunions de parents d'élèves pour lesquelles Anne, qui ne travaillait plus depuis seize ans, soit la naissance de sa première fille, montrait une assiduité pointilleuse –, ils avaient levé le camp avec délicatesse. Elle, vers leur chambre.

– Ma sieste du samedi après-midi, avait-elle glissé, la mine assoupie.

Lui avait filé devant son ordinateur.

Installé dans le fauteuil en cuir de son bureau meublé à l'anglaise – une réussite de sa femme qui avait écumé les antiquaires de Versailles et de Saint-Germain-en-Laye pour dénicher le secrétaire en acajou recouvert de cuir vert foncé, les fauteuils assortis ainsi que les gravures anglaises de chasse à courre qui ornaient les murs recouverts d'une tapisserie lie-de-vin à écussons dorés. Raoul évitait de regarder de trop près les scènes d'hallali qui l'entouraient – il détestait la chasse. En revanche, il appréciait l'endroit pour son harmonie, son calme et surtout... l'ordinateur posé à côté du bureau dans une console en bois de rose. Anne avait refusé qu'il l'installe sur le bureau – une intrusion moderne qui aurait détruit ses efforts de décoration. Elle lui avait donc trouvé un meuble inutile, comme la plupart de ceux qu'elle avait achetés pour la maison, avait une fraction de seconde de méchanceté pensé son mari.

Bref, Raoul n'avait qu'à soulever la cloche en bois de sa console pour rejoindre son meilleur ami. Il n'en fréquentait plus depuis longtemps, d'ami en chair et en os, son temps s'étant peu à peu raréfié entre les activités familiales, les obligations paroissiales – son épouse et lui jouaient un rôle important auprès de leur église de quartier – et son travail, pour lequel il avait toujours montré une application pointilleuse. Directeur industriel depuis cinq ans, il dirigeait une équipe de huit personnes, elles-mêmes responsables de cinq cents personnes réparties en deux usines. Sa maison mère étant basée en Suède, il devait fréquemment voyager sur place afin d'aligner des résultats et des chiffres impeccables, à la nordique. Raoul appréciait la culture de la société, sa rigueur, son respect des personnes. Lui-même se montrait un patron exemplaire façon paternaliste, du style à quitter le bureau à six heures du soir en lançant à ses équipes un comminatoire :

– Allez, c'est l'heure de rentrer à la maison !

La suggestion n'était pas pour déplaire aux chargés de famille. Les célibataires haussaient les épaules et fermaient leurs ordinateurs qu'ils rallumeraient plus tard dans un appartement vide.

Raoul ne disait pas vraiment la vérité. Ce n'est pas la maison qu'il regagnait dès qu'il était monté dans sa voiture de fonction, mais le Manège du parc, le club d'équitation où il avait inscrit sa fille aînée, Éléonore. Il adorait l'atmosphère du club, l'agitation entre les box, le soin des chevaux, dont le sien qu'il montait rarement, faute de temps, mais passait brosser dès qu'il le pouvait, un suffolk punch alezan au regard doré comme le miel entre des cils en amande. Dès qu'il avait posé la main sur sa robe tiède, une immense expiration lui venait, comme le lâcher prise des tensions du jour. Il regardait sa fille s'entraîner au saut d'obstacles. Il saluait les responsables et les moniteurs du club, des gens concrets, pragmatiques, qui ne parlaient pas beaucoup – ce qui lui allait très bien. Puis, son sas de décompression ayant fait son effet, il regagnait son foyer.

Là, il embrassait sur la joue Anne, occupée à lire ou à préparer le dîner, et filait dans son bureau pour sa seconde activité clandestine : les jeux vidéo. Dans la section paroissiale réservée au parcours évangélique des adolescents dont il était responsable, il cachait évidemment cette addiction qui le rapprochait tellement d'eux ! Raoul était depuis l'adolescence un *serial gamer*, abonné à deux guildes férocement guerrières qui se retrouvaient chaque soir pour des combats sanguinolents, heureusement inspirés par la lutte du bien contre le mal – sa conscience était sauve.

Le directeur industriel qu'il était, attentif au fonctionnement huilé de son activité de roulements à bille – pléonasme –, courtois devant ses patrons suédois, ponctuel aux réunions de paroisse, bon père et bon époux, n'aurait pas résisté à cette perfection à la « Versaillaise beauty[1] » sans ce défoulement façon baston, le soir derrière la porte à moulures de son bureau.

En ce samedi après-midi, il avait décidé de se consacrer à sa deuxième passion, officielle celle-là. La généalogie. Fils et petit-fils de militaires, Raoul se sentait investi d'une mission d'investigation au service d'une filiation dont il était fier. Il aimait ce principe d'examen méticuleux, ce recoupement de données chiffrées qui dressait les lignes d'une cartographie précise, son arbre généalogique.

Raoul ne cherchait pas à connaître les détails de la vie de ses aïeux. C'était juste le processus de recherche qu'il appréciait. Ce hobby lui remplissait aussi ses samedis après-midi qui, sinon, auraient tiré en longueur.

---

1. D'après le film *American Beauty* de Sam Mendes (1999) qui stigmatise la normalité petite-bourgeoise de l'*American way of life*.

Anne s'était mise à faire la sieste à ses quarante ans, un sommeil qui l'occupait de quatorze heures à seize heures trente et qui, le temps de se rafraîchir, de se faire un thé et de reprendre ses esprits, la bloquait à la maison jusqu'à dix-huit heures. Raoul restait dans la pièce d'à côté, d'abord parce qu'il ne savait pas où aller – ses activités de loisir se déroulant généralement avec Anne –, et aussi parce qu'il s'était habitué à cette routine.

Il était en train d'exhumer une branche belge de sa famille maternelle, une excroissance du côté de Han-sur-Lesse dans les Ardennes, lorsqu'il entendit un air sourdre du couloir.

« *Oh she may be weary.* »

Le généalogiste releva la tête, surpris. Ils écoutaient rarement de la musique dans la maison.

Chacun se débrouillait, lui avec France Info dans la salle de bains, les filles avec leur iPod. Et Anne ? Il ne savait pas si Anne écoutait de la musique.

« *But when she gets weary*
Try a little tenderness[2]. »

Raoul reconnut les modulations rauques qui avaient bercé son adolescence. La chanson s'enfla en un crescendo de ferveur qui, amplifié par le couloir, le fit se lever. D'où venait ce son ? Il ouvrit la porte de leur chambre, une décoration délicate entre parquet ancien, rideaux à dragonnes de velours mauve et courtepointe brodée de soie rose. Dans la pénombre, sa femme dormait, un bras replié autour d'elle.

« *You know she's waiting*
Just anticipating
For things that she'll never
Never possess. »

La musique venait d'ailleurs, dans la maison. Raoul ne referma pas la porte tout de suite, gêné mais aussi attiré par la vue d'Anne endormie. Ils étaient mariés depuis dix-neuf ans. Jamais il ne l'avait vue dormir. Couché en même temps

---

2. Otis Redding, *Try a Little Tenderness*, 1966.

qu'elle et levé plus tôt, il se hâtait de s'extirper de la couche conjugale pour aller travailler. Dans la nuit, ils dormaient. Si l'un d'eux avait une insomnie, il était prié – règle implicite entre eux – de ne pas réveiller l'autre. N'empêche, gêne ou pas, Raoul trouvait touchante la femme allongée dans les draps, le modelé délicat de son bras, son visage enfantin, enfoncé sur l'oreiller. Son cœur se gonfla dans sa poitrine, un émoi ancien affleura en lui.

Apeuré, il se hâta de refermer la porte. D'où venait cette musique ? La chaîne du salon n'acceptait que la collection de CD de musique classique rangés dans la commode au-dessous. La radio de la cuisine ? Raoul pénétra dans la pièce où résonnaient les râles finaux d'Otis Redding, en plein déchaînement de passion. Qui l'avait allumée ? Les filles sont parties, la radio était silencieuse quand nous sommes montés.

Il éteignit l'appareil, perplexe, et repartit dans son bureau explorer la branche belge du côté familial.

Plus tard dans la journée, il revenait du club d'équitation où il était allé chercher Éléonore qui avait réussi son concours d'obstacles.

– C'est sympa d'être venu, Papa.

« *Daddy, Daddy Cool*[3]. »

– C'est toi qui as changé la station ?

– Non, c'est bizarre. Ce n'est pas plutôt France Info que tu écoutes d'habitude ?

« *She's crazy about her daddy*
Oh she believes in him. »

Boney M avait empli l'habitacle. Éléonore se mit à se trémousser, tandis que Raoul frissonna. Impression qu'on essayait de lui dire quelque chose.

Le soir, Anne et lui se rendirent chez des voisins pour un dîner de couples, un moment agréablement convenu que Raoul apprécia plus que d'habitude. Enfoncé dans son fauteuil club, il écoutait d'une oreille vague la conversation des

---

3. Boney M, *Daddy Cool*, 1977.

Percevoir les signes

hommes savourant leur digestif en reluquant Anne, installée avec les épouses en face.

Elle a de belles jambes, se surprit-il à penser. Devrait mettre des talons, je lui en offrirai pour son anniversaire.

De retour, dans la voiture, il tourna le bouton de l'autoradio et se laissa aller à poser la main sur le genou de sa femme.

« *One love*
One life
When it's one need
In the night[4]. »

– Tu te souviens, soupira Anne, la tête renversée en arrière. Qu'est-ce que j'ai aimé cette chanson !

Raoul ne répondit rien. Que se passait-il avec la musique ? Comme si les mélodies surgissaient en correspondance avec l'instant, porteuses du message de la situation. Bien sûr qu'il se souvenait ! Il passait ses journées en musique avant de se marier. Il avait acheté sa première chaîne stéréo avant sa première moto ! Il connaissait le répertoire de U2 par cœur. Et c'était grâce à cette chanson, *One*, qu'il avait accepté de se marier, qu'il avait choisi cette femme, qu'ils traversaient la vie ensemble, même s'il ne la regardait plus vraiment à force d'habitude et de contraintes à caractère familial ou ménager.

« *We're one*
But we're not the same
We get to carry each other
Carry each other. »

Fut-ce U2 ou le saint-émilion absorbé en quantité ce soir-là ? Raoul et Anne firent l'amour comme ils avaient oublié qu'ils pouvaient le faire. Comme ils le faisaient quand ils étaient étudiants, lui dans une école d'ingénieur, elle en fac de droit, et qu'ils écoutaient U2 dans sa chambre de bonne.

Raoul s'endormit, sa femme sur son épaule, la mine extatique. Pour une fois, les ombres de la cinquantaine ne vinrent

---
4. U2, *One*, 1990.

pas gâcher son sommeil. Depuis son anniversaire l'année précédente, il se surprenait à ruminer des pensées anxieuses, liées à la peur du vieillissement, à la perte de sa force physique et de ses capacités intellectuelles. Il redoutait de se voir remplacer dans son travail, de décliner inexorablement vers une fin sinistre. Ces caractéristiques de l'andropause étaient intensifiées par un phénomène de sédentarité nouvelle. Ils n'avaient pas, d'un commun accord, renouvelé leur inscription au club de tennis tout proche, las de jouer ensemble depuis plus de vingt ans. Raoul ne prenait pas le temps d'élargir son jeu à d'autres partenaires, et Anne s'était mise au yoga. Il ne pratiquait donc quasiment plus d'activité physique, ce qui pour l'homme grand et athlétique qu'il était relevait de l'aberration. S'était installé autour de sa taille un bourrelet dont il avait honte, tout comme de la mollesse de ses bras, autrefois musclés et puissants.

« *Time is on my side*[5]. »

Quoi ? Raoul se réveilla d'un sursaut.

« *Yes, it is*. »

Mon inconscient est devenu DJ ! s'étrangla le directeur industriel. Jouer la montre ? C'était juste la stratégie à laquelle, somnolent sous la couette, il était en train de songer pour sa réunion du lundi auprès des actionnaires suédois.

« *Time is on my side*. »

Tandis que la mélodie tournait dans sa tête, il sourit en pensant que Mick Jagger ne la portait pas si mal, sa chanson, cinquante ans plus tard. Puis, sourire plus large, qu'elle venait à point nommé calmer ses peurs du vieillissement et de l'obsolescence. Tout de même, des chansons !

C'est incroyable, ce qui m'arrive, ressassait-il en se brossant les dents dans la salle de bains. J'entends des chansons qui me glissent des messages, de l'extérieur et maintenant de l'intérieur. Ma cuisine me donne des conseils, ma voiture joue les oracles. On m'envoie des signes.

---

5. The Rolling Stones, *Time Is on My Side*, 1964.

Il passa le reste de la journée à méditer ce phénomène, attentif au moindre son, concentré sur ce qui se passait autour de lui. Sa famille s'en réjouit, s'étant habituée à sa présence d'ordinaire flottante, une manière de ne pas vraiment être là sans pour autant être ailleurs. Un ennui qui ne disait pas son nom.

Il partit pour la Suède le lundi matin dans un état de vigilance nouveau, essentiellement auditif dans un premier temps, mais qui devint rapidement visuel quand il aperçut au contrôle de douane de l'aéroport le patron de sa précédente entreprise qui l'avait remercié quinze ans plus tôt dans le cadre d'une compression de personnel.
Étrange.
Le sentiment de mal-être grandit en lui dans l'avion, malgré la relecture des dossiers et l'épluchage des journaux. Comme une appréhension.
Et si c'était un signe ?
Raoul savait que la réunion des responsables des différentes filiales européennes, du comité de direction du groupe et des actionnaires à laquelle il se rendait avait pour objectif de discuter d'une « stratégie de réorganisation ». Quelle meilleure réorganisation que celle qui consistait à regrouper des pays en zones géographiques en allégeant la lourdeur des structures nationales. Et si on lui supprimait son poste ?
Son cœur se mit à battre plus fort. Il garderait son travail. Raoul ralluma son ordinateur. Sa présentation ne convenait pas, trop complaisante, sans perspective. Il fallait proposer une vision plus audacieuse. Il travailla jusqu'au désarmement des toboggans, ouverture des portes.
La réunion démarra de façon glaciale dans un climat ton sur ton. Le ciel gris appuyait sur les cheminées d'usine et sur les tempes de Raoul, en état de tension maximale. L'objectif était effectivement de revoir les stratégies de chaque filiale à l'aune d'une réorganisation qui ne serait présentée qu'en fin de journée par la société de conseil américaine qui avait été

engagée pour la restructuration. Des antennes se dressèrent en Raoul. C'était à la suite d'une mission gérée par la même société de conseil qu'on avait supprimé son poste dans son ancienne entreprise ! Double signe.

« *Time is on my side.* »

Il laissa ses collègues tester l'ambiance avant de se lancer. Il était en train d'enregistrer des signaux subtils – le président qui agite nerveusement le pied, l'actionnaire principal qui lui jette un coup d'œil, le responsable de la filiale italienne sur la sellette qui renverse son café en faisant un grand geste – quand...

« *Another one bites the dust*[6]. »

Freddy Mercury ! Changement de ton. Son idole de jeunesse venait de faire irruption sous son crâne. Il se mit à marquer la mesure tandis que le responsable de la filiale italienne fermait la bouche, effondré au bord du ring.

« *And another one gone, and another one gone*
Another one bites the dust. »

Une fenêtre s'ouvrit en Raoul, une échappée providentielle sur ce qui se passait à l'instant précis. Un casting ! Les actionnaires sélectionnent les têtes qu'ils vont couper et – il passa en revue l'assemblée tétanisée – ceux qu'ils vont promouvoir.

« *But I'm ready, yes, I'm ready for you*
I'm standing on my own two feet. »

Il se battrait.

Il gagnerait, Queen avec lui.

Raoul se leva en homme nouveau. Il commença à s'exprimer avec une froideur anglo-saxonne mâtinée de pudeur nordique, mains croisées derrière le dos. Puis, observant la détente revenir sur le visage des actionnaires, tous héritiers de grandes familles aristocratiques suédoises, il renforça son discours par une mise en perspective de la situation compétitive de l'entreprise, façon scénario de guerre nucléaire. Rassuré par les mines approbatives qui accueillirent son exposé, il

---

6. Queen, *Another One Bites the Dust*, 1980.

conclut sur l'affirmation de son engagement total au service d'un renouveau nécessaire et définitif, avec le sentiment de paraphraser de très loin Martin Luther King. Un silence s'installa, relayé par des chuchotements et des hochements de tête. Raoul surprit le plissement de paupières du président assorti d'un mouvement de menton à son endroit. Il souffla discrètement, encore effaré par son audace.

Le soir même, on lui proposa de rejoindre le président et deux des actionnaires dans un salon privé de l'hôtel qui les hébergeait. Sa présentation avait impressionné par sa puissance visionnaire. On lui confiait la direction générale de l'Europe du Sud, soit cinq pays supplémentaires. On lui préparerait son contrat à signer pour le lendemain.

Freddy Mercury comptait et compte toujours des millions de fans sur la planète. A-t-il vu, là où il est désormais, l'un d'entre eux, en costume gris, s'agenouiller sur le tapis d'une chambre d'hôtel suédois en lui susurrant un chant d'action de grâces ?

La nouvelle vie de Raoul commença avec ce rituel. Remercier. Pas toujours le chanteur de Queen même s'il pensait souvent à lui en flânant le soir dans les ruelles des villes d'Europe du Sud, devenues son territoire professionnel. Raoul rendait grâce pour les signes qu'il voyait désormais, et en abondance. Intrigué par le phénomène, il avait tenté de l'évoquer avec son épouse ou encore avec leurs amis, mais les mines ahuries ou choquées l'en avaient dissuadé. Seule Éléonore avait montré un intérêt.

– Stylé, ton truc, mais tes chansons sont nazes. Tu veux que je te prépare un iPod ?

Et de lui concocter un mélange de dance, R&B, heavy metal, pop folk de dernière génération pour rafraîchir son DJ interne. Celui-ci mettait apparemment du temps à se réactualiser, car Raoul n'était pas souvent réveillé par la voix de Rihanna ou de Jennifer Lopez – dommage, regrettait-il en jetant un œil sur les clips que sa fille lui avait téléchargés. De surcroît, il ne recevait pas que des messages chantés. Il lui arrivait d'entendre une voix à l'intérieur de lui, lui intimant de se calmer, de regarder dans un meuble s'il cherchait son portefeuille, de quitter la pièce lors d'altercations avec des collègues, de changer de trajet en voiture et d'apprendre que l'autoroute qu'il avait évitée avait été congestionnée plusieurs heures en raison d'un accident de poids lourd. Bref, il avait trouvé en lui une boussole interne qui ne laissait pas de l'intriguer.

– C'est un peu comme un ange gardien, réfléchit-il un matin à la messe. Ou alors l'Esprit saint ?

Tourmenté par le dilemme, il tenta d'échanger avec Anne qui le fixa, les yeux ronds.

– Je ne sais pas quoi te dire.

Il prit donc rendez-vous avec le prêtre de la paroisse pour une confession d'une tonalité particulière. Non, aucun péché notoire – les vidéos des *bombas* de la R&B n'étant pas répertoriées dans la nomenclature officielle –, simplement l'impression d'être une bande passante aléatoire, une sorte de radio libre qui émettait quand bon lui semblait.

– Cela m'aide, donc je ne pense pas que cela vienne du Malin, ajouta-t-il, troublé par le silence du prêtre. C'est peut-être l'Esprit saint ?

– Attention au blasphème, grommela l'autre. D'abord on dit le Saint-Esprit. Ensuite le phénomène est rare, il ne survient que pour...

Les scribes des Évangiles ?, s'agaça à part lui le confessant.

– ... des circonstances exceptionnelles ou des gens exceptionnels. C'est-à-dire...

Pas toi, songea Raoul en le voyant baisser la tête. Pauvre de toi qui célèbres jour après jour ce en quoi tu ne crois pas.

Il quitta l'église, guilleret. D'accord il ne servait pas la messe, mais on lui parlait, à lui ! Le Saint-Esprit, le sien d'esprit ou son ange gardien, il ne savait pas. Ce qu'il entendait, c'était une sagesse de l'instant, une vérité immanente qui voyait mieux et plus loin que lui.

Toujours intrigué par le phénomène, Raoul trouva un relais d'information dans les librairies et sur Internet. Quelques soirées de pianotage de site en site et il se constitua un dossier volumineux sur le sujet. Sa formation scientifique lui fit d'abord se plonger dans le principe de synchronicité, explicable selon certains principes de physique quantique. Il n'avait pas rêvé. Il avait bien reçu de vrais signes, pas des coïncidences.

– La différence, c'est quand ça cogne dans le plexus, conclut-il à la fin d'un exposé sur le sujet qu'il était allé suivre, un soir, dans une librairie ésotérique près de Bastille.

Son ouverture récente lui avait gagné de nouvelles fréquentations, des novices comme lui et aussi des « perchés » qui ne descendaient plus des sphères éthérées du subtil, des curieux en démarche spirituelle qu'il croisait au fil de conférences et autres signatures d'ouvrages. Face à eux, Raoul se sentait lui-même, capable de poser des questions sans avoir peur d'être jugé, trahi ou manipulé, comme il le ressentait souvent dans les réunions d'entreprise. Pour autant cet affinement spirituel lui rendait aussi service dans son environnement professionnel. Il écoutait davantage, prêtait attention à ses ressentis, s'en servait comme autant d'indicateurs de ce qui se passait vraiment, derrière le masque de la courtoisie ou le déroulement de processus mécaniques. Son intuition grandissait, de nouvelles compétences lui venaient.

Il avait constaté que le phénomène s'amplifiait s'il prenait l'habitude de se retirer ou de se mettre à l'écart. Lors d'une conférence, on lui recommanda la méditation, vingt minutes tous les matins d'abord, une parenthèse de centrage qu'il renouvela en fin de journée, de retour chez lui. Seul devant une bougie, dans son bureau aéré pour l'occasion – il s'était défait de la console et des gravures de chasse à courre –, il laissait aller les pensées, trouvait des solutions, des idées ou des projets nouveaux.

Anne, qui s'était préparée sans le savoir à cette pratique grâce au yoga, le rejoignit pour des sessions de méditation chez eux, puis pour des retraites plus longues. Ils s'étaient découvert un territoire d'exploration commun qui leur redonnait une intimité, le renouveau dont ils avaient besoin.

Qu'est-ce qu'il m'arrive aujourd'hui ? je suis amoureux de ma femme[7], chantonna un matin son DJ interne tandis qu'il enfourchait la moto grosse cylindrée qu'il s'était achetée depuis peu. Raoul rougit. Celle-là, il ne pourrait jamais la mentionner à sa fille. Richard Anthony ! Elle ne lui parlerait plus. Il envoya un coup de semonce auprès du Saint-Esprit ou tout autre responsable de la programmation pour qu'il rafraîchisse la playlist et s'éloigna dans un rugissement de moteur.

Finies, les langueurs du samedi après-midi.

Anne avait repris un poste de juriste en entreprise. Elle s'épanouissait dans ses nouvelles activités qui lui avaient fait passer l'envie de faire la sieste. Ou alors avec Raoul. Son mari lui plaisait de plus en plus. Aminci sans s'être imposé de régime – vivre, ça brûle les calories, fanfaronnait-il dans les dîners –, il pétillait d'humour et d'originalité. Elle trouvait parfois excessives ses envolées sur les liens entre l'inconscient collectif et les catastrophes nationales, ses démonstrations sur le fait que les tsunamis ou les attentats ne résultaient pas forcément des caprices du hasard, mais bien plutôt des nuages de pensées négatives émises par les humains. Cependant elle le préférait ainsi. Mystique et léger.

Tellement léger que, dernière inspiration qui lui vint, deux ans plus tard quand ils eurent déménagé de Versailles, ils achetèrent une péniche sur la Seine, à Boulogne, près d'un club d'équitation. Des canards, des mouettes et des cygnes en messagers toute l'année et, joie du lieu, un studio de répétition en fond de cale pour sa nouvelle passion, la guitare qu'il pratique dans le cadre d'un groupe de rock amateur. À force d'être guidé par son DJ intérieur, Raoul a décidé de l'inspirer à son tour !

---

7. Richard Anthony, *Amoureux de ma femme*, 1974.

Décryptage

Raoul a reçu une éducation stricte qui l'a habitué à passer chaque information au filtre de l'analyse et de la logique. La règle de la contrainte d'inspiration militaire, reçue de l'enfance et reproduite par la suite avec une dévotion filiale, l'a écarté de sa nature profonde. Se sont ensuivis des choix effectués pour l'extérieur, *via* des principes généraux d'endogamie sociale, et peu d'introspection pour nourrir son individualité.

La crise du milieu de vie l'a rattrapé tardivement, phénomène logique qui résulte de l'allongement sociétal de la période d'adolescence jusqu'à presque la trentaine. Il a compris, à travers un échec professionnel imminent, que cette apparence de vie l'éteignait peu à peu, au risque de l'anesthésier sur le plan personnel et de l'effacer carrément de son entreprise. Les vies molles ou sans passion correspondent souvent à des choix effectués tôt, non réfléchis ou questionnés par la suite.

L'inspiration qu'il a reçue (le petit air qui nous trotte dans la tête et pourrait bien correspondre à la situation que nous vivons) n'est pas exceptionnelle. Ce qui l'a été, dans sa réaction, c'est son accueil émotionnel fort, signe d'une sensibilité qu'il n'avait jamais pris la peine d'honorer. En s'ouvrant à cette dimension spirituelle étrange, dérangeante, difficilement démontrable, même en étirant à l'extrême les principes de la physique quantique, Raoul a développé son cerveau droit et musclé ses capacités d'intuition, de télépathie, de prescience. La jubilation qu'a provoquée ce rééquilibrage des deux cerveaux en lui s'est traduite par un réveil de son énergie vitale et de sa curiosité pour la vie. Il s'est ouvert, rencontrant ainsi de nouvelles personnes qui ont élargi ses horizons.

Raoul a compris que les messages nous parlent avant tout notre langage. Pour certains, ils passeront par d'autres sens, visuel ou olfactif souvent. Certains de mes clients évoquent des odeurs qui jouent le rôle de confirmations ou de rappels, d'autres ont des visions en regardant les nuages ou en voyant s'esquisser une silhouette dont ils décryptent en un instant le secret. Raoul a follement aimé la musique plus jeune, il est logique qu'elle revienne le chercher pour le reconnecter à la partie la plus tonique et dynamique de lui.

Comment l'inspiration a œuvré

- Raoul s'autorise deux échappées créatives secrètes, très éloignées de ses contraintes et engagements professionnels et personnels : les visites au club d'équitation et les jeux vidéo.
- Il ressent le message de tendresse délivré par la chanson d'Otis Redding même s'il n'en prend pas conscience. Message renforcé par *One*, la chanson de U2. Le résultat se traduit par un élan de désir inédit pour son épouse (qui échappe à la logique des stimuli bourgeois tels qu'ils se pratiquent dans son milieu : dîner au restaurant, achat de lingerie fine, etc.).
- Il accueille sans réserve la pertinence d'un message audio magiquement reçu au réveil (« *Time is on my side* »), au service de ses intérêts professionnels. Cette étape est très importante pour un directeur industriel à l'esprit rationnel et forcément pragmatique.
- Raoul met en harmonie ses deux cerveaux, le droit et le gauche. Loin de l'affaiblir professionnellement, cette fusion lui donne un discernement et une force de frappe plus justes.
- Il laisse se déployer sa créativité (flâneries lors de ses déplacements professionnels, déménagement, apprentissage de la guitare...) et ce mouvement est contagieux : son épouse redevient active à son tour, le quotidien familial se fait source de créativité.

CHAPITRE 7

Max

Vivre en état de flux

> « Il faut porter encore en soi un chaos, pour pouvoir mettre au monde une étoile dansante. »
>
> NIETZSCHE, *Ainsi parlait Zarathoustra*[1].

Max pourrait jouer dans une série américaine, incarner le gendre idéal ou le lord héritier d'une grande famille britannique. Élégant, racé, il se déplace de façon féline entre les tables. Max travaille dans le tourisme et ne compte pas ses heures – plus de cent par semaine en moyenne. Il n'en faut pas moins pour être responsable du plus grand réseau d'hôtels de prestige des Caraïbes. À l'âge de trente-six ans, Max dirige le fleuron du groupe, le plus chic aussi. Clientèle internationale, service de luxe, quatre cents clients en moyenne toute l'année, une équipe de quatre cents professionnels pour veiller sur eux : animateurs, moniteurs, professionnels du spectacle, personnel de chambre, de cuisine et agents administratifs.

Chaque jour, quand il s'étire à l'aube depuis la terrasse de sa maison, Max remercie son secret, celui qui l'a sauvé, qui l'a réconforté enfant, qui l'a guidé quand il fonçait dans les pièges de la vie adulte. Il le bénit de s'exprimer chaque

---

1. Friedrich Nietzsche, *Ainsi parlait Zarathoustra* (1882), traduit de l'allemand par Georges-Arthur Goldschmidt, Paris, Le Livre de Poche, 1972.

seconde de sa vie dans un principe qui l'habite depuis toujours. L'état de flux positif.

L'affaire démarrait pourtant mal il y a trente-six ans, dans le pavillon de Colombes en banlieue parisienne. Bébé Max et sa maman, tout juste sortis de la maternité, venaient de regagner le domicile familial. Le père de Max travaillait comme agent comptable à la SNCF. Sa maman était agent administratif dans une école. De constitution frêle et fragile, sa mère appréciait le caractère douillet d'un métier enfantin dans son public, régulier dans ses horaires. Gentille, soumise pour éviter les conflits, elle s'apaisait dans le traitement de tâches prévisibles avant de regagner le champ de mines qu'était sa famille ou plutôt son époux. Son opposé. Sa face sombre.

Révolté par les conditions de vie des travailleurs dans le monde et en particulier à la SNCF, syndiqué à l'âge où d'autres font leur communion, le père poursuivait la tradition de lutte menée par ses parents et grands-parents, communistes fervents. Revendiquer, se battre, lutter sur le terrain. Le père de Max jouissait d'avantages rares au sein de l'entreprise, bénéfices acquis au prix de chantages obscurs connus de lui seul et dont les problèmes de conscience renforçaient paradoxalement sa colère. Bref, le père de Max ne s'apaisait jamais. A fortiori quand il retrouvait sa fade épouse et surtout, celui qui allait devenir son cauchemar, Max.

En grandissant, Max s'est d'emblée défini à l'opposé de son père. Aucune ressemblance physique, pas de trait de personnalité en commun. Autant son père, brun, râblé, chroniquement attablé devant un verre et des cigarettes passait des heures à vider sa bile contre le capitalisme, les riches et le système, autant Max ne tenait pas en place. Vif et curieux, l'enfant avait une capacité à bouger dans tous les sens, à s'absorber dans les moindres détails de la vie, une file de fourmis dans la courette devant la cuisine, un rouge-gorge venu grignoter une miette de pain, la lune rousse d'un soir d'été. Max passait son temps à explorer, à se mouvoir en rampant, sur les genoux, très tôt debout, entre ses différentes trouvailles. Sans se départir d'un air hilare qu'il conservait même dans ses chutes – les risques du métier.

– Arrête de bouger !, s'exclamait le père en écrasant sa énième cigarette, tu me donnes le tournis.

Max faisait cet effet à beaucoup de monde, son maître d'école en premier. Toujours à courir dans la cour de récréation, échevelé en classe, le nez levé au moindre prétexte pour apercevoir ce qui se passait... dehors, évidemment. Lent et méticuleux, l'enseignant ne supportait pas cet enfant turbulent qu'il avait d'emblée catalogué comme « cancre qui ne fera rien de sa vie ».

Il en avait parlé à sa collègue de l'administration, la mère de Max :

– Il a un problème, votre fils, vous savez ?

– Oui, mon mari le pense aussi, avait larmoyé l'éternelle victime de la brutalité masculine. Il veut l'envoyer en pension.

– Six ans, c'est un peu tôt. Emmenez-le chez le médecin, il va traiter ça.

Le « ça » fut instantanément qualifié de « tempérament hyperactif », une pathologie inventée par les parents et les enseignants pour stigmatiser l'énergie d'enfants trop débordants de vie pour le mode de vie de la plupart des foyers français : treize heures de stase assise entre école, transport, devoirs et repas, dix heures de sommeil, une heure de jeu et de fun, pas de sport.

Soit le quotidien qu'on avait prévu pour Max à qui les autorités médicales avaient imposé la prise à heures fixes de diverses molécules censées réguler son hyperactivité. L'intéressé, ayant ressenti les effets néfastes de ces produits – apathie et nausée notamment –, écouta pour la première fois son inspiration et les recracha discrètement mais systématiquement pendant les dix années qui suivirent.

Nonobstant, le quotidien devenait difficile à la maison. Max parvenait à maîtriser sa bougeotte un temps pendant les repas ou les réunions de famille, mais inévitablement ses jambes lui démangeaient. Il finissait par sortir respirer tandis que son père démarrait sa charge contre le grand capital. À bas les riches, la société de consommation, l'injustice en tout genre, s'énervait-il, rouge de nourriture et de mauvais vin.

Pendant ce temps-là, son fils arpentait les rues de Colombes, en quête des voitures de luxe que les loubards de banlieue faisaient rugir dans les avenues. Mercedes, BMW, Ferrari, il lorgnait les voyous en costard ou blouson de marque, les jolies filles dedans, maquillées et habillées sexy avec leurs hauts talons. Cette exubérance que favorisait l'argent fascinait le petit garçon. Comme son père sans doute, qui à l'encontre de ses convictions proclamées infligeait à sa famille chaque été un mois de vacances dans un camping sur la Côte d'Azur, à Sainte-Maxime, près de Saint-Tropez. Le voyage de douze heures en voiture lui permettait de se chauffer aux péages d'autoroute – *un racket, tous des voleurs* – avant de se livrer, une fois arrivé, à la critique des lieux.

La haine est bien l'autre face de l'amour, se disait l'enfant devenu tôt psychologue pour mieux se défendre devant la négativité paternelle. Il dit détester l'argent et il nous emmène dans son sanctuaire !

Car, paroxysme du séjour, le père délaissait rituellement ses pauses pastis-cigarette avec ses compagnons de camping pour deux visites à Saint-Tropez. Après avoir déblatéré contre le coût du parking à l'entrée du village, il fonçait sur le quai où mouillaient les yachts des riches haïs. Tout petit devant les énormes bateaux luxueusement décorés, entre dorures et bouquets de fleurs de deux mètres de haut disposés dans l'entrée des cabines d'apparat, il avançait aux côtés de sa femme qui baissait la tête, gênée de la hargne de son époux.

– Regarde-moi ça, on voit bien qu'ils ne bougent jamais du port !

Max s'écartait au moment des injures. Son père n'allait pas lui gâcher son plaisir. Lui mangeait des yeux ce festin de beauté, de profusion et la vie qui l'accompagnait – festive, abondante. La Vie, quoi !

Vivre en état de flux

La déambulation dans les ruelles commerçantes du village concluait le rituel. Sa mère regardait timidement les boutiques, vêtements, colliers, sandales, étoles, en s'exclamant à mi-voix. Tout était tellement léger, délicat, si éloigné de ce qu'elle voyait au centre commercial de Colombes ! Max, jubilant de tant de beauté, la suivait discrètement, de peur de se faire agresser par le père.

– Eh, c'est pour les filles ! Tu ne vas pas virer là-dedans en plus !

Ce là-dedans devenait de plus en plus manifeste aux yeux du père. Devenu adolescent, Max prenait soin de sa toilette, veillait à l'accord juste entre les couleurs, mettait le couvert avec soin, pliait les serviettes de table en forme de fleurs, ne supportait pas de boire dans des tasses à bord épais ou encore dans des gobelets en plastique. Il pelait son fruit et le disposait joliment dans l'assiette avant de le déguster. Bref, autant de manières qui auraient pu l'enfermer dans un stéréotype honni du père, l'efféminé qu'il qualifiait de façon d'ailleurs plus violente... s'il n'y avait pas eu le sport.

Car le garçon qui crachait sa Ritaline avait de l'hyperactivité à revendre. D'où la pratique assidue du basket-ball, de la gymnastique, du hand-ball, de la course, du ping-pong. Il avait essayé le tennis grâce à un ami fils de médecin, et avait adoré. Il aurait volontiers continué s'il avait pu se le financer grâce à des petits boulots, mais son père le lui interdisait.

– Hors de question que tu soutiennes leur système de m... en faisant le larbin.

Car il préférait se le garder, son larbin à lui, en le faisant travailler à la maison. Carrelage de la courette devant la cuisine, réfection du toit, bricolage d'électricité et de menuiserie – telles étaient les tâches dont il se déchargeait auprès de son fils, tant l'alcool avait détérioré ses capacités. Max appréciait. Il avait le sentiment de se rendre utile et de se montrer créatif, à la différence des études, fastidieuses, qui le contraignaient à apprendre des réponses toutes faites. Dès qu'il le pouvait, il enfilait sa blouse et saisissait ses outils.

– J'aime bien m'occuper de chez nous !, lança-t-il un jour à son père qui le regardait se démener, prostré à la table de la cuisine.

– Chez nous ? T'es malade !, éructa le père en levant une main menaçante. T'es pas chez toi ici. C'est chez moi.

Cette sortie eut valeur d'inspiration ultime pour Max. Pas de chez soi ? Tant mieux, si ledit chez soi consistait à se figer comme une moule sur un rocher pour s'y décomposer année après année. Contre-modèle évident, chargé de noirceur et de désespérance, son père le détournait de plus en plus de toute perspective de vie conjugale. Dès qu'il avait terminé les travaux de la maison, il passait remonter le moral de sa mère, enfermée dans sa chambre. Ses parents ne restaient jamais ensemble dans la même pièce. Il parvenait à faire rire la dépressive en mimant sa journée, en dansant, en reproduisant les clips que diffusait la télévision toujours allumée. Puis, il fonçait faire les courses et préparer le dîner. Son ordinateur portable d'occasion – fruit de trois années d'économies – ouvert sur un site de cuisine, il mitonnait des recettes nouvelles, savamment indexées sur les préférences de ses parents. Les deux mangeaient, l'œil morne, sans jamais le remercier – son père, par indifférence, sa mère par peur d'exciter la colère du père. Max savourait tout seul.

De façon logique, dès l'obtention de son baccalauréat – épreuve difficile pour l'hyperactif qui atteint le maximum de quota de sorties autorisées pendant les épreuves –, Max fêta sa dix-huitième année en quittant le domicile de ses parents. Son père haussa les épaules quand il lui annonça sa décision. Sa mère pleura dans ses bras en le suppliant de rester. Il lui prodigua les habituelles paroles de réconfort, mais ne se laissa pas attendrir.

Sa mère avait choisi sa vie. Sa passivité entretenait la négativité de son mari. Donc une partie d'elle-même la souhaitait aussi. Indirectement ces deux personnes avaient fourni à leur fils un tableau exhaustif des méfaits de la négativité, à savoir qu'elle est naturelle à l'homme comme la loi de l'entropie à l'Univers. Qu'elle s'étend comme une maladie contagieuse. Qu'elle s'insinue dans les âmes et les cœurs pour les noircir de façon indélébile. Qu'elle détruit toute inspiration et source de renouveau dans le monde. Et surtout, qu'elle ternit les yeux. Max voulait garder ses yeux brillants d'enfant.

Il partit donc, sans projet d'études précis. Aucune description de cursus qu'il avait pu lire au centre d'orientation de son lycée n'avait convaincu le bachelier.

– Bah, je trouverai bien sur place.

Sur place signifiait Paris, ville de tous les possibles où Max avait prévu de laisser libre cours à sa nature.

Elle s'exprima dans une première année turbulente de rencontres en tout genre, de petits boulots, d'hébergements précaires. Enthousiaste, ouvert, il suscitait les propositions, amoureuses, professionnelles, sexuelles aussi. Quelques situations embarrassantes ou carrément grotesques calmèrent sa disponibilité. En voyant son visage décomposé au réveil d'une nuit compliquée, il entrevit le risque d'usure s'il n'apprenait pas à canaliser son énergie. Dans un même élan, il décida de se stabiliser dans une auberge de jeunesse du XVe arrondissement et de trouver un travail de vendeur dans une boutique de vêtements dirigée par un professionnel du Sentier.

– Tu es doué, petit, mais tu parles trop. Tu soûles les clientes, elles n'achètent pas.

Max apprenait à ses côtés. Regarder les clientes, les observer se déplaçant dans le magasin, proposer son aide quand leur main hésitait sur un vêtement, les encourager à essayer en leur ouvrant le rideau de la cabine d'un grand sourire. Elles acceptaient toutes, ravies d'être l'objet des attentions du jeune homme. Sous son regard, elles se sentaient belles. Achetaient. Et revenaient. Max était devenu le vendeur principal du magasin, une activité de chaque instant qui ne l'empêchait pas de se sentir désœuvré en fin de journée.

Il décida de prendre un second job de serveur la nuit, dans un bar d'hôtel situé sur les Champs-Élysées. Et, pour calmer son énergie, de rallier ses différents postes de travail en joggant, son sac à dos rempli de lingettes pour se rafraîchir avant d'enfiler ses vêtements de travail. Trois heures de jogging additionnées à neuf heures de présence au magasin et six heures d'activité à l'hôtel suffisaient à peine à l'apaiser. Sa nouvelle vie se finissait avec des amis de nuit dans des boîtes qu'il quittait rituellement à six heures pour rentrer se préparer pour sa journée.

– Une vraie chouette, s'amusait le chef barman en l'écoutant lui raconter ses aventures.

Max passait le voir entre deux commandes, pas tant pour parler que pour le regarder préparer les cocktails. Ses doigts qui virevoltaient entre les bouteilles de toutes les couleurs, le dosage précis et séquencé des ingrédients, le rythme et la gestuelle qui qualifiaient chacune des préparations le fascinaient. Il ouvrait grand les yeux.

– Apprends !, lui enjoignait le barman. Je te passe des bouquins de recettes si tu veux.

Max se refermait. Il ne pouvait pas se concentrer sur un livre.

– Si !, insistait le barman. Tu n'évolueras jamais dans la vie, sinon.

Au bout de deux ans de frénésie, le jeune homme sentait bien qu'il gesticulait sans avancer vraiment. Enthousiaste et serviable, il se multipliait pourtant dans tous les sens. Les vêtements se vendaient par dizaines auprès de clientes dûment fidélisées, les clients du bar revenaient, heureux de retrouver sa bonne humeur. Il avait le sentiment de continuer la routine de son enfance, à savoir de contenter les autres sans pour autant se satisfaire, lui. Il rêvait de grand air, d'espace, de mer. Et ne voyait pas comment son labeur de fourmi sous ecstasy – ce qui n'était qu'une image, car il n'avait pas besoin d'excitants pour s'agiter – le conduirait dans cette direction.

Jusqu'à cette nuit où vint s'écraser, le verbe n'est pas excessif, un client qui entreprit de s'achever au whisky. Lourd et transpirant dans son costume, il éclusait verre sur verre sous l'œil de Max et du barman, vigilants.

– On ferme, monsieur, lui annonça Max en lui apportant son troisième verre.

L'autre fronça les sourcils et tituba avant de s'effondrer.

– Quel est votre hôtel ?, s'enquit le jeune homme en le redressant.

Dans un borborygme, l'homme lâcha le nom d'un palace parisien à quelques rues de là. Max le souleva et, d'un pas chancelant, avança entre les tables.

– Tu veux un coup de main ?, proposa le barman d'une voix qui implorait le contraire. Max sourit en tournant la tête. Il avait passé son enfance à ramener son père du bar du quartier. Il savait porter les ivrognes. Le rictus crispé du majordome du Plaza le lui confirma. Ce dernier confia instantanément son client à deux employés de l'hôtel et se retourna, soulagé de voir le jeune homme partir.

– Merci pour lui. Où travaillez-vous ?, lui lança-t-il, avant de regagner les velours dorés de son accueil.

Le lendemain, Max fut étonné de voir déposé dans une enveloppe à son nom l'équivalent de cinq mois de salaire de la part du « client que vous avez ramené », précisait le billet écrit par le majordome.

– Tu devrais travailler au Club Med, tu ferais ça toute la journée !, ironisa le barman.

Max fronça les yeux, intrigué. Le Club Med ? Il entendait ses clients, au bar et dans le magasin, évoquer leurs vacances dans les fameux clubs éponymes. Bronzés, joyeux, ils lui parlaient des animations, du sport, des spectacles le soir. Et lui conseillaient souvent de postuler pour une place de GO, ou gentil organisateur.

– Cela vous irait bien, vous avez le petit plus qu'ils recherchent.

Le petit plus ? En se renseignant sur le site de l'entreprise, Max découvrit que le profil du GO requérait d'autres compétences que l'énergie, la jovialité, le sens du service et autres évidences du secteur du loisir. Il prit aussi conscience que même s'il avait canalisé sa fougue dans un sens plus constructif en se stabilisant entre deux métiers fixes, il ne s'était pas pour autant acquis ce petit plus qui faisait la différence. Celui-ci ne passerait pas par des études formelles, étant donné sa répugnance devant tout apprentissage livresque. Le sport, pourquoi pas ? Mais pas n'importe quel sport, il fallait une discipline rare, exigeante, à la hauteur de son niveau d'énergie. Une activité qui le rangerait à part, dans la catégorie des GO « qui donnent envie, qui inspirent », comme le soulignait la page recrutement du site.

Qui donnent envie ? C'est ce qu'on va voir !

Max venait de gagner une manne inespérée grâce à son intervention auprès du Plaza. En quelques clics d'ordinateur, il s'inscrivit pour six mois de formation intensive à l'École du cirque. Il négocia ses horaires auprès de ses deux jobs et se lança dans l'investissement le plus difficile de sa vie – l'acrobatie.

Marcher sur les mains, monter et descendre une corde en quelques secondes sans les pieds, évoluer sur un trapèze ou des barres parallèles à la force des muscles abdominaux et des biceps, se dresser tête en bas sur un trapèze à dix mètres de hauteur… Max passait les épreuves entre sueur et larmes. Même épuisé, même découragé, il répétait sans fin les exercices. Fourbu et ruisselant de sueur, il regagnait son bar pour servir jusqu'à l'aube les boissons festives. Ce terme avait d'ailleurs disparu de sa vie devenue monacale. Fini l'alcool, il équilibrait son temps entre une alimentation ultrasaine à base de fruits, légumes, poisson et poulet grillé et six heures d'exercices physiques par jour, jogging inclus.

Six mois plus tard, Max postula avec, dans son dossier, le petit plus qu'était un diplôme tout frais d'artiste du cirque. Dans la semaine, il fut convoqué par la direction des ressources humaines pour un départ cinq jours plus tard. Dès sa première escale, un village de huttes pour une clientèle jeune, l'acrobate comprit enfin ce que signifiait être chez soi. Assis sur sa paillasse sous sa hutte lors de ses rares moments de pause, il jubilait en évoquant l'adéquation entre son environnement et les spécificités de son tempérament.

Il ne tenait pas en place ? Tant mieux, car on lui demandait de bouger sans cesse entre l'organisation des activités, l'accueil des arrivants, l'animation tant sportive que festive et les multiples tâches à effectuer. Il souriait dès son réveil ? Excellent, la mauvaise humeur ou la froideur arrogante qui passait pour de l'intelligence à Paris n'avait pas cours ici. Il adorait rendre service ? Parfait, on ne demandait que cela, entre accueil de confidences, réconfort moral et soutien tous azimuts aux clients. Il avait besoin de se dépenser ? Pas de problème, l'endroit avait installé une école de cirque, à charge pour lui d'accompagner les vacanciers qui souhaitaient s'initier et de s'entraîner le reste du temps. Max adorait ce mode de vie où l'immobilité, la réflexion trop souvent morose et les longues discussions n'avaient pas de place.

– Il faut être fou pour vivre comme ça !, s'effaraient de temps en temps ses clients.

Fou ? Max les rassurait d'un sourire. Je le suis depuis que je suis né alors !

En quinze ans, Max aligna vingt destinations de villages à travers le monde, qu'il honora avec un enthousiasme constant. Son tempérament positif, son sens du beau et sa capacité à l'extraire ou l'amplifier chez les autres, clients comme collègues, le firent connaître en interne et en externe au point de recevoir la proposition d'un concurrent de prendre la direction d'un ensemble hôtelier de luxe sur l'emplacement le plus prestigieux de la zone caribéenne. Après, précisa le président du groupe qui l'avait convoqué à New York pour l'occasion, une formation complémentaire aux aspects financiers et logistiques du poste qui suppléera aux manques de votre CV, ajouta-t-il avec un pragmatisme tout anglo-saxon. Devant ce diplômé de Harvard, Max n'osa pas évoquer ses problèmes d'apprentissage.

– Bah, on verra bien ! De toute façon, c'est en anglais.

Le changement de langue eut l'effet escompté et la pratique pédagogique anglo-saxonne à base de cours collectifs, d'exercices interactifs sur ordinateur, d'études de cas impliquant jeux de rôles et mises en situation, fit merveille auprès de l'hyperactif tardivement devenu tête de classe. Max avait effacé les ombres de son passé.

Max a donc pris la direction de ce fleuron des Antilles. Il habite une maison coloniale dans une partie privée du parc, blottie derrière une profusion de végétation tropicale et de fleurs multicolores. Le matin, à l'aube, avant son jogging, il se poste sur le balcon de sa chambre et contemple la mer. Ces minutes de pause lui rappellent à quel point il baigne dans la joie depuis qu'il vit ici.
Elle s'exprime à chaque seconde de ses journées hyperactives. Elle anime chacune de ses interactions avec les autres, ses clients comme son équipe. Elle explose chaque soir dans les spectacles qu'il anime jusqu'à tard dans la nuit. Max ne connaît pas la fatigue. Il inspire son entourage, en particulier ces vacanciers qui arrivent, alourdis de leur vie citadine. Il aime les dérouter, les sortir du train-train qu'ils s'étaient promis de retrouver en partant en vacances sur une île avec leur épouse, la même depuis dix, vingt ou quarante ans, pour pratiquer le même sport qu'en ville, tennis ou golf.
Max les croise régulièrement dans ses tournées pluriquotidiennes. Il les observe et les encourage dans leurs activités. Puis, quand la confiance est établie – une journée suffit dans son échelle de temps à lui –, il les détourne de leur routine. Il les prend par la main pour une démonstration de salsa sur la piste de danse. Il les pousse vers un trapèze ou des barres parallèles. Il les juche sur un jet-ski. Il les accroche à un *kitesurf*. Et jubile en voyant leurs mines, ahuries ou effrayées d'abord, extatiques et fières ensuite. Il aime les surprendre au-delà de leurs croyances, sur eux-mêmes et sur la vie en général.

– On peut mourir sans être vieux, glisse-t-il au quadragénaire qui se plaint de ses rhumatismes.

Et de lui évoquer l'ayurvéda que pratique le professeur de yoga du club, un sage de soixante-dix ans qui met en pratique cette approche millénaire de la santé.

Max guide sans expliquer. Il en est d'abord incapable, ne prenant pas le temps d'approfondir ses intuitions. D'autres que lui s'en chargent dans son équipe. Son rôle est d'inspirer le positif, de révéler à chacun la source d'énergie et de vitalité qui sommeille en lui, souvent tarie par le négatif qu'il a vu à l'œuvre chez ses parents dans son enfance.

– Je remets de la couleur, l'inverse du syndrome des toilettes, ajoute-t-il, malicieux, vous savez, « prière de laisser l'endroit dans le même état que celui... ». Eh bien moi, quand mes clients me quittent, ils ne sont pas les mêmes que lorsqu'ils sont arrivés !

Car Max, expérience et maturité aidant, couronne désormais son flux d'énergie positive du plus beau des joyaux. L'humour.

Décryptage

Max fait partie des enfants en souffrance dans le système français. Sur le plan familial, scolaire et environnemental, il a atterri dans un écosystème défavorable : pas d'espace, peu de nature, des contraintes multiples liées à une routine à vocation de normalisation forcée, des parents amers et négatifs. Ce qu'on a appelé son hyperactivité correspond à une réaction de survie face à des aspects contraires à son essence, joyeuse et confiante.

Quand Max remue les jambes à table, s'agite en classe ou sort respirer lors d'un repas de famille, il se ressource ou plutôt il se réaligne – ce qui induit un rééquilibrage non seulement identitaire, mais spirituel. Il bouge pour chasser les mauvaises vibrations autour de lui ou sur lui, comme un chien s'ébroue au sortir du bain pour se débarrasser des gouttes d'eau.

Il possède un instinct fort de ce qui nourrit et, à l'inverse, de ce qui détruit, autant à travers les émanations des êtres qu'il rencontre que dans les substances qu'il ingère. Spontanément, il associe le bon et beau à ce qui renforce la joie, que ce soit dans le cadre de vie ou dans l'alimentation. Il se défie des stimulants artificiels qu'il croise dans son adolescence en banlieue ou dans le milieu de la nuit parisienne qu'il fréquente sans pour autant s'y abîmer. Il lui faut seulement trouver le cadre d'expression juste pour libérer son flux d'énergie – soit identifier le point d'application de son génie. Le métier de responsable d'un centre de vacances apporte le cadre idéal à son épanouissement. Il émerge naturellement dans la dynamique d'une vie caractérisée par l'état de flux.

Comment l'inspiration a œuvré

- Max se dissocie tôt de ses parents en développant un univers personnel riche. Il s'éloigne des vibrations destructrices de son père et de celles, plus discrètes mais tout aussi nocives, de sa mère. Il s'intéresse à ce qui se trouve autour de lui, trouvant matière à s'émerveiller du pavillon et de sa courette qui lui servent d'espace vital.
- Il résiste à la normalisation qu'on veut lui imposer en refusant d'absorber son premier psychotrope à l'âge de six ans. Il sent le caractère nocif du médicament et refuse de s'habituer à ses effets secondaires (nausées, apathie, influence sur l'humeur).
- Il excelle en sport où dans un cadre ouvert il peut libérer son énergie et sa vitalité, tout en s'inscrivant dans un cadre et des règles nécessaires.
- Adolescent, il ancre le contre-exemple de ce qu'il souhaite vivre plus tard (luxe, clinquant, paillettes) au-delà du paysage désolé du quotidien de ses parents. Pour autant, il

ne se crispe pas dans la critique ou dans une révolte vaine – une performance chez un adolescent.

- Au contraire, il sublime sa colère contre ce gâchis de vie à travers une exacerbation de sa sensibilité artistique. Se concentre sur le beau, dans les petites choses comme la cuisine, la décoration, et sur l'utile. Il éprouve un plaisir sincère à bricoler, à réparer, à embellir.
- Il refuse de s'inscrire dans un système universitaire qui ne l'inspire pas et dont il sait qu'il ne l'inspirera pas non plus. Il prend le risque d'entrer dans le monde du travail directement. Ne fige rien pour autant, dans la mesure où son baccalauréat, rudement obtenu tant il n'avait pas le profil scolaire, lui permettra de poursuivre des études universitaires plus tard – ce qui adviendra lors du recrutement dans son entreprise de loisirs.
- Il se frotte à plusieurs environnements, jobs, fréquentations et lieux d'hébergement quand il arrive à Paris. Façon pour lui qui n'a pas eu le droit d'avoir de chez soi d'élire le lieu et le mode de vie justes.
- Il continue à libérer et ressourcer son énergie vitale en pratiquant une activité physique intense et sur mesure. Ajuste son besoin (se défouler), ses moyens financiers (faibles), son emploi du temps (saturé avec ses deux jobs à temps plein) et trouve la solution : rallier les différents lieux de sa journée en courant.
- Il donne du positif à son environnement et fait preuve de générosité en ramenant le client ivre à son hôtel ; appelle ainsi la chance, car l'argent qu'on lui remettra en échange lui sert à financer sa formation d'acrobate à l'École du cirque.
- Il prospère dans l'environnement nomade du tourisme où il trouve la reconnaissance de qui il est et de ses qualités. Dynamisme, sens du service, ouverture de cœur.
- Il relève le défi de reprendre un cursus d'études, en anglais qui plus est, parce que ses premiers succès professionnels lui ont donné confiance en lui. À cet égard, l'entreprise joue pour lui le rôle de référent professionnel et

de tuteur masculin, le modèle paternel s'étant montré notoirement insuffisant.

• Il conserve l'esprit du « petit plus » requis à son entrée dans l'entreprise qui l'a conduit de façon quasi initiatique à devenir acrobate. Il décide de libérer les autres de leurs croyances limitées sur eux-mêmes, sur leurs aptitudes. Il fait grandir ses clients au-delà de leur « programmation de vacances », pour leur révéler autre chose d'eux-mêmes.

CHAPITRE 8

Ophélie

Tenir l'inspiration sur la durée

> « Le désir est l'essence même de l'homme, c'est-à-dire l'effort par lequel l'homme s'efforce de persévérer dans son être. »
>
> Spinoza, *L'Éthique*[1].

Ophélie vous accueille d'un sourire timide qui fait remonter ses fossettes. Mère divorcée, elle habite Toulouse avec Avram, son fils de dix ans. Le soleil du matin la cueille dans sa petite maison à deux étages accrochée aux fanions bouddhistes que son voisin d'en face a suspendus entre leurs deux balcons. La rue, tranquille et rose, mène à une place flanquée de quelques platanes et d'un café pour les habitués. Dans la cuisine, la table, les fleurs et les ustensiles de repas jouxtent les chevalets, les pinceaux, les pots de peinture et des dizaines de tableaux installés contre les murs et sur les chaises. Femmes surmontées de chapeaux en forme de gâteaux, chambres-jardins où les corps surplombent des abîmes végétaux, palais russes hantés de regards d'enfants... L'univers d'Ophélie ouvre des trouées surréalistes dans la simplicité de la cuisine où elle partage ses repas avec son fils.

---

1. Spinoza, *L'Éthique* (1677), in *Œuvres complètes*, Paris, Gallimard, « Bibliothèque de la Pléiade », 1955.

Ophélie a quarante-trois ans. Il y a un an, elle a eu l'inspiration de devenir peintre. Avant, elle travaillait à Paris comme responsable du merchandising dans une multinationale, soit un poste prestigieux, bien rémunéré, à forte visibilité à l'international. Aujourd'hui, elle, qui n'a pas de fortune personnelle et porte la totalité de la charge financière du foyer monoparental, a choisi la vie d'artiste. La prise de risque, sur le plan de sa carrière comme sur celui de ses finances, n'est rien à côté du péril identitaire sous-jacent. L'inspiration, cette envolée magique qui a pulvérisé sa vie de cadre en quelques mois, porte l'exigence dans son souffle, l'assiduité, la constance. Un don qui exige un contre-don durable – ce qu'Ophélie constate chaque jour.

À six ans, dès le premier mercredi après-midi passé dans le salon de sa grand-mère à colorier et découper des catalogues déposés sur la table du salon, Ophélie sait qu'elle est peintre. Une évidence qui passe par la beauté et l'originalité de ce qui s'exprime sous ses doigts et fait s'exclamer les adultes. Dans cet état de création, l'enfant perd le sens du temps et de l'espace. Les formes dessinent des histoires sur le papier, les couleurs y ajoutent les sentiments, l'espace vide absorbe les minutes. Elle se sent vivante.

Grand bleu. L'enfant vit à Nice dans une maison sur la corniche, inondée de lumière à l'horizon. Chérie par sa famille, elle multiplie les croquis et découvre les substances, feutres, crayons de couleur, pastels, sanguines, des matières qui lui prêtent leur densité, légèreté, puissance et délicatesse tour à tour. Ophélie oscille entre une vie extérieure de baignades et de festivités du Sud et une exploration intérieure, faite de contemplation, rêveries et impressions qui enchantent ses mains en mouvement sur le papier.

La magie prend fin l'année de ses quinze ans, marquée par le drame du suicide de son cousin, âgé de dix-huit ans. L'adolescente adorait ce garçon, sensible et doux. Certes, elle avait remarqué ses accès de tristesse les derniers temps, mais elle n'avait rien vu. Impression d'être arrachée des douceurs de Bisouland pour découvrir un univers violent, imprévisible. Personne n'avait deviné la détresse du disparu. Sa famille célébrait sa tribalité joyeuse tandis qu'un des leurs se noyait. Choquée, Ophélie se referme et passe son année de bac à la place du disparu, découvrant, comme un lointain sous le brouillard d'une autre vie que la sienne, la solitude. Mascarade familiale. Sa colère, constante et larvée, l'amène à partir une année à l'étranger, en l'occurrence Pérouse, en Italie, pour intégrer une école de costume de théâtre. Quitte à jouer des rôles dans une comédie de vie qu'on arrête d'une pirouette, elle préfère en dessiner les déguisements. La découverte des matières et des couleurs, le chatoiement des étoffes, la finesse des tissus lui redonnent le sentiment de vie et d'intensité qu'elle avait perdu.

Inspirée par l'Italie et sa beauté sensuelle, elle revient en France, réussit le concours de l'école Boulle, puis celui des Arts déco. Design, ciselure, ébénisterie, marqueterie, photo, peinture, tout la passionne. Absorption totale. Pendant ses cinq années d'apprentissage, elle n'existe plus qu'à travers ces formes, ces découpages, ces créations qui se développent sous ses yeux, jour et nuit. Hébergée dans les huit mètres carrés d'une chambre de couvent parisien, chez les ursulines, elle sublime un quotidien dont elle ne mesure pas le caractère ascétique, jusqu'à ce jour d'été.

Cloîtrée depuis trois jours, elle termine un projet tandis que des rires entrent par sa fenêtre, qui donne sur le cloître. Stupéfaite de cette effervescence, elle se penche pour assister au batifolage des sœurs – dévêtues autant que leurs vœux les y autorisent – autour du tuyau d'arrosage. Elle se souvient qu'il fait épouvantablement chaud – « Trente-quatre degrés, un record de température », commentent les religieuses qu'elle croise lors des repas. Phénomène étrange, elle ne sent rien.

– Qu'elles sont mignonnes !, pense-t-elle, attendrie, avant de se rasseoir à sa table de travail jusque tard dans la nuit.

Sa mère, à qui elle raconte la scène le lendemain au téléphone, s'étrangle.

– C'est toi, la bonne sœur ! Sors, trouve un amoureux, pas normal de vivre comme ça !

Normal. Ophélie s'interroge sur ce concept depuis la mort de son cousin. Il avait réussi son bac avec mention et s'était inscrit en faculté de médecine. Il vivait seul.

Être normal, ce serait donc avoir un amoureux, comme toutes les filles de sa promotion, mais pas dans sa promotion, les étudiants des Arts déco exsudant une arrogance de futurs « artistes » qui la fait fuir. Face à eux, elle se sent mal à l'aise, pas à sa place. Certes, elle entend les compliments de ses professeurs, appréciatifs de son talent et, surtout, de l'énergie qu'elle met à le travailler, mais elle ne parvient pas à rentrer dans le rôle de génie en devenir.

Elle prend donc la décision de sortir de son couvent, au moins une fois par semaine. Un soir, dans un café où elle a accepté de suivre ses condisciples, son regard s'arrête sur une silhouette. Brun, les épaules larges, le tronc massif ployé au-dessus de la table, l'homme dégage une puissance physique exotique dans ce contexte parisien. Les yeux d'Ophélie brillent, leur crayon invisible commence à dessiner les lignes – la nuque large, le torse puissant... Sentant qu'on le regarde, l'homme relève la tête et la fixe. Bouleversée, elle reconnaît ce regard – lourd, las. Son cousin !

En quelques mois, la vie d'Ophélie change. Elle a évidemment parlé à cet homme rencontré dans le café et n'a cessé de le revoir depuis. Serbe et sculpteur, Goran s'essaie à la vie française depuis deux ans, entre petits boulots et rencontres qui lui permettent de tenir jour après jour. Ophélie a apprécié une de ses œuvres, une main grande ouverte en bois, la seule qu'il lui ait montrée. Elle y lit un symbole de don inconditionnel, d'amour et d'ouverture à la vie – ce qu'elle rêve d'offrir à l'homme qu'elle élira. Elle n'y voit pas l'appel de la rapacité, le geste de qui ne sait que prendre.

Le caractère passionné d'Ophélie lui fait confondre aimer et sauver, chérir et secourir. Traumatisée par le suicide de son cousin, elle décide de s'occuper de l'exilé. Rapidement, elle indexe ses journées sur les variations d'humeur de Goran et, afin d'améliorer lesdites, décide de prendre en charge ses démarches administratives. Ayant obtenu son diplôme de fin d'études avec mention, elle a tout le temps de se consacrer à sa nouvelle mission. Au bout de quelques mois, elle lui propose de l'épouser – ce qui simplifiera le quotidien administratif du réfugié. Dans la foulée, Ophélie décline une proposition d'un an de résidence pour artistes à Rome à laquelle ses études brillantes lui donneraient droit. Leur nouveau foyer a besoin d'argent et c'est elle qui va s'en charger *via* son tout nouveau statut d'autoentrepreneur en décoration d'intérieur. Fini l'art, adieu la peinture !

En quelques mois, elle devient une experte de l'agencement des appartements parisiens. Puis, le marché s'avérant plus lucratif du côté des entreprises, elle bascule dans l'aménagement de bureaux. Goran pendant ce temps-là réfléchit officiellement à de nouvelles sculptures au gré d'errances dans Paris dont il ne dit mot à sa femme quand il rentre le soir – ou tard dans la nuit. Épuisée par ses journées de travail, Ophélie s'endort souvent avant lui, sans se poser de questions.

– Il n'avait rien, j'avais tout. C'était normal qu'on partage, explique-t-elle à sa mère, de passage à Paris, qui s'inquiète de sa mauvaise mine.

L'argument effare sa mère, qui entreprend de lui démontrer un principe d'équilibre qu'Ophélie ne peut intégrer. Elle n'a pas réussi à sauver son cousin du suicide. Avec Goran, elle se rachète. Et se perd en même temps. Son activité d'autoentrepreneur suffit à peine à les faire vivre. Elle a cessé de peindre ou de créer pour elle et se démultiplie entre ses clients, la tête pleine de *space planning*, planchers techniques et cloisons amovibles pour salles de réunion.

– Vous devriez travailler en entreprise, ce sera plus facile en tant que salariée, lui suggère une cliente qui la voit s'enfoncer. Chez nous, par exemple, je sais qu'ils recherchent des profils de votre genre.

La multinationale qu'elle contacte le lendemain et rencontre dans la semaine recherche un merchandiser pour sa filiale russe, soit le responsable de la disposition concrète des marchandises sur les points de vente. Ophélie n'hésite pas, persuadée que ce pays parlera aux racines slaves de Goran et lui redonnera l'inspiration pour sa sculpture.

Ils resteront cinq ans en Russie, le temps pour Ophélie de donner naissance à Avram et de constater l'aberration d'un mariage dysfonctionnel dont une partie d'elle-même a du mal à se défaire. Le temps aussi de se remettre à peindre, et d'y trouver son salut. De la même façon qu'elle lui avait permis d'exprimer sa peine après le décès de son cousin, la création va lui ouvrir les yeux.

L'entreprise les a logés dans un ancien palais moscovite de couleur rose pâle, décoré de frises et de dorures, donnant sur les bouleaux d'un jardin. Ophélie tombe sous le charme du lieu. Inspirée, elle installe un chevalet sous la coupole du salon. Chaque matin, elle y travaille avant de partir au bureau, jetant sur la toile ses émotions. Émerveillement subtil d'une silhouette entrevue un matin sur un pont dans le brouillard, mélancolie face à sa solitude, doutes sur un avenir pour le moins incertain. Car après quelques mois d'acclimatation complexe, tant le métier est éloigné de sa formation, elle est parvenue à s'installer dans la filiale russe et à y trouver sa place – une stabilisation professionnelle qui l'équilibre dans la journée avant que le soir ne la renvoie au néant. Avram est couché dans sa chambre, au côté de sa nounou russe. Ses yeux noirs, immenses, l'attendent. Son père n'est jamais là, occupé à des trafics et autres combines dont elle découvrira plus tard l'ampleur.

Ophélie se sent coincée. Par peur de ne pas cadrer avec le profil type de la famille expatriée, elle ne parle à personne de sa situation personnelle. Chaque fois qu'elle suggère une séparation à Goran, il refuse. Aucun intérêt pour lui de rompre cet arrangement. Elle converse donc avec son pinceau qui lui brosse des tableaux chaque fois plus tristes de sa situation.

Un motif récurrent apparaît – celui d'un enfant solitaire perdu dans un palais, un petit aux grands yeux noirs qui déjeune seul dans une immense salle à manger, un fantôme qui se promène de pièce en pièce dans le foyer désaffecté.

Un matin qu'elle se cale devant son chevalet, son pinceau découvre l'enfant, assis sur le rebord d'une baignoire, nu. La pièce est carrelée d'inscriptions de dates, comme les signatures froides de toutes les souffrances subies dans sa jeune vie. À gauche et à droite de la pièce, dans l'encadrement du tableau un homme et une femme se toisent – sans amour. Ophélie pose son pinceau, recule et grimace, horrifiée. Avram la fixe. Sa détresse résonne dans la salle de bains.

Cette vision bouleverse la jeune femme. Le jour même, elle déboule dans le bureau du responsable de la filiale pour lui exposer sa situation et le supplier de la rapatrier à Paris où elle pourra divorcer. L'homme, ébranlé par la lourdeur de ce qu'elle lui expose – et de ce que son enquête sur le « mari » lui révélera par la suite, se montre particulièrement efficace. En quelques mois, la mère et le fils ont regagné Paris. Ils se réinstallent dans un petit appartement parisien. Avram a changé d'école. Ophélie prend la responsabilité d'un nouveau poste à caractère international.

Malgré le retour à la frénésie de vie de cadre – des journées de plus de douze heures et des déplacements hebdomadaires –, Ophélie se sent paradoxalement libérée. Elle qui n'a plus à se charger de faire vivre un trio artificiel retrouve une complicité naturelle avec son fils. Toujours matinale, elle s'installe à la table de la cuisine dès six heures du matin, avec ses encres et ses pinceaux. Avram l'attend. Il a sorti ses crayons de couleur de sa trousse et, flanqué du bol de chocolat qu'elle lui prépare, il l'accompagne en silence.

Des mois s'écoulent, marqués du même rituel avec une évolution vers un étalement horaire de la plage créative, au point qu'Ophélie installe une alarme sur son téléphone pour ne pas être en retard. Elle tient à ce sas du matin qui concentre peu à peu l'essentiel de ses instants de bien-être, lesquels se poursuivent le soir où, sans la présence d'Avram endormi, elle poursuit la création initiée le matin.

Un an se passe. Ophélie a réussi à divorcer. Son rythme de travail intense et les contraintes de sa vie de famille lui permettent de croiser quelques amis de façon très épisodique. Elle réussit dans son travail de merchandising, mais ne parvient pas à s'intégrer véritablement dans l'entreprise. Son cœur, son âme s'expriment ailleurs, dans un coin de cuisine, plus tard.

Ce coin prend d'ailleurs de plus en plus de place dans sa vie et dans leur petit appartement. Ophélie est sortie du format intimiste de ses premiers dessins. Un chevalet a fait son apparition, coincé dans l'entrée. Son matériel est stocké dans la penderie. L'encombrement menace. Un matin, elle découvre que les toiles entreposées dans le couloir ont disparu. Avram les a rangées dans sa minuscule chambre.

– Comme ça, tu auras plus de place, Maman !, explique-t-il en se faufilant entre les tableaux pour rejoindre son lit.

Cette vision la fait souffrir – comme la manifestation de l'engorgement de sa vie entre les contraintes de son rythme de cadre en entreprise et son activité du matin. Plus de place, plus d'espace. Et Avram en pâtit.

Elle ne voit toutefois pas la solution. Quelque chose dysfonctionne dans sa vie, mais elle le perçoit vaguement, comme ces tableaux de la vie parisienne qu'elle esquisse et qui tourbillonnent de scènes, d'ambiances, de silhouettes insolites. Distraction. Un malaise diffus qui lui fait perdre la vision d'ensemble.

La perspective globale lui est rendue un soir d'octobre. Elle reçoit pour dîner un ami d'enfance et sa compagne. Cet ami l'a soutenue à son retour à Paris. Il a suivi les étapes de son divorce, particulièrement difficile. Il l'a connue étudiante et retrouve avec enthousiasme sa peinture à travers les tableaux alignés dans l'appartement. Après le repas, ils jouent au jeu de la fin du monde imminente, la mode de la saison automne-hiver 2011 pour se préparer à l'Apocalypse annoncée.

– Et si on doit mourir, qu'est-ce qu'on change là, maintenant ?, lance l'ami.

– Je sais, s'exclame sa compagne. Chaque mois, je m'offre une épilation chez l'esthéticienne !

Ophélie la fixe, effarée. Certes, elle conçoit que le salaire d'institutrice de la jeune femme ne correspond pas aux tarifs des instituts de beauté. Sa stupeur provient de l'énormité du décalage entre son besoin à elle et ce qu'elle vient d'entendre. Elle, qui gagne tellement plus que l'institutrice, ce n'est pas sa stratégie d'épilation, c'est toute sa vie qu'elle changerait ! Autre ville, autre travail, autre quotidien. Elle ne garderait que son fils et sa peinture.

L'absurdité de la scène l'obsède. Elle y repense plusieurs fois dans la semaine. Son alarme sonne longtemps le matin pour l'enjoindre de s'arracher à son chevalet. Elle rencontre des difficultés dans son quotidien professionnel. Ses voyages lui pèsent, car elle part sans son matériel de peinture. Le déclic lui vient un jour à travers une esquisse griffonnée en pleine réunion de travail à Bangkok. Tandis que son cerveau discute linéaires et optimisation de l'allocation d'espace pour les trois produits phares de la filiale, sa main raconte la douceur d'une petite maison dans une rue de province, des fleurs sur les balcons. Un détail l'intrigue. Elle se penche sur le dessin, entrevoit à un détour de rue la silhouette d'une femme et, la main dans la sienne, un enfant qui s'élance vers l'avant. C'est Avram !

Le motif a décidé pour elle. Quitte ton travail, quitte Paris ! Peinture, dessin, aquarelle, ses mains passent les messages. Elle obéit chaque fois, même si la décision ici parle au cœur. Fini de dessiner une vie meilleure et de créer dans la clandestinité, comme une pulsion qu'on refoule tant bien que mal en rongeant sur son sommeil. Elle veut se consacrer à ce qui l'habite depuis les premiers souvenirs de sa vie. La création. Devenir peintre, comme ses professeurs le lui recommandaient il y a vingt ans.

– C'était trop simple à l'époque, répond-elle quand ses parents le lui rappellent.

Et maintenant, c'est plus compliqué, ce qu'elle va bientôt découvrir.

En quelques mois, Ophélie a quitté son travail et trouvé une petite maison à Toulouse. Une partie de sa famille y habite, l'ambiance est jeune et dynamique. Les loyers sont deux fois inférieurs à ceux de Paris. Elle a pris un congé pour création d'entreprise, soit une année renouvelable, avec maintien de son contrat de travail si elle décidait de retourner à sa vie d'avant. La mère de famille en elle juge le risque faible. L'artiste suffoque, car elle le perçoit à l'opposé. Elle a deux ans pour se prouver qu'elle est vraiment celle qu'elle croit être depuis presque quarante ans. Une artiste. Autonome, visionnaire, forte et disciplinée, vouée à exprimer un univers personnel suffisamment puissant pour lui permettre d'en vivre. Le risque est immense.

Le soulagement de quitter Paris dure quelques mois. Dynamisée par le déménagement, l'automne ensoleillé et l'accueil chaleureux de ses cousins qui lui rappellent les meilleurs moments du Bisouland de son enfance, Ophélie s'installe avec fluidité – ce qu'elle perçoit comme un bon signe. L'école d'Avram est à deux rues de la maison. Ses voisins, calligraphe et artisan, bercent ses journées de l'ouverture et de la fermeture du rideau de fer de leur atelier. Emportée par son élan, elle a eu l'audace de s'inscrire à l'édition d'automne du Salon des indépendants, à Bastille fin novembre. Elle a deux mois pour réaliser six tableaux.

Elle démarre donc sa nouvelle vie avec enthousiasme, en gardant le rythme de son ancienne vie professionnelle. Création le matin dès l'aube, journée quasi non-stop jusqu'au retour d'école de son fils en fin d'après-midi, appels téléphoniques et contacts professionnels en fin de journée. Les trois premiers mois filent grâce à cette routine.

Elle vit sa première épreuve d'artiste lors du Salon des indépendants à Bastille. Elle a achevé son sixième nouveau tableau la veille. Exsangue, elle le charge avec quinze autres dans sa fourgonnette. Il pleut sur Paris. Les trois jours d'exposition en plein air se déroulent dans un froid glacial – responsable d'une moindre fréquentation. Ophélie, qui n'a pas osé réserver un emplacement trop coûteux, se retrouve dans un coin venté, au bout de l'allée. Grelottante sous son manteau et son écharpe, elle passe de longues journées à attendre les visiteurs. Quelques amis parisiens passent, le temps d'un sourire gêné ou de propos transis. Ils ne comprennent pas très bien ce qu'elle fait, mais n'osent pas le dire. Les moments de convivialité avec les autres exposants apportent un peu de chaleur et aussi beaucoup de doutes. Personne ne l'attend dans cette vie. Ses voisins artistes lui laissent deviner combien leur quotidien est financièrement compliqué, une survie permanente. Mal à l'aise, Ophélie reste évasive sur son parcours, évoquant un changement de vie professionnelle.

Les jours qui suivent son retour à Toulouse la trouvent abattue, contrecoup logique de l'effervescence des trois mois de préparation du salon, et aussi baisse de rythme liée à son nouveau contexte. Elle qui a incriminé les horaires aberrants, le rythme effréné des voyages et des réunions, le culte du stress qui saccadait les moindres moments de son ancienne vie, comprend que son dynamisme s'y inscrivait aussi. Là, installée dans sa petite cuisine, conditionnée par les horaires scolaires d'Avram, elle sent son inspiration se racornir, s'émousser dans des tableaux mignons, pas trop grands parce que le format de l'espace ne l'autorise pas, pas trop violents non plus. Elle ne veut pas choquer son fils.

Tout ce que je déteste, rumine l'autre partie d'elle-même, passionnée, sauvage.

La mère de famille en elle se rassure. Rien ne presse, elle a plus d'un an de sécurité financière devant elle. Il importe qu'elle se repose, qu'elle retrouve un rythme de vie sain, qu'elle passe au marché bio chaque jour acheter des légumes et fruits à cuisiner pour Avram, qu'elle se rende à son cours de gymnastique et, surtout, qu'elle voie ses cousins le plus souvent possible. Bercée par ces propos apaisants, Ophélie s'assoupit sans le remarquer.

Heureusement pour elle, neuf mois après son installation, elle reçoit la visite de son ami dont la discussion sur la fin du monde avait joué le rôle de déclic dans son choix.

– Mmmm, grimace-t-il en regardant ses tableaux dans la cuisine. Je les ai déjà vus, ceux-là. C'est tout ce que tu as fait ?

La brutalité de la remarque la heurte, sans l'étonner. Elle qui a vécu ses études en transe connaît la différence entre créer et s'occuper. Sauf que seule, sans échange artistique, elle manque de stimulation. Voyant qu'il l'a blessée, l'ami change de sujet. Ils vont se coucher.

Ophélie ne dort pas de la nuit. Elle se souvient de la passion de son ami pour ses créations. Il avait même passé un mois avec eux en Russie, installé dans l'atelier à la regarder peindre. Il était le premier à lui avoir acheté un tableau.

C'est comme un mariage, conclut-elle. Le fait de savoir qu'on a la personne tout le temps pour soi fait qu'on s'habitue. Avant, je peignais à la dérobée, en volant du temps sur mon travail. Là, je n'ai rien d'autre à faire de la journée et j'ai suffisamment d'argent sur mon compte pour tenir plus d'un an avant de reprendre... mon travail ?

Elle se dresse dans son lit, glacée par la perspective. Bien sûr qu'elle ne reviendra plus à cette vie qui l'aura, de toute façon, éjectée de son rythme. Elle n'a pas le choix. Le congé de création d'entreprise n'est qu'une opportunité financière – appréciable, mais sans issue. Fin du dilettantisme. Elle n'est pas en train d'essayer de devenir peintre. Elle est peintre. Sa création n'est plus l'échappatoire qui lui permettait de distiller ses états d'âme à côté d'une fausse vie qui se passait ailleurs. Tout est là. Pas de répétition générale. Sa vraie vie la regarde, sur la toile. Elle a intérêt à lui donner la totalité de qui elle est. Ses émotions, ses pulsions, bien sûr, mais aussi sa volonté et son cerveau rationnel qui l'ont brillamment servie pendant vingt ans. Que sont devenus son énergie, sa pugnacité, ce fameux *drive* si loué par ses collègues d'avant ? Elle en a besoin, plus que jamais. Le « Bonne chance, Ophélie ! » lancé par son ami le lendemain à son départ le lui confirme.

Changer de décor, d'abord. Une mère de famille coincée dans sa cuisine ne peindra pas *Guernica*. Elle a besoin d'espace, d'un lieu différent pour laisser sortir son instinct. Passage à l'acte. Elle épluche les petites annonces dans l'entrée de l'Académie des beaux-arts et trouve un atelier à louer.

Changement de rythme, ensuite. Les soirs où Avram dort chez ses amis d'école, elle s'y enferme et peint tard dans la nuit. Elle a installé un matelas dans un coin – ce qui lui permet de rester sur place, portée par l'énergie de ce qui sort de ses tripes. Changement de style, enfin. Délivrée du carcan domestique, sa peinture explose en rage d'expression sur grand format. L'énergie qu'elle y puise l'émerveille. Enhardie, elle décide de se lier avec d'autres artistes. Elle se rapproche de l'Académie des beaux-arts et en l'espace de quelques semaines, rejoint deux cercles de peintres qui se retrouvent régulièrement pour échanger et partager sur leur travail. Ils l'encouragent à proposer des cours aux écoles d'art de la ville – ce que son parcours atypique lui permet. Ophélie les contacte, sans préciser comme elle l'aurait sans doute fait avant qu'elle n'est là que pour une année, peut-être deux. Seul le présent compte et pour l'instant, il l'ancre dans cette ville où elle a choisi de créer.

Avram réagit de façon positive à cette nouvelle énergie. Elle craignait qu'il ne se sente délaissé ou inquiet. Bien au contraire, il l'encourage et la pousse à se rendre à l'atelier, y compris les soirs où ils sont seuls à la maison. La maturité de son garçon émerveille Ophélie. Sans qu'elle le lui demande, il se pose en inspirateur et même en agent ! Comme par hasard, Avram sympathise avec deux nouveaux amis à l'école, fils de galeristes. Et sourit à sa mère quand elle lui fait remarquer le caractère judicieux de ces nouvelles fréquentations. Il organise deux rendez-vous aux galeries des parents. Là, elle se surprend à renouer avec un esprit d'à-propos qui l'amène à évoquer son ancienne carrière.

– Directrice du merchandising Europe !, s'exclame le premier galeriste. On aurait besoin de vos talents au salon de juin à Saint-Raphaël. Quarante exposants, on avait, l'an dernier. Un vrai foutoir ! Dès midi, on ne pouvait plus circuler.

Ophélie sent un déclic se produire en elle. Se ranime une partie de sa personnalité qu'elle avait laissée de côté. Son cerveau rationnel, son ouverture aux opportunités, ses capacités d'organisation. Et, aussi, indispensable à sa nouvelle carrière, son sens de la négociation. Bien sûr qu'elle les aidera sur l'organisation du salon. Elle fera mieux même. Elle y exposera ses œuvres.

La proposition est accueillie avec enthousiasme de la part des parents. Dans la foulée, Ophélie propose aux parents de la seconde galerie, un bel espace en centre-ville, de les aider à mettre en place leurs deux prochaines expositions en échange d'une présentation de ses œuvres. Troc accepté.

– Tu vas y arriver, Maman, tiens bon !, lui chuchote Avram tandis qu'ils regagnent la maison.

Il glisse sa main dans la sienne. Ophélie sent sa chaleur, la générosité de sa jeune vie qui pousse vers l'avant. L'enthousiasme, inspiration des dieux ! Elle se souvient d'un séminaire de coaching animé par Tony Robbins, de l'importance de l'énergie, de l'envie. Elle retrouve ses notes, conservées soigneusement dans un carnet qu'elle n'avait pas rouvert.

« *Sky is your limit*
Everything I need is within me now. »

Une à une, elle recopie les phrases qui l'avaient si fort inspirée à Londres, il y a quatre ans. Elles deviendront son mantra personnel. Elle les accroche dans sa cuisine, sur le réfrigérateur. Chaque matin, elles lui donnent la force de croire en elle, en la puissance de ce qu'elle va exprimer sur la toile. Le soir, elles l'aident à s'apaiser pour accueillir le sommeil. Elle n'a pas le choix. Sa vie doit passer par l'épreuve de la créativité enfin assumée. Tout en découlera, de nouvelles amitiés comme un nouvel homme dans sa vie. Tant qu'elle ne prendra pas les décisions dans cet ordre, il ne se passera rien. Elle le sait.

Le salon de La Grande-Motte est terminé. Un succès. Par la grâce de son installation, le nombre de visiteurs a doublé. Ophélie a vendu tous ses tableaux à une psychanalyste, fascinée par ses explorations de l'inconscient. On lui a commandé trois nouvelles œuvres. La première année de son congé de création d'entreprise s'achève dans quinze jours, et elle ne le renouvellera pas. Avram avait dit vrai. Elle tient. Pour de bon.

Décryptage

Ophélie a pris la décision de rejoindre son inspiration fondamentale à la maturité. L'évidence du destin de peintre à côté duquel elle risquait de passer l'a rattrapée, même si le déni de cette évidence pendant plus de vingt ans a fragilisé sa capacité à tenir son inspiration dans la durée.

Traumatisée par la mort tragique de son cousin, elle a pris sur elle la culpabilité familiale et n'a eu de cesse de racheter la faute. Son mari s'est posé en référent masculin à qui elle a d'emblée tout donné : sa féminité, ses finances, et surtout son joyau le plus précieux, son talent. En renonçant à ce cadeau intime, elle a lâché tout ce qui pouvait lui évoquer l'égoïsme – caractéristique dont elle estimait qu'elle avait causé le suicide de l'adolescent. Rien de tel chez elle, vouée à jouer l'humble rôle de gagne-pain, et de la façon la plus pérenne qui soit, en rejoignant une entreprise dans un rôle qui ne laisserait jamais deviner sa vraie personnalité. De fait, aucun des collègues qu'Ophélie a fréquentés pendant onze ans ne connaît sa formation artistique ni le sens de son départ à Toulouse.

Ce déni de qui elle est n'a évidemment pas favorisé l'expression de sa féminité dans son mariage, et plus globalement dans sa vie. Pourtant, cette union déséquilibrée a porté ses fruits dans la mesure où, outre la bénédiction d'être mère, elle a renforcé sa propension à sublimer dans l'art ses souffrances au quotidien. Et comme on le verra, elle a renforcé des qualités d'endurance, vitales pour tenir l'inspiration dans la durée.

Comment l'inspiration a œuvré

- Ophélie ancre son inspiration d'enfant (à six ans, elle a l'évidence du « je suis peintre ») et la conserve pendant plus de trente-cinq ans avant de l'actualiser pleinement.
- Elle s'éloigne d'un milieu familial rassurant, mais qui ne correspond plus à l'énergie de création qu'elle souhaite exprimer. À Pérouse, dans son école de costumes de théâtre, elle contacte son essence nomade, joueuse, amoureuse du faste et du spectacle. Essence qu'elle retrouve plus de vingt ans après lorsqu'elle décidera de faire de la création sa vie.
- Elle épouse l'homme parfait pour se laver du traumatisme du suicide de son cousin, à savoir un partenaire en posture de prédateur, propre à nourrir sa culpabilité et son sentiment latent de ne jamais en faire ni être assez (le « *I am not enough syndrom* » ou syndrome d'insuffisance personnelle).
- Elle tient cet engagement sur la durée en attendant que l'histoire se délite d'elle-même en Russie – ce que sa peinture lui reflète de façon explicite. Se guérit ainsi de son traumatisme d'enfance et, aussi, de son complexe de sauveuse.
- Elle se sert de son inspiration créative pour dépasser les épreuves, se comprendre et trouver des solutions même dans des situations désespérées (l'enlisement de son mariage en Russie) ; ses tableaux lui servent de guide sur la durée.
- Elle interprète l'extension du temps consacré à sa peinture chaque matin comme le signe que cette activité n'est pas un hobby, mais bien plutôt une vocation.

- Elle sent et saisit le *kairos*[2], à savoir le moment juste pour agir et quitter son entreprise. Moment juste vis-à-vis d'elle-même, désormais divorcée et libre de ses mouvements, et juste aussi vis-à-vis de son entreprise où elle bénéficie d'un capital de confiance favorable pour négocier ce départ.
- À Toulouse, elle met rapidement en place un cadre propice à l'installation dans la durée de l'inspiration : jolie maison, école proche, vie saine, rythme plus équilibré, fondamentaux épanouissants pour son fils et elle.
- Elle prend conscience qu'elle doit retrouver un nouveau collectif pour remplacer celui dont elle a bénéficié dans sa vie d'entreprise ; elle se recrée un environnement stimulant pour sa création, fait d'échanges et de contacts avec des écoles d'art, des galeristes et d'autres artistes.
- Elle accepte le caractère irréversible de l'inspiration qui induit un saut existentiel entre l'avant et l'après et qui rend tout retour en arrière impossible. Elle renonce ainsi à la perspective de revenir au salariat dans son entreprise.
- Elle étaye son talent de peintre des compétences qu'elle a développées dans sa vie de cadre (esprit pratique, compréhension et respect des règles, expertise en matière de merchandising, facultés de négociation). Elle unifie ainsi sa vie d'avant et celle, actuelle, de peintre en devenir.
- Elle rétablit la synergie entre ses deux cerveaux : le cerveau droit (imagination, intuition, inspiration, émotions...) et le cerveau gauche (rationalité, sens de l'ordre, logique et intelligence du réseau, esprit stratégique et sens tactique...).

---

2. Le *kairos*, concept grec, désigne une dimension du temps différente de la conception du temps linéaire du *chronos*. Une dimension de profondeur dans l'instant qui indique le temps de l'occasion opportune, point d'inflexion ou basculement décisif.

Troisième partie

L'INSPIRATION AU QUOTIDIEN. COMMENT LA FAVORISER ?

Au-delà des épiphanies racontées dans ces récits, ou comment l'inspiration intervient pour bouleverser un destin, on voit combien le phénomène requiert un contexte et des conditions idoines pour s'épanouir. Cet environnement se construit au quotidien, de façon plus ou moins consciente selon les individus. Dès que l'inspiration survient, cet environnement s'inscrit de façon pérenne. Inspiré, l'individu identifie les éléments qui favorisent le phénomène et s'emploie à les amplifier pour retrouver cet état. Fluide, proche de l'*expérience optimale* décrite par Mihaly Csikszentmihalyi[1], tant le sens du temps et la préoccupation du moi disparaissent au profit de l'expérience elle-même, l'état d'inspiration fascine et ravit ceux qui y ont goûté. Les huit récits fournissent autant d'illustrations d'apparition de cette inspiration, insistant sur ses modalités et conséquences spécifiques dans la vie des protagonistes. Plus largement, elles esquissent les contours de ce fameux *environnement favorable* dont nous allons maintenant détailler les caractéristiques.

---

1. Mihaly Csikszentmihalyi, *Flow : The Psychology of Optimal Experience*, New York, Harper and Row, 1990 ; tr. fr. *Vivre. La psychologie du bonheur*, Paris, Robert Laffont, 2004.

CHAPITRE 1

Prendre le temps de se connaître

L'image qui s'impose ici vient de la lumière. Tel le rayon de soleil qui éclaire mieux et plus largement une pièce nette, l'inspiration agit de façon plus effective dans une psyché que nous qualifierons de « clarifiée », terme absent de toute nomenclature psychologique, morale ou spirituelle, un simple néologisme que nous expliquerons de la façon suivante : on parvient mieux à recevoir l'inspiration si, à titre individuel, on a appris à connaître les principes de son fonctionnement cérébral ou intellectuel spécifique, et plus particulièrement sa façon unique d'appréhender la réalité.

Jung, notamment, dans un ouvrage de référence sur le sujet[1], a distingué deux catégories de profils qui nous intéressent en termes d'inspiration : les profils de type Sensation ou Intuition, ainsi que les profils de type Introversion ou Extraversion. Analysés à travers le MBTI (Myers Briggs Type Indicator), un indicateur de personnalité mondialement répandu, ces clivages psychologiques fournissent des éclairages utiles concernant les conditions d'apparition de l'inspiration. La posture de vie résultant de cet aspect clef d'un

---

1. Carl Gustav Jung, *Types psychologiques* (1921), Genève, Georg Éditeur, 1993.

profil psychologique sera forcément différente. S'il n'est pas nécessairement utile d'effectuer une évaluation de personnalité MBTI pour en avoir une idée, chacun peut repérer dans sa propre vie d'où lui sont venues les inspirations de sa vie, que ce soit pour les grands projets ou les circonstances plus ordinaires du quotidien.

Le type Sensation

Analytiques, observateurs, pragmatiques et concrets, les *tempéraments de type Sensation* auront plus de chances de rencontrer l'inspiration en se concentrant sur une activité concrète ou sur un processus précis qu'ils détailleront dans un premier temps de façon minutieuse et séquentielle avant de recevoir les appels de l'inspiration. Dans leur univers, l'inspiration favorise les esprits préparés à force de concentration, de travail, d'approfondissement. Hercule Poirot, le héros des romans policiers d'Agatha Christie, fournit un parfait exemple de ce type de fonctionnement psychique. Confronté à des meurtres énigmatiques au sein de contextes qui le sont tout autant, le détective investigue sans relâche, recoupe les faits et compile sa propre base de données jusqu'au dernier moment, soit le dernier chapitre, quand une « coïncidence » opportune l'amène à livrer l'identité du coupable. La liste des preuves que livre à titre de conclusion Hercule Poirot (et qui contraint le lecteur à revenir en arrière dans le récit tellement elles sont passées inaperçues dans le flux des événements) relève d'une intuition analytique pure. Séquentielle et méthodique, elle enserre progressivement le coupable dans un faisceau d'indices toujours plus accablants. Inspiration implacable.

Le type Intuition

Les *tempéraments de type Intuition* ne fonctionnent pas selon cette logique d'investigation séquentielle, déterminée par un lien causal entre les faits ou idées. Se laissant guider par leurs ressentis intuitifs, ils n'auront besoin que de quelques éléments, disparates parfois – une image, une impression, une émotion – pour recevoir une fulgurance inspirée. L'inspiration ici favorise les esprits attentifs mais non préparés, sans attente ni idées préconçues.

Le commissaire Jean-Baptiste Adamsberg, héros des romans policiers de Fred Vargas, fournit un exemple parfait, aux antipodes du profil d'Hercule Poirot décrit plus haut, de ce mode de fonctionnement. Au fil des énigmes policières dont il a la charge, vient régulièrement un moment d'aporie où notre héros ne voit plus rien. Confusion des pistes, multiplication des indices, aberration des hypothèses de résolution qui s'annulent les unes les autres. Dans ces situations, le commissaire a recours à son fonctionnement intuitif pour renouveler ses idées. Il se lève et part marcher dans Paris, le temps de longues pérégrinations qui l'amènent à traverser des ponts, à s'arrêter contre un parapet, à contempler la Seine, ses bateaux-mouches, sa faune.

« Voyons... Deux pigeons picorent un reste de sandwich... Tiens, une mouette fond sur leur pitance, qu'elle embarque d'un coup de bec. La mère ! Mais oui, c'est la mère qu'il faut regarder, pas les deux frères bloqués sur l'héritage qui leur passe sous le nez[2] ! »

La métaphore ici suffit comme preuve pour l'intuitif. Qu'il s'agisse de la résolution d'une affaire policière ou d'une décision à prendre, elle laisse l'inconscient formaliser de façon poétique une inspiration juste. Ce type d'inspiration favorisera

---
2. Fred Vargas, *Dans les bois éternels*, Paris, Viviane Hamy, « Chemins Nocturnes », 2006.

l'analogie, la comparaison, les correspondances, tous langages symboliques qui amplifieront sa puissance d'intuition.

Le type Extraverti

Les inspirations sont dans ce cas favorisées par les interactions, les échanges, les informations recueillies chez autrui. Discuter sur un axe créatif avec un collègue, esquisser avec un ami un projet ou toute autre initiative, garantit à ce profil un apport d'inspiration, même après coup. Les allers-retours entre la psyché et les rétroactions fournies par le monde extérieur nourrissent la créativité. À conseiller pour le *type Extraverti*, un mode de vie impliquant des échanges, des interactions professionnelles ou personnelles, une ouverture aux stimuli extérieurs. Et quand la personne sentira son inspiration baisser, l'ennui ou la routine envahir son quotidien, il lui sera recommandé de... sortir. Quelques pas dans une rue animée, trois mots échangés avec un commerçant, des scènes de rue à portée d'œil, autant de stimuli pour une inspiration prête à revenir.

> Céline est journaliste scientifique, pigiste pour plusieurs journaux. Elle adore les interviews qui la mettent face à des personnalités œuvrant dans un univers qui la passionne. Quand elle se synchronise avec son interlocuteur, son cerveau trouve l'angle de questionnement qui conduit le plus fermé des chercheurs à s'ouvrir. En revanche, lors de la rédaction postérieure, souvent fastidieuse, des articles de vulgarisation résultant de ces interviews, il lui arrive d'éprouver des moments de lassitude. Lourde, laborieuse, sa pensée se traîne au fil d'un recueil de notes poussif. Alerte ! Céline a appris à se connaître. Sa réaction immédiate en ce cas consiste à se lever et sortir. Dehors, à l'air, elle marche dans la rue en bas de chez elle, bavarde deux minutes en achetant fruits ou baguette de pain, observe les enfants rentrant de l'école, ou les oisifs attablés en terrasse. Cette vie extérieure, intensément perçue et appréciée, lui sert

de carburant. Lorsque Céline regagne son ordinateur plus tard, ses batteries sont rechargées, son énergie est revenue et les mots glissent sous ses doigts.

Le type Introverti

L'inspiration procède dans ce cas d'un mode de fonctionnement opposé. Les échanges ou interactions avec le monde extérieur ne nourrissent pas, bien au contraire. En revanche, une soirée ou un week-end de solitude, un face-à-face avec un ordinateur muet, une promenade en forêt se poseront en stimulants ultimes.

Pour ce type de profil, l'interaction avec le monde extérieur n'apporte qu'un corpus d'information préalable. L'inspiration survient ensuite, lorsque le calme et le recueillement s'installent. Alors, dans cet espace de solitude, naissent les idées, les initiatives ainsi que le niveau d'énergie nécessaire pour les mettre en œuvre.

Car les interactions excessives avec le monde extérieur fatiguent les profils introvertis, les dispersent, nuisent à leur créativité. Quel que soit leur contexte professionnel ou familial, ils auront intérêt à s'isoler – bureau, pièce à part, coin d'appartement le cas échéant – pour retrouver le centrage et l'alignement nécessaires. Rien de pertinent ni d'inspirant ne naîtra pour eux d'une exposition trop forte à l'extérieur.

> Maxime, architecte, dirige une équipe de douze personnes dans une agence qui traverse activement la crise entre tension des appels d'offres et gestion des clients. Père pour la troisième fois, il vit au cœur d'une famille recomposée de six personnes, incluant des enfants dont les âges s'échelonnent entre un et vingt ans. Son introversion, forte, se voit confrontée à une surexposition quotidienne depuis son lever – six heures, le premier biberon – jusqu'au coucher tardif. Épuisé et paradoxalement triste malgré

la satisfaction que lui procurent objectivement ses contextes professionnel et personnel, il a connu une période d'épuisement si intense qu'il l'a confondue avec un burn-out. Un coaching l'a aidé à prendre conscience de son mode de fonctionnement introverti. Depuis, il a appris à réguler son énergie en conséquence. Maxime a décidé de se réserver trois déjeuners par semaine avec lui-même, soit deux heures de solitude où lui viennent les idées pour ses clients, son agence, sa vie dans son ensemble. Enhardi par le sursaut d'énergie et d'inspiration que cette stratégie lui a fourni, il a étendu ses plages de solitude à d'autres moments dans l'année et fait accepter à sa famille le principe de deux retraites annuelles de silence, d'une semaine chacune, dans des monastères. Maxime a compris qu'il lui était indispensable de se ménager ces moments de repli s'il souhaitait conserver son énergie créative.

Un mental fatigué ou las ne pourra pas entrevoir une lueur d'inspiration dans une idée nouvelle, une envie, une suggestion qui se présenteront à lui. Jamais il n'en recevra la lumière s'il ne s'est pas mis en condition de vibrer à la même fréquence.

C'est pourquoi il est indispensable de se connaître dans les modes de fonctionnement que nous venons d'évoquer. Suis-je de type Sensation ou de type Intuitif ? Introverti ou Extraverti ? Comment est-ce que je capte l'information ? Comment est-ce que je me ressource et retrouve l'énergie nécessaire à la conduite et, surtout, à la jouissance de ma propre vie ?

À travers les doutes et les questionnements des héros de nos huit récits, nous avons été confrontés à des êtres en mouvement cherchant à dépasser un état de vie jugé insatisfaisant. Cette démarche personnelle vers la clarification, ce besoin d'aligner son identité en mouvement sur une réalité extérieure constituent les fondements mêmes du processus d'inspiration.

Sur un terrain de déni de soi ou de négligence vis-à-vis de ses modes de réflexion, compréhension, ressourcement personnel, l'inspiration ne pousse pas. Sa fertilité requiert un terrain de psyché labouré.

Assaini.

Les archétypes

Dans la réalité ou à travers la fiction, nous avons une propension à fréquenter des profils qui nous fascinent. Le *Guerrier*, l'*Amoureux*, l'*Activiste*, le *Sage*, autant d'archétypes déclinés au masculin comme au féminin, qui s'incarnent à travers les personnages de nos séries télévisées et films, tant l'inspiration s'exprime prioritairement par le canal visuel dans nos sociétés.

De façon quotidienne, ces figures inspirantes nous parlent de nos archétypes, soit ces modèles mentaux qui façonnent nos personnalités. Jung les a abordés en 1912 puis affinés pendant quarante ans, au fil des éditions d'un ouvrage fondateur[3]. Carolyn Myss les actualise dans *Archetypes*[4], son dernier ouvrage. Elle revient sur les modèles de personnalité dominants dans nos sociétés et encourage chacun à se rapprocher du ou des archétypes qui lui correspondent. En résulte un alignement renforcé, de la créativité, une façon de contacter son axe d'individuation que certains qualifient de « mission d'âme ».

> Pauline, mère de famille ayant arrêté son activité professionnelle de graphiste pour se consacrer à l'éducation de ses trois enfants en bas âge, a ainsi bénéficié de cet élan lié à la découverte de son ou plutôt de ses archétypes dominants. Ils l'ont aidée à redonner du sens à sa vie de ménagère, très éloignée de sa nature profonde.
> Dès les premiers mois de sa routine de femme au foyer, en effet, Pauline a senti la tristesse s'emparer d'elle, l'ennui. En réaction, elle s'est rapprochée d'autres mères de famille et des enseignants de l'école de ses enfants, afin de recréer ces liens dont elle avait besoin. À travers ces échanges, elle a repéré les

---

3. Carl Gustav Jung, *Métamorphoses de l'âme et ses symboles* (1950), tr. fr. Yves Le Lay, Genève, Georg Éditeur, 1993.
4. Carolyn Myss, *Archetypes. Who are you ?*, New York, Hay House, 2013.

manques objectifs de son quartier – pas de système de crèche ni de garderie pour les enfants, des horaires d'école contraignants pour les parents, aucune solution de garde alternative. Pauline a pris en main le sujet. Extravertie et analytique, elle a d'abord investigué afin de poser un diagnostic précis de la situation. Puis elle a identifié des solutions. À force de contacts à la mairie et d'échanges avec les acteurs concernés, elle a fini par mettre en place une association de parents à l'origine d'un mode de garde alternatif, économique et participatif qui a fait boule de neige dans d'autres quartiers parisiens. Deux ans plus tard, responsable d'une structure associative de trente personnes, Pauline ne retravaillera plus comme graphiste. Son évolution a mis en exergue ses archétypes d'activiste et de mère – tous inconnus d'elle auparavant – au service d'un alignement maximal. L'inspiration la réveille le matin avec des idées nouvelles. Son quotidien regorge d'initiatives et d'échanges nourriciers. Et, bien sûr, elle nourrit ses propres archétypes de la fréquentation réelle ou imaginaire des archétypes qui lui correspondent : Erin Brockovich pour le combat d'une femme face aux puissants de ce monde, Sœur Emmanuelle pour le sens du service aux autres, Michelle Obama pour sa qualité d'engagement vis-à-vis du monde extérieur, et en particulier des enfants.

CHAPITRE 2

Délier les nœuds psychologiques et émotionnels

La disponibilité à l'inspiration repose, nous l'avons vu, sur un assainissement du terrain psychologique. Mieux vaut donc travailler à débarrasser celui-ci des nœuds ou autres blocages émotionnels, propices au maintien ou au développement de l'entropie psychique. L'affairement, l'agitation, la suractivité qui résultent souvent de névroses de transfert – ou comment fuir une souffrance ou une difficulté intrapsychique en déportant l'énergie sur des sources de préoccupation extérieures – empêchent à coup sûr l'émergence de l'inspiration.

> Fabienne, styliste dans une maison de couture de luxe, s'est séparée de son mari il y a deux ans. Le divorce, en cours depuis lors, bute sur des revendications financières incompatibles, liées à la dispersion d'un patrimoine acquis au cours de dix-huit années de vie commune. Fabienne ne pardonne pas à son bientôt ex-mari de « l'avoir quittée avec ses deux enfants », comme elle le ressasse régulièrement auprès de son entourage. Triste, négative et surtout en colère, elle s'accroche à son récit d'une séparation dont elle sait au fond d'elle-même qu'elle en est coresponsable, le couple fondateur n'ayant plus de réalité amoureuse depuis longtemps. Son rayonnement extérieur

en pâtit. Autrefois pétillante et joyeuse, Fabienne est devenue amère, caustique. Elle donne le change, bien sûr, dans un univers professionnel où l'image et la projection magnifiée de soi dominent. En revanche, sa créativité s'en ressent. On lui a fait remarquer que sa dernière collection manquait de « peps », de cette originalité désinvolte qui la caractérisait. Si Fabienne continue à occulter sa détresse via un ressassement stérile, elle risque de perdre son inspiration.

Les pensées négatives, qu'elles soient chroniques ou ponctuelles, éteignent le feu de l'inspiration. On n'écrit pas quand on a une chaudière en panne. On n'imagine pas des vacances de rêve quand une personne qu'on aime est hospitalisée d'urgence. On ne trouve pas la stratégie gagnante pour l'entreprise qui vient de vous annoncer qu'elle vous licencie. Peur, tristesse, colère, liées à des problèmes personnels, relationnels ou professionnels, constituent autant de blocages. L'énergie psychique est alors absorbée dans le traitement ou l'occultation des émotions douloureuses. Il ne reste rien pour l'inspiration.

Certains auront recours aux drogues ou à l'alcool pour dépasser les difficultés, les souffrances, *nos réalités rugueuses*, comme disait Rimbaud. Ils prendront à témoin Baudelaire et ses paradis artificiels, les rockers survivants de Woodstock ou les amis pop art d'Andy Warhol, Keith Haring et Jean-Michel Basquiat en tête. Dans une époque où la consommation des substances déréalisantes – psychotropes bien sûr, mais aussi cannabis, ecstasy, MDMA ou cocaïne selon les budgets disponibles – augmente, l'état de détente ou d'inflation du moi provoqué par les drogues est souvent confondu avec un contexte propice à l'inspiration.

Pourtant, c'est l'inverse qui se produit, à savoir un refoulement ou une mise à distance d'une difficulté personnelle le temps d'activation de la substance dans l'organisme, puis, inéluctablement, le retour du problème, non résolu par défaut d'inspiration. Les pratiques instituées et totalement banalisées chez les ados ou « adulescents » de faire tourner un joint à titre de rituel collectif aboutissent à des moments d'hébétude partagés, ludiques certes, mais incompatibles avec l'émergence d'idées nouvelles, de suggestions inspirées et inspirantes. Et quand bien même la transe s'avère créative, la mise en action en pâtira. Fatigue physique, confusion mentale, aboulie durable se posent en obstacles à l'énergie d'inspiration, conduisant le plus souvent à un état d'impuissance qui renverra à l'utilisation de nouvelles drogues pour occulter le problème. Contexte infernal pour stérilité garantie.

Donc, si on refuse la tentation de la fuite, on se voit confronté à la nécessité d'évacuer ces pollutions émotionnelles, inhibitrices d'inspiration et de tout renouvellement en général. L'objectif, simple, peut impliquer la vigilance de toute une vie, pour peu que ces fameuses émotions polluantes s'enracinent dans des traumas ou souffrances d'enfance. Les réactions s'appelleront ici surréactions, soit une réaction émotionnelle amplifiée réactivant des émotions anciennes, inscrites dans la psyché. D'où la souffrance et ce sentiment d'impuissance face à ce retour d'affects douloureux, comme autant de fantômes intérieurs prêts à bondir. Le traitement de ces nœuds émotionnels fait l'objet de l'ensemble des thérapies cognitives et comportementales dites brèves[1], toutes puissamment axées sur les émotions et leur traitement comme la thérapie dite de pleine conscience, la thérapie d'acceptation et d'engagement, ou encore, et de façon plus focalisée encore sur la résolution du symptôme, l'EMDR ou l'EFT (Emotional Freedom Technique), fondée en 1995 par... un ingénieur de Stanford.

Sans nous prononcer sur l'efficacité de ces approches, tant elles dépendent de la qualité des praticiens et de leur pertinence pour la personne, nous insistons sur la première étape face à l'émergence des émotions négatives : l'accueil et l'acceptation. Non, bien sûr, pour les inscrire plus douloureusement

---

1. Jean Cottraux, Dominique Page, Marie-Claire Pull, *Thérapie cognitive et émotions. La troisième vague*, Paris, Masson, 2007.

encore dans la psyché, mais pour éviter l'effet de déni ou d'enfouissement, à terme pernicieux. Si on part du principe que tout affect douloureux finira toujours par ressortir, que ce soit dans nos névroses, nos malaises et nos maladies, autant ne pas en laisser entrer de nouveaux – principe de veille sanitaire individuel qu'un effort d'introspection, même douloureux, honorera.

Qu'est-ce qui me fait mal dans cette situation ? Comment et où est-ce que je ressens cette émotion ? Ai-je mal au ventre, la gorge nouée, le dos bloqué ? À quoi me renvoie-t-elle dans mon histoire personnelle ? Et, étape plus difficile et ô combien utile, que me dit-elle de positif dans le sens où elle vient me protéger à sa façon ? Une fois le message de protection compris, il sera plus simple de travailler à désamorcer l'émotion et d'en tirer, le cas échéant, les enseignements positifs. Ceux-ci pourront conduire à une mise en action pour éviter de se trouver coincé dans la réaction ou encore dans une posture de soumission aux événements. Ils décrypteront aussi la nature du contexte propice au déclenchement de l'émotion négative, à toutes fins d'anticipation ou de désamorçage dudit contexte.

L'effet d'allégement qui en découlera pourra s'étendre à d'autres types de situations et d'émotions associées. Tant, nous le voyons, les nœuds émotionnels inscrits en nous par les émotions négatives s'enracinent autour du complexe de culpabilité, ou, autrement exprimé, plus nous nous souffrons, plus nous nous le reprochons et de façon souvent inconsciente[2]. D'où la sublimation de ces souffrances par des accomplissements toujours extérieurs, une recherche de succès et de reconnaissance insatiable, des histoires compensatoires et fantasmatiques sur notre propre vie qui en abolissent la vérité... Bref, un cercle infernal qui enferme peu à peu dans le désespoir, ou encore dans sa forme socialement acceptable qu'est la dépression.

---

2. Alice Miller, *The Drama of Being a Gifted Child. The Search for the True Self* (1979), tr. fr. *Le Drame de l'enfant doué*, Paris, PUF, 2013.

À chacun de trouver sa voie de résolution, donc, entre l'acceptation émotionnelle, y inclus celle que favorisent les techniques de méditation, les échanges avec d'autres, thérapeutes ou groupes de parole informels d'amis ayant expérimenté le même type de souffrance, ou encore, à défaut et avec les dangers évoqués ci-dessus, la sublimation farouche dans l'action, dans la création, dans l'aide à autrui qui, sans résoudre totalement la problématique, fourniront des occasions d'affects positifs alternatifs.

CHAPITRE 3

Être disponible

On ne programme pas une séance d'inspiration comme une conférence téléphonique ou un rendez-vous chez le dentiste. Le processus requiert un état de présence, nous l'avons vu dans le récit consacré à Nicolas. Il nécessite également un état de vacance particulier. Il faut avoir de la place en soi pour recevoir l'inspiration. La préoccupation du futur ou le ressassement du passé encombrent la psyché, comme le rappelle ce conte zen.

> Nan-in, un maître japonais de l'ère Meiji (1868-1912), reçut un jour un professeur d'université qui venait se renseigner sur le zen. Nan-in lui servit le thé. Il remplit la tasse de son visiteur à ras bord et continua de verser. Le professeur, effaré, regarda le thé déborder, jusqu'à ce qu'il ne puisse plus se retenir.
> – Arrêtez ! Elle est pleine !
> – Vous êtes comme cette tasse, répondit Nan-in, plein de votre savoir, de vos opinions et de vos certitudes. Comment pourrais-je vous montrer le zen sans que vous ayez auparavant vidé votre tasse ?

Pour que la lumière du nouveau anime l'être, il convient de laisser de la place. Cette ouverture n'implique pas forcément des journées de béance créative consacrées à l'accueil de

l'inspiration. De façon plus réaliste, quelques rituels d'ouverture feront l'affaire. La simple respiration fournit déjà une métaphore de cette disponibilité nécessaire. Ainsi, lorsqu'un professeur de sport ou un thérapeute observe les tensions d'un de ses clients, il lui propose souvent de respirer. La réaction est la même. L'autre soulève les épaules et gonfle les poumons pour s'efforcer d'absorber encore plus d'air dans son thorax saturé.
– Commencez par expirer, lui fait-on régulièrement remarquer.

Et l'interlocuteur de vider ses poumons, ce qui induit la sensation de détente, avant de reprendre une inspiration, profonde et justifiée cette fois. Le corps, véhicule privilégié de l'inconscient, ultime instance de survie, dit la vérité. Il faut accepter de se vider pour recevoir.

Les techniques de remplissage façon gavage de nos sociétés de consommation contreviennent à ce principe de vacance. Réveillés par les bulletins d'information ou rattrapés par lesdits dans la salle de bains ou la voiture, assaillis d'informations étrangères à nos vies dès la mise en action des smartphones et ordinateurs, nous démarrons nos journées dans un état de surchauffe. Que faire de ce tourbillon d'événements et d'émotions, à dimension planétaire qui plus est ? Qui sommes-nous là-dedans ? Où sont nos aspirations, nos rêves, nos souhaits du moment ? Le remplissage ne faisant que s'amplifier au fil des jours, paradoxalement souvent répétitifs, la place pour l'inspiration se réduit d'autant. Celle-ci n'a rien à faire dans ce contexte sursaturé que nous nous obstinons à réclamer alors qu'il nous « gave » au sens premier du terme ! Le paradoxe réside effectivement dans notre propension à remplir et à conserver, au prix de l'asphyxie, plutôt que d'accepter de nous délester.

> Franck, publicitaire, l'a compris, au risque d'en mourir. Patron de sa petite agence, constamment sous la pression de satisfaire ses clients et d'en gagner d'autres, il a mené deux décennies de vie suroccupée, ultraperformante et riche. Projets passionnants, interlocuteurs divers, thématiques chaque fois différentes

ouvrant sur des paradigmes nouveaux. Sa curiosité s'est nourrie de cette diversité, jusqu'à ce que le rythme extrême entre en conflit avec ses aspirations à plus de profondeur. « J'ai éprouvé le paradoxe de la très petite entreprise qui fait que plus elle a du succès, plus son dirigeant étouffe », résume-t-il. Engorgement commercial, précipitation et pression constantes. Aucune visibilité sur la façon d'arrêter un processus qui, de succès, se muait en cauchemar. Franck se réveillait la nuit, les mâchoires crispées, avec le sentiment d'un poids sur la poitrine. Sa créativité s'en ressentait, sa capacité à trouver de nouvelles idées, tant pour ses clients que pour lui-même. « J'avais l'impression d'être le lapin dans les phares à chaque appel de prospect, raconte-t-il avec le sourire. Je suffoquais. Je passais mon temps à chercher des ruses pour différer les projets sans vexer mes interlocuteurs. J'avais perdu mon habileté, la fluidité de mes débuts. »

Entre-temps, il est vrai, Franck s'est marié et a eu trois enfants, dont l'un en difficulté sur le plan scolaire. Son épouse a connu une phase dépressive particulièrement éprouvante pour sa famille. Le marathon de Franck se poursuivait donc le soir. Personne-recours, il s'est laissé charger, engorger jusqu'à...

« Mon AVC, commente-t-il la mine gourmande, eh oui, fin de l'histoire. Tout s'arrête un lundi matin en ouvrant mon ordinateur. Le système ne répond pas, mon cœur non plus. *Shutdown*. J'ai passé un mois en convalescence, le temps de réfléchir, de respirer à mon rythme et, surtout, de faire le vide. J'ai décidé de ne garder que les clients qui ont du sens par rapport à ce que je construis – la communication solidaire, tournée vers les ONG et les associations. Financièrement, j'ai vérifié que je pouvais me permettre de réduire mon chiffre d'affaires. J'ai décidé d'aider moi-même mon fils sur le plan scolaire. J'ai fait de la place, supprimé les responsabilités associatives ou corporatistes qui n'avaient plus de sens, les corvées mondaines, les relations routinières. Mon emploi du temps s'est allégé, d'autant que mon épouse, choquée par ce qui m'est arrivé, a décidé de se remettre à travailler – ce qui l'a guérie de ses idées noires. J'ai cessé d'être à temps plus que plein le publicitaire, le père, l'époux, le patron, le citoyen, le responsable omniprésent. Je garde de la place pour moi. Et pour être sûr de la conserver, je médite. » Franck s'est inscrit dans un centre de méditation

zen. Deux fois par semaine, en fin de journée, il se consacre pendant une heure et demie à cette contemplation du vide, ce laisser-aller des pensées qui, rapides et précipitées au début de la méditation, ralentissent peu à peu au fil de l'heure. Il a aussi inscrit ce rituel chez lui au réveil.
« Vingt minutes tous les matins, assis en tailleur dans mon bureau. J'écoute le souffle de ma respiration. Je ressens les bruits, la lumière, l'air qui m'environnent. Je suis présent. »

Franck a établi un programme de survie qui lui a redonné l'inspiration, à savoir la capacité d'ajuster sa vie selon ses vrais besoins, tout en abandonnant une pression mortifère. Tension, stress, activisme et agitation frénétique se posent en obstacles à l'inspiration, même pour une personnalité créative, parce qu'ils bloquent le ressenti sans lequel justement il ne peut y avoir de créativité. Si on file la métaphore de la respiration, on observe que l'inspiration nécessaire à l'apport d'air frais se diffuse dans les poumons pour nourrir le corps entier. Le processus requiert une participation tranquille, une lenteur nécessaire pour en éprouver les effets. Car on ne cale pas cinq minutes montre en main pour s'intimer de trouver l'inspiration sur tel ou tel aspect de sa vie : changement de carrière, choix d'engagement personnel, destination de voyage... Bien plutôt, on envoie la demande d'inspiration à son logiciel de réflexion interne, on y pense et repense éventuellement, on en parle le cas échéant. Et on oublie. La résolution inspirée viendra au moment où on ne s'y attendra pas – au réveil en se brossant les dents, en joggant dans un parc, en attendant sa commande dans un café. La réception de l'inspiration exige en effet un temps de vide, d'ouverture qui, là encore, s'amplifie au moyen de rituels personnels.

James travaille dans l'événementiel. Planificateur dans l'âme, il gère un emploi du temps fécond en imprévus et problèmes divers pour des salons professionnels, des festivals, des conventions d'entreprises. Son équilibre conditionne son calme au travail et sa capacité à trouver, dans l'urgence, des solutions créatives pour ses clients. Le rituel qui lui permet de faire le

vide et de retrouver la vacance nécessaire à l'inspiration s'articule autour du sport, des pratiques sportives plus exactement.
« J'ai beaucoup d'énergie, explique-t-il. Si je ne me défoule pas physiquement, je suis incapable de me concentrer. Je me sens mal. Je ne dors plus. »
James pratique donc le sport sur une base quotidienne : une heure de vélo pour se rendre à son travail, jogging deux fois par semaine à l'heure du déjeuner, foot avec des vétérans comme lui le samedi, tennis avec son fils le dimanche.
« Quand je transpire, mon corps s'apaise, commente-t-il en voyant la mine effarée de ses interlocuteurs quand il décrit son rythme sportif. Je n'élimine pas que mes toxines, j'enlève mes tensions aussi. Je prends une douche, mon corps se relâche. Je me sens léger. Du coup, j'ai plein d'idées ! »

Beaucoup d'urbains comme James sont des sportifs frustrés, des athlètes confinés dans des routines où le corps ne trouve pas sa place. Assis dans des voitures, coincés dans des transports en commun et des bureaux, les yeux rivés sur l'écran qui brûle et abîme les yeux, la respiration coupée par excès de stress, ils négligent les besoins d'un corps qui n'a que des exigences physiologiques. Bouger, utiliser ses muscles, jouir de ses fonctions sensorielles. Il suffit d'une promenade dans un parc, en forêt ou encore, nirvana des sens, au bord de la mer pour les retrouver. L'horizon qui ouvre le regard et apaise les yeux, les bruits qui égayent l'ouïe, les senteurs qui ravissent l'odorat, le ressenti de l'air sur les doigts, le goût des embruns dans la bouche. Notre être en est optimisé, comme grandi à la plénitude retrouvée de l'ensemble de nos sensations. Le centrage est alors rendu possible. L'inspiration trouve son lieu d'accueil.

« Oui, mais nous ne vivons pas au bord de la mer, rétorqueront certains. Pas question de ventiler les poumons en s'agitant dans un milieu pollué. On interdit bien aux petits Parisiens les cours de récréation en période de canicule, à cause des pics de pollution. En plus, le sport, ce n'est pas mon truc ».
Par chance, la disponibilité à l'inspiration n'implique pas toujours des rituels athlétiques, difficiles à mettre en place

dans les grandes villes. Certains comportements à caractère ludique, sinon festif, y préparent tout aussi bien.

> Joseph est vendeur dans un magasin d'une chaîne de vêtements à la mode, il réalise des performances de vente excellentes, à l'origine de sa promotion rapide dans la structure. Attentif, concentré, Joseph observe les clientes potentielles, leur morphologie, leur allure, leurs préférences tandis qu'elles arpentent les rayons du magasin. Il intervient quand elles se dirigent vers la cabine d'essayage ou vers la sortie. Pas d'approche maladroite ou vague, du style :
> – Je peux vous aider ?
> Joseph, au contraire, se montre proactif. Il propose un vêtement qu'il a imaginé pour la cliente, une ou des suggestions qui lui sont venues tandis qu'il l'observait.
> – La plupart des femmes s'habillent toujours de la même façon, surtout quand elles croient avoir trouvé leur style, explique-t-il avec humour. Ce qui m'amuse, c'est de les dérouter et de leur ouvrir des pistes. Leur montrer qu'elles ne sont pas condamnées à un code couleur ou à un type de coupe.
> La fantaisie créative de Joseph convainc les plus sceptiques. Sans exception, les clientes finissent par essayer.
> – Vous n'avez rien à perdre !, ajoute leur vendeur-coach, remarque qui les fait généralement rire.
> Le secret de Joseph, ce rituel personnel qui garantit son inspiration quotidienne, explose en effet cent fois par jour dans sa bouche et autour de lui. Joseph rit. Beaucoup, seul et en groupe, chez lui et au travail. Il a même réussi à dérider une rame de RER un jour en singeant un essayage pour un ami.
> « Cela me fait un bien fou. Je sens mes tensions partir, le paysage se dégager. C'est systématique, quand j'arrive au magasin, je lâche une vanne. Du coup, je les enchaîne toute la journée. C'est contagieux, tout le monde s'y met, le magasin cartonne ! »
> Les clientes apprécient en effet l'ambiance festive de l'endroit. Elles rient, ce qui apaise le regard critique qu'elles portent en majorité sur leur reflet dans la glace. Détendues, en confiance, elles sortent de leurs limitations, de la vision étriquée qu'elles ont souvent de leur apparence. L'inspiration leur vient à elles aussi, entraînant, sous la houlette de Joseph, le choix de formes, de couleurs, de matières nouvelles.

CHAPITRE 4

Faire preuve d'humilité

Dans une société gouvernée par l'ego et l'importance du *branding* personnel[1], lui-même renforcé par la mise en scène en réseau des moindres aspects de sa vie – Facebook ou la monotonie hystérique du même –, l'humilité ne fait pas recette.
– Humble ? Tu te fais écraser la tête !, rétorquerait le premier adolescent venu.

Pour autant, l'humilité telle que nous l'entendons ici ne signifie pas résignation, rétrécissement de l'être, effacement ou fausse modestie. Elle réunit bien plutôt des qualités de simplicité, de lucidité par rapport à soi et à sa place sur terre, une attitude d'ouverture aussi à ce que ce monde peut nous apporter.

Dorothée de Gaza[2], un moine chrétien de Palestine du VIe siècle, a longuement insisté dans ses homélies sur la valeur de l'humilité dans la psyché, y voyant une expression de richesse et de maturité personnelle. Il a, à cet égard, comparé

---

1. Dans la logique des approches marketing de l'image de marque initiées dans les années 1950 par le designer Raymond Loewy, mise en évidence et promotion des caractéristiques d'un individu à toutes fins d'identifier sa « valeur ajoutée personnelle » (PersonalBranding.fr).
2. Dorothée de Gaza, *Œuvres spirituelles*, traduit du grec par Lucien Regnault et Jacques de Préville, Paris, Le Cerf, 1963.

les êtres humains à des arbres fruitiers. Plus l'arbre est chargé de fruits, plus il ploie en direction du sol. Plus il est stérile et sans fruits, plus les branches se dressent vers le ciel.

L'arrogance ici fustigée se retrouve régulièrement dans les comportements en collectivité, que cette collectivité soit de nature professionnelle ou familiale. On voit clairement ses fondements : la peur de disparaître, d'être écrasé, ou encore de ne pas être reconnu. Pour autant, cette arrogance ou non-humilité ferme la porte à toute intervention de l'inspiration dans les destins.

Étudiants gavés de connaissances et de raisonnements empruntés, professionnels prévisibles dans leur course au pouvoir et à la reconnaissance, tous perdent rapidement le souffle sacré, la capacité de renouvellement et, de plus en plus, la pertinence dans leur époque. Car celle-ci ne valorise plus tant la détention d'un savoir depuis qu'un clic sur Internet le garantit.

L'évolution rapide des techniques et des idées, la fusion mondiale des connaissances et des approches, le relatif déclin de l'hégémonie de la civilisation occidentale face à l'émergence d'autres cultures remettent en question le paradigme de la « tête bien pleine » propre au modèle de l'« honnête homme » du XVIIe siècle, ou encore la fascination pour la réussite, perçue comme objectif et réalité pérennes.

L'excès de connaissance, de savoir ou de suffisance – soit la métaphore de la tasse pleine exposée plus haut – peut favoriser l'arrogance. Si je pense savoir mieux que les autres, avoir tout compris, être d'une essence différente, je n'ai besoin de rien ni de personne. Et je me ferme à ce qui pourrait me surprendre ou me faire grandir dans une direction que je risquerai de ne pas avoir trouvée tout seul. L'arrogance porte inévitablement l'ennui dans son sillage. Je sais tout. Je n'apprends rien de la vie ni des autres. Je m'assèche et me stérilise tout seul.

> Armelle, professeur de français dans un lycée parisien, a décidé de prévenir ce scénario, témoignant tout au long du processus de qualités d'inspiration liées à sa posture d'humilité.

« J'enseigne depuis vingt-cinq ans, explique-t-elle, le regard clair. Cela fait dix ans que j'observe l'inflation narcissique de mes élèves, le soin croissant porté à l'apparence et à l'image de soi, notamment à travers les réseaux sociaux, la complexité croissante des interactions réelles et virtuelles. Le terrain me passionne, parce que, à mon âge, j'ai tout intérêt à apprendre des plus jeunes. J'ai trente ans de plus que mes élèves en moyenne, je considère qu'ils ont donc trente ans d'avance sur moi. Exprimé ainsi, cela fait réfléchir ! Je m'intéresse à leur culture, ce qui ne m'empêche pas de les préparer au bac puisque je suis payée pour cela. Je considérerais toutefois usurper mon rôle si je ne les aidais pas à sortir des limitations de la société, tout comme moi je sors des limitations de l'Éducation nationale en ouvrant mon programme à leur réalité. »

Curieuse et sans préjugés, Armelle incarne l'enseignante inspirée. Chaque année, en plus du programme, elle développe un thème spécifique qu'elle décline toute l'année entre cours formels, exposés des élèves, visites de musées ou projections de DVD, représentations théâtrales et musicales quand elle a la chance d'héberger dans sa classe un groupe amateur – ce qui arrive souvent. Le thème de cette année dont elle me parle avec enthousiasme tourne autour du mythe du vampire dans la culture occidentale, sujet inspiré bien sûr par le succès de *Twilight* auprès des adolescents.

« La saga cartonne, même si elle est très affadie par rapport à ses origines, estime Armelle, car elle incarne les peurs et les fantasmes des adolescents. Du coup, je les ai invités à creuser le mythe. » Et l'enseignante de mentionner le corpus littéraire du XIXe siècle, *Le Vampire* de John William Polidor, les nouvelles de Tolstoï et d'Alexandre Dumas consacrées au sujet.

« Certains ont investigué du côté du cinéma ou des séries télévisées. On a projeté des films d'avant leur naissance, *Le Prédateur* de Ridley Scott, *Nosferatu* de Herzog, *Dracula* de Coppola. On a revu des épisodes de *Buffy et les Vampires* ou d'*Angel*. Certains sont allés regarder du côté des écrits religieux consacrés à la question. D'autres, enfin, ont exploré le côté scientifique. Tout cela leur a donné du recul sur le phénomène ainsi qu'une compréhension de la récupération culturelle, à l'œuvre partout ! *Twilight* n'est plus génial pour eux, juste une variation sur un mythe bien antérieur. Et pour moi, si loin du public cible, un phénomène de société à côté duquel je ne suis pas passée ! »

L'attitude d'Armelle procède d'une humilité féconde qui pourrait évoquer, dans sa simplicité, la métaphore de Jésus lavant les pieds de ses apôtres, tâche indigne à l'époque qu'on ne confiait même pas aux esclaves.

« Si donc moi, le Seigneur et le Maître, je vous ai lavé les pieds, vous devez, vous aussi, vous laver les pieds les uns aux autres. Je viens de vous donner un exemple, pour qu'à votre tour vous agissiez comme j'ai agi envers vous[3]. »

Rappel utile pour Armelle et aussi pour ses élèves. Elle donne à ses élèves et reçoit d'eux l'inspiration pour innover. Aucun esprit de supériorité chez elle ni chez eux d'ailleurs, juste la volonté de mettre en place une relation d'enrichissement mutuel.

> Armelle parle joyeusement de ses excursions inspirées avec ses élèves. Rarissime dans sa profession, son regard n'intègre aucune récrimination sur le statut des professeurs, les classes en sureffectif ou le manque de moyens.
> « Pas le temps, assène-t-elle. J'ai eu ma période négative, normal pour une enseignante française. Mais j'ai compris que cette négativité m'asséchait. D'où la décision d'aimer mon métier. Cette posture me donne l'envie de pousser la porte de l'établissement chaque matin. »

L'acceptation dont Armelle parle constitue l'une des clefs de l'humilité, dont l'étymologie vient de *humus*, la terre. Savoir que nous sommes de passage et que, à terme, nous y retournerons, à cette terre, aide à vivre plus intensément chaque instant de ce destin à durée définie dont nous ne connaissons pas le terme. Cette prise de conscience favorise aussi l'acceptation de tous les aspects de la personnalité qui nous est donnée dans cette incarnation, les qualités de lumière comme la part

---

3. Jean, 13:12-17.

d'ombre révélée par Jung[4]. Cette intégration de l'ensemble de nos caractéristiques conduit à l'individuation, soit la réalisation de soi et de sa mission d'âme.

> « J'ai toujours cherché dans cette direction, explique Yves, thérapeute, même si, paradoxalement, j'ai passé les deux tiers de ma vie à dénigrer qui j'étais. J'adore le contact. J'aime écouter, j'ai besoin d'aider. Je le sais depuis que je suis enfant. Ma vie de lycéen et d'étudiant s'est déroulée dans un système d'interactions constantes. J'avais en permanence des amis autour de moi, qui se racontaient, que je réconfortais. Je parlais aussi, mais moins. Le simple contact avec eux me suffisait – ce que je considérais à l'époque comme une faiblesse. Je m'en voulais de ne pas être plus autonome, de me placer continuellement en dépendance dans ce besoin d'aider les autres.
> J'ai voulu échapper à cela en me lançant dans une carrière d'expert-comptable, puisque j'étais bon en maths. Des chiffres, de la raison, un face-à-face avec des tableaux Excel sur un ordinateur. Je me suis dit qu'un tel métier me guérirait de mes excès de sociabilité. Stratégie catastrophique. J'ai réussi au forceps à finaliser des études qui m'ont ennuyé au-delà de tout. J'ai rejoint un cabinet d'expertise comptable. L'horreur. Je passais mes pauses-déjeuner au téléphone à appeler mes amis, à tenter par tous les moyens de respirer, tant le quotidien de mon activité m'était insupportable. Je me suis même mis à fumer afin d'avoir une excuse pour sortir... et discuter avec mes collègues fumeurs ! Mon comportement me dégoûtait. Je m'en voulais. Je me sentais indigne et non professionnel, même si je parvenais, à la longue, à finir mes missions. Jusqu'au jour où en allant remettre son bilan comptable annuel à une cliente, je me suis trouvé extrait de ma posture.
> – Merci, c'est clair, a-t-elle conclu à l'issue de ma présentation. Maintenant, j'aimerais avoir votre avis.

---

4. « L'ombre est quelque chose d'inférieur, de primitif, d'inadapté et de malencontreux, mais non d'absolument mauvais. Il n'y a pas de lumière sans ombre et pas de totalité psychique sans imperfection. La vie nécessite pour son épanouissement non pas de la perfection mais de la plénitude. Sans imperfection, il n'y a ni progression, ni ascension », Carl Gustav Jung, *L'Âme et la Vie*, Paris, Le Livre de Poche, « Références », 1995.

Et de m'exposer une situation inattendue, à savoir la décision de revendre ses parts à ses associés pour accompagner le tour du monde d'un de ses enfants, atteint d'une maladie dégénérative. La nouvelle m'a ébranlé. Étonnamment, je me suis senti réveillé aussi. Nous sommes restés deux heures à parler. Les mois suivants, nous avons continué à nous voir pour préparer son projet professionnel... et le mien ! Car en échangeant avec elle, j'ai compris que j'avais mieux à vivre que de classer des chiffres. Tout en continuant mon activité pour des raisons financières, je me suis formé à la programmation neurolinguistique[5] et à l'EMDR[6]. Cinq ans plus tard, je montais mon cabinet. C'était il y a quinze ans. Depuis, j'ai retrouvé ma vie d'avant, le tête-à-tête permanent avec des gens en souffrance, pas des amis cette fois, mais des clients. C'est naturel pour moi de me tourner vers les autres, de faire en sorte qu'ils aillent mieux. Dire que je me méprisais de cela ! Mon orgueil me rendait aveugle. Aujourd'hui, je suis humble, je m'accepte tel que je suis. Aider les autres, c'est le sens de ma vie. »

---

5. Programmation neurolinguistique (acronyme français : « PNL ») : approche thérapeutique élaborée par Richard Bandler et John Grinder dans les années 1970 aux États-Unis et fondée sur une démarche pragmatique de modélisation à toutes fins de communication et de changement.
6. Eye Movement Desensitization and Reprocessing : approche thérapeutique élaborée en 1987 par Francine Shapiro, une psychologue américaine membre du Mental Research Institute de Palo Alto.

CHAPITRE 5

Voir avec le cœur

Ce titre, emprunté à une citation du *Petit Prince* d'Antoine de Saint-Exupéry – « On ne voit bien qu'avec le cœur, l'essentiel est invisible pour les yeux » –, nous rappelle que la bonne vision, la vision inspirée qui voit au-delà de nos préjugés, croyances ou limitations, provient d'une autre source.

Le cœur dont il est question ici ne correspond pas seulement au principe sentimental auquel on l'a souvent cantonné. Le cœur implique le centre de l'être, les ressorts les plus profonds, uniques, de la personne. Ceux qui génèrent le courage (« Rodrigue, as-tu du cœur[1] ? », demande le père attendant que son fils venge l'affront qu'il a subi), les valeurs et, bien sûr, la résilience de ceux qui vivent leurs épreuves sans perdre la lumière de l'inspiration.

Etty Hillesum, jeune femme juive hollandaise déportée au camp de transit de Westerbork en Hollande avant son transfert mortel pour Auschwitz, nous livre tout au long de ses lettres d'internement recueillies après la guerre un bréviaire du cœur en action. Ou comment transcender la désespérance au service des autres et de la vie.

---

1. Pierre Corneille, *Le Cid*, 1631.

« Il y a de la boue, tant de boue, qu'il faut avoir un soleil intérieur accroché entre les côtes si l'on veut éviter d'en être psychologiquement victime[2]. »

Ce soleil intérieur qui éclaire les aspects les plus sombres de la réalité des êtres a inspiré les lettres de la jeune femme et son récit, halluciné et magique à la fois, de l'enfer qu'elle a traversé avec ses milliers de codétenus. Nous reviendrons plus tard sur ce texte, tant il étire aux situations extrêmes le principe d'inspiration. Ce soleil intérieur peut se retrouver dans un quotidien heureusement moins effroyable, et sur des détails, même triviaux, comme ceux de la vie professionnelle.

> Luis est un réparateur né. Bricoleur depuis son plus jeune âge, il a quitté son Nicaragua natal pour s'installer à Paris et monter avec son frère une petite entreprise de bricolage. Ouvert et généreux, il est apprécié de ses clients qu'il traite avec le même soin, tant pour des menues réparations que pour des travaux importants. Luis applique une philosophie très personnelle aux missions qui lui sont confiées.
> « Quand je dois travailler dans une pièce, que ce soit pour accrocher une tringle à rideaux, réparer un lave-vaisselle ou fixer une poignée de porte, je m'installe, je sors mes outils et avant de commencer à agir, je commence à vivre l'endroit. C'est-à-dire, je me mets à aimer l'endroit. Je regarde les objets, en particulier ceux que je dois réparer ou installer. Je me mets à leur place. Je sais, cela peut paraître bizarre, mais je leur demande ce qu'il leur faut, ce dont ils ont besoin. Je ne sais pas si cela vient d'eux, mais j'ai la réponse. Quand je commence à travailler, je suis sûr de moi. »

L'inspiration, à la différence de la performance, ne peut s'inscrire dans un cadre purement rationnel. De la même manière que cet essai n'ambitionne pas de se poser en somme scientifique sur un sujet flou, non plus qu'en manuel pratique, une sorte de bréviaire à mode applicatif, il semblerait que les voies d'inspiration restent propres à chacun, même si inspirées

---
2. Etty Hillesum, *Les Lettres de Westerbork*, Paris, Seuil, 1989.

par son éducation ou sa culture de référence. Luis a peut-être gardé de ses origines – son grand-père était chaman dans un village près du lac de Managua – cette capacité indifférenciée à ressentir la vie autour de lui, que ce soit à travers la nature ou des objets, et à entrer en relation avec la matière.

Pour d'autres, cette ouverture de cœur passera par des états modifiés de conscience (EMC) provoqués ou spontanés.

Les états modifiés de conscience

Les transports favorisent largement ce type d'inspiration, train et avion notamment, de par la somnolence passive induite par le mouvement, le ronronnement du moteur, le bercement ambiant. L'état de conscience modifié qui fait passer notre cerveau en ondes alpha telles qu'on peut les mesurer en électro-encéphalographie (EEG) donne parfois des réponses ou des indications aux situations de notre vie.

> Estelle, responsable d'une agence bancaire, en a fait l'expérience lors d'une étape de choix professionnel.
> « Je finissais ma septième année dans ma société précédente et j'avais le sentiment d'avoir fait le tour de l'entreprise et du secteur bancaire en général. Je m'ennuyais. Je passais mon temps à retourner la situation dans tous les sens. Quitter mon travail, chercher autre chose, reprendre une formation ? Financièrement, c'était limite, mais je me disais qu'il fallait que je bouge, sinon il ne se passerait rien. Je continuerais à m'éteindre à petit feu.
> Un matin de départ en mission, alors que me reposais les yeux mi-clos dans un TGV, m'est venu un flash, même pas un rêve, car une partie de moi était consciente de le regarder. Je voyais un vieux train poussif qui m'a tout de suite fait penser à mon entreprise de l'époque. Il se dirigeait tranquillement vers un grand train, tout moderne et rutilant, qui attendait plus loin. Ces images m'ont instantanément réconfortée, comme si

elles me disaient de ne pas m'inquiéter, et aussi de rester là où j'étais. Le vieux train qu'était mon entreprise allait dans la bonne direction. J'ai obéi. Six mois plus tard, une société concurrente est venue me chercher pour me proposer un poste top. Entre-temps, j'avais été promue, ce qui n'en a rendu la transaction que plus intéressante. J'ai sauté dans le grand train !

Les exemples comme celui d'Estelle abondent quand on prend le temps de repérer ces états modifiés de conscience et de les laisser s'épanouir quand ils surviennent. Pas question, bien sûr, de les provoquer de façon systématique, ce qui comporte des risques pour les psychismes fragiles et ne garantit pas la belle et vivante inspiration.

La relaxation sous toutes ses formes, spontanée quand on se laisse aller dans un fauteuil, sur un transat ou une plage, ou encore développée quand on la renforce au moyen de techniques comme la sophrologie, l'hypnose ou l'autohypnose si on la pratique seule, donne accès à ces informations que notre inconscient est alors heureux de nous livrer, car il nous sent réceptif.

La méditation procure les mêmes bénéfices, surtout si l'on prend le temps de la pratiquer de façon régulière. Une pause de vingt minutes par jour où nous donnons congé à notre vigile intérieur, le mental, suffit. Nous découvrons alors en nous une réserve de sagesse dans laquelle nous pouvons puiser si nous ralentissons le rythme. Ou alors le rythme se ralentit de lui-même à la faveur – oui, parfois, il s'agit en ce sens d'un cadeau de la vie – d'une maladie, d'un accident ou d'un drame. Qui n'a senti dans une de ces situations objectivement douloureuses un état de détachement libérateur s'emparer de lui, ouvrant l'accès à des ressources de compréhension et de guidance insoupçonnées ?

Les rêves inspirés

L'inconscient peut également nous parler et nous inspirer la nuit, à travers nos rêves. Là encore, une certaine disponibilité est requise. Un état d'épuisement extrême ou une période de surmenage prononcé ne laisseront au sommeil que sa fonction de restauration physiologique. Le rêve, surtout inspiré et inspirant, a plus de chances de survenir dans un moment de quête ou de réflexion personnelle où nous sommes disponibles, à l'écoute des réponses.

Ce type de questionnement onirique était largement pratiqué et ritualisé dès l'Antiquité grecque et latine et aussi dans le reste du monde (Japon, Amérique centrale...) grâce, notamment, au rituel de l'incubation. Réservé aux personnes ayant besoin d'un éclairage sur leur problématique, physique ou psychique, ce rituel divinatoire visait à obtenir l'oracle d'un dieu. Seul prérequis, formuler à haute voix sa demande avant de s'endormir près d'un sanctuaire ou d'une grotte. Dans la Rome antique où le rituel était particulièrement répandu, la personne en démarche s'étendait sur une peau d'animal pour y dormir, après avoir reçu les instructions des prêtres lui recommandant d'être particulièrement attentive à l'aspect qu'aurait le visage du dieu si celui-ci lui apparaissait en rêve. Plus généralement, ce rituel d'incubation était censé apporter des résolutions aux problématiques vitales, qu'elles soient liées au corps (maladies, stérilité, impuissance) ou aux grandes orientations de vie. Selon la conception externalisante de l'inspiration que nous avons évoquée dans l'aperçu historique au début de cet ouvrage, cette réponse était transmise par un messager, plutôt un dieu dans l'Antiquité, ou encore un ange dans la culture judéo-chrétienne.

La Bible est remplie de rêves, prémonitoires et directifs, où Dieu parle directement à l'homme (Abraham, Joseph, Jacob) en lui donnant les indications justes pour sa vie. Jacob voit en rêve l'échelle où montent et descendent les anges en même temps que la mission d'établir Israël :

« La terre sur laquelle tu reposes, je la donnerai à toi et à tes descendants[3]. »

Joseph reçoit en rêve l'exhortation à prendre auprès de lui une jeune femme et son enfant à venir parce qu'il est conçu du Saint-Esprit[4]. Un autre rêve lui donne plus tard l'injonction de quitter l'Égypte en raison des violences commises par Hérode à l'encontre des nourrissons. Message de protection qui sera ensuite relayé, toujours par rêves, auprès des Rois mages « divinement avertis de ne pas retourner vers Hérode[5] ».

Les messages inspirés par les rêves abondent dans la Bible, sans doute une des raisons pour laquelle, inquiets de l'indépendance que ce mode de guidance individuelle pourrait apporter aux fidèles, l'Église catholique lors du concile de Trente (1545-1563) prit la décision d'interdire à ses fidèles de lire la Sainte Écriture.

La notion même de rêve et d'une instance mystérieuse présente en chacun, susceptible de lui apporter des éclairages personnels sous un mode codé – le rêve s'avérant rarement explicite –, a dérangé le dogme catholique. Les rêves se sont vus divisés en plusieurs catégories. Certains pouvaient être inspirés par Dieu ou ses messagers, les anges. D'autres, dangereux, portaient l'empreinte du Malin – raison pour laquelle l'institution catholique a rangé toute tentative d'explication ou de réflexion à partir des mêmes rêves sous la rubrique « abomination », et menacé d'excommunication ceux qui décideraient de s'y livrer. Elle a, peut-être à titre dissuasif, instauré pour ses moines des rythmes de réveil nocturne propres à décourager tout épanchement du sommeil paradoxal, propice à l'activité onirique. Difficile en effet de bénéficier de l'état de relaxation suffisant pour rêver quand le sommeil est tronçonné

---

3. Genèse, 28:11-19.
4. Matthieu, 2:13-15.
5. Matthieu, 2:7-12.

de minuit à six heures du matin entre célébration des vigiles, matines, laudes, primes !

Le rêve n'annonce pas toujours des lendemains radieux ou encore des épiphanies stratégiques. Il peut aussi avoir un caractère prémonitoire et avertir de problèmes à venir.

Elena, une jeune femme italienne, consultante en stratégie, raconte ainsi le soutien que lui a apporté un rêve dans un passage critique de son existence.

> « J'avais trente ans. Depuis un an, je vivais à Londres avec mon mari et nos deux enfants de deux et quatre ans. Notre couple allait mal. Nous avions pris la décision de nous séparer, mon mari voulant regagner l'Italie. Il m'avait suivie parce que j'avais été promue au siège européen de ma société de conseil. Lui n'avait pas retrouvé de travail. Il ne supportait pas la ville, le climat, mes déplacements incessants. En clair, il ne m'aimait plus. Moi, je n'avais pas vraiment le temps de me poser la question, tant j'étais absorbée par ma problématique de survie. Comment assurer le quotidien financier de la famille et m'en sortir dans un contexte professionnel agressif, fortement compétitif ? Il a fini par partir en me laissant seule avec les enfants. J'ai serré les dents et pris sur moi. J'avais honte d'avoir été quittée. J'avais peur que mon entourage le devine et utilise cet échec contre moi. Dans ma culture, une femme ne reste pas seule, surtout quand elle a des enfants en bas âge.
> Un des associés de la société s'est montré étonnamment positif à mon égard pendant cette période. Pourtant je n'avais rien dit à mon entourage professionnel. Seules ma famille italienne et la nounou de mes enfants à Londres étaient au courant, croyais-je. L'associé en question comptait parmi les stars du bureau. Danois, puissant, tant sur le plan financier que physique, il mesurait un mètre quatre-vingt-dix au bas mot pour cent kilos. Le regard bleu perçant, il prospérait, la cinquantaine connectée à tous les centres de décision en raison de son réseau d'anciens d'une prestigieuse *business school*. Il m'a proposé de travailler sur quelques missions internationales et m'a présentée à ses clients. Je respirais à nouveau. J'avais un mentor, quelqu'un pour me soutenir dans mon activité commerciale et

m'assurer le volume de missions nécessaire à ma pérennité au sein de la structure. Pourtant, je n'étais pas à l'aise avec lui, comme si une partie de moi restait sur ses gardes.
Une nuit de mission à Frankfort, dans ma chambre d'hôtel voisine de la sienne, j'ai fait un cauchemar. Je me trouvais dans un champ de blé, sous un ciel bleu roi. Impression de béance sourdement angoissée, à l'image de ma vie à l'époque. Je tentais de me rassurer en fixant le soleil. Celui-ci se mettait à grossir et à vriller dans ma direction. Au fur à mesure, il est devenu tout noir, enténébrant le champ. Avant que j'aie pu m'enfuir, il s'est rétréci en un boomerang qui a tournoyé avant de me frapper à la nuque. Tuée sur le coup, j'ai eu le temps de penser *Soleil trompeur*[6], le titre d'un film que j'avais vu quelques mois auparavant. Je me suis réveillée en sueur. Mes pensées sont aussitôt allées vers mon voisin de chambre, celui dont je parlais comme d'un « soleil », tant son intervention dans ma vie avait éclairé mon quotidien professionnel et financier. L'image de cet homme que je croyais généreux s'est immédiatement confondue avec celle de... Staline, le héros caché de *Soleil trompeur*, ce tyran qui rayonnait tel un soleil auprès de sa garde rapprochée dont, de temps en temps, il faisait supprimer un des membres quand l'envie lui en prenait. Mon collègue danois et Staline !
Le malaise ne m'a pas quittée les jours suivants. Je sentais qu'il y avait quelque chose qui n'allait pas. Quelques semaines plus tard, j'ai compris. Tandis que nous nous rendions en voiture vers un de nos clients basés à Manchester, mon « mentor » m'a brutalement annoncé sa décision de divorcer.
« Comme tu es en train de le faire, a-t-il ajouté dans un italien parfait, en se tournant vers moi, les yeux brillants. »
Je me suis sentie agressée, c'était comme une intrusion. Il m'avait caché qu'il parlait ma langue natale ! De plus, comme personne ne connaissait ma situation, d'où tenait-il cette information ? Je n'ai pas eu le temps de creuser ces questions, pétrifiée par la suite de son récit. Les mains plaquées sur le volant, sans plus me regarder, il m'annonçait que j'étais responsable de son divorce à venir, dans la mesure où il découvrait au fur et à mesure qu'il travaillait avec moi ce qu'était l'amour. Il me demandait

---

6. Nikita Mikhalkov, *Soleil trompeur*, 1994.

donc de l'aider à passer cette épreuve qu'il anticipait comme difficile étant donné l'ampleur de son patrimoine et la vénalité de sa future ex-femme. Dès l'actualisation juridique confirmée, nous irions nous installer dans un des quatre grands appartements qu'il avait acquis depuis un compte offshore – petite grimace à mon intention – dans le quartier des docks, un placement judicieux. J'étais effarée, terrifiée aussi, avec le sentiment d'écouter un psychopathe parler de moi comme d'une chose. Il a poursuivi son soliloque jusqu'à notre arrivée chez le client. Aucun questionnement sur mes sentiments à son égard, sur mes enfants, sur ma vie ! Cela s'appelait du harcèlement. On en parlait à peine à l'orée des années 1990 et surtout pas en Italie. Choquée, je me suis tue, paniquée à l'idée de perdre mon poste en me le mettant à dos.

Le jonglage infernal a commencé. J'ai évité sa pression dans un premier temps en prétextant mes enfants pour éviter de le retrouver le soir – ce qu'il m'a demandé sans discontinuer pendant les jours qui ont suivi sa « déclaration », car son avocat lui avait confirmé qu'il ne risquait rien s'il n'y avait pas de preuves formelles. Très vite, mes camouflages se sont effondrés. Puisque je me refusais à lui, il avait décidé de me haïr. J'avais peur. Il était puissant au sein de la société, responsable à lui seul de près du tiers du chiffre d'affaires. Un mot de sa part et j'étais virée. Le souvenir du soleil trompeur s'est imposé quand j'ai découvert grâce à mon meilleur ami, informaticien, qu'il avait piraté mon compte mail professionnel, ma messagerie de téléphone portable et récupéré à son compte sans m'en parler la totalité d'un dossier important qu'il m'avait délégué quatre mois auparavant.

– Oublie. Tu es finie ici, m'a-t-il lancé avec un regard méprisant quand je l'ai confronté.

Je ne sais pas ce qui m'a le plus choquée, son machisme ou l'injustice de ces centaines d'heures de travail frauduleusement reprises à son compte. Ou encore l'image de moi, décapitée dans un champ. Enjeu vital. J'ai décidé de me défendre. J'ai retracé les moindres étapes du travail effectué, dressé l'inventaire de mes contacts, calculé le montant de mes heures de travail sur la mission. Je n'avais rien à perdre. En revanche, j'avais en face de moi le spectre du chômage dans un pays étranger avec deux enfants à charge. Et, sur le plan symbolique, la mort. Je me revoyais sans cesse décapitée dans ce champ. Cette vision m'a servi de moteur, au point que j'ai sollicité un entretien avec notre président américain quand il est passé à Londres. Je lui ai tout raconté. Un peu gêné, il m'a expliqué qu'il ne pouvait rien faire dans l'immédiat contre mon persécuteur, en position de force grâce à ses réseaux, mais m'a assuré qu'il me protégerait. Un mois plus tard, j'étais transférée au bureau de Rome, ce qui m'arrangeait sur le plan personnel. L'année suivante, j'apprenais que le Danois avait été viré pour harcèlement sur une autre consultante qui en était tombée grièvement malade avant de l'attaquer en justice. Exit *Soleil trompeur*. Merci mon rêve. Je ne m'en serais pas sortie sans lui. »

Les synchronicités[7]

Nous les avons évoquées à travers nos huit récits, ces occurrences simultanées de deux éléments sans lien causal et qui prennent tout leur sens pour l'observateur, qui les reçoit alors comme un signe ou un message. Leur observation et l'intégration des messages sont largement encouragées, voire favorisées dans certaines démarches de développement personnel, tant le phénomène se renforce à l'usage.

« Pour moi, l'intuition ou la capacité à voir les signes, cela se travaille comme un muscle, explique Valérie, sage-femme. Je pars du principe que nous ne sommes pas isolés du reste du monde. Nous formons un tout. Chaque émoi à l'intérieur de nous favorise les événements autour et à l'inverse, le monde extérieur nous envoie des signes et les indications nécessaires.

---

7. Carl Gustav Jung, *Synchronicité et Paracelsica*, Paris, Albin Michel, « Bibliothèque jungienne », 1988, notamment : « La synchronicité, principe de relations acausales » (1952) ; « Sur la synchronicité » (1951) ; « Lettres sur la synchronicité » (1950-1955).

Quand j'ai une décision à prendre ou que je me trouve face à un dilemme, je pars marcher en forêt. Là, je pense fort à mon sujet, je demande à être guidée, puis j'observe. Les oiseaux qui vont apparaître, la forme des arbres, les animaux qu'il m'arrive de croiser, tout cela prend sens pour moi. J'accueille ces messages. Cela marche aussi en ville, mais nous sommes souvent moins disposés à accueillir ces informations, car distraits par les bruits et l'agitation constante. »

Difficile de ne pas songer aux vers de Baudelaire, qui a exprimé dans le poème « Correspondances[8] » ces messages mystérieux :
« La Nature est un temple où de vivants piliers
Laissent parfois sortir de confuses paroles
L'homme y passe à travers des forêts de symboles
Qui l'observent avec des regards familiers. »
Si la pratique de l'observation et la prise en compte des synchronicités nous permet plus facilement de nous arrêter et pas simplement de « passer », en négligeant les messages mis à notre disposition par, au choix et selon le degré de croyance, l'ange gardien, Dieu ou notre inconscient, elle n'entre dans aucun corpus scientifique ni aucune méthodologie rationnelle.

Le terme, peu usité, n'a même pas sa place dans le dictionnaire. L'expérience reste avant tout intime et parfois allusive. Subjectivité du ressenti de l'observateur, réaction émotionnelle associée, non-reproductibilité évidente de l'expérience, multiplicité des interprétations... toutes ces caractéristiques disqualifient l'approche systématique ou statistique. Pour autant, à la différence d'une coïncidence ou d'un hasard qui étonnent un instant et qu'on oublie aussi vite, la synchronicité frappe l'esprit. Elle dérange. Elle est là. Seule l'intensité de l'expérience vécue par l'observateur fera, ou non, émerger le message sous-jacent.

---

8. Charles Baudelaire, « Correspondances », *in Les Fleurs du mal*, Paris, Gallimard, 2005.

En tant que coach d'entreprise, je m'emploie à favoriser l'ouverture de conscience de mes clients qui, souvent cantonnés à un univers de rationalité matérialiste, risquent de passer à côté de ces ressources de base. Quand on les leur mentionne ou, simplement, par une qualité d'écoute particulière, on les laisse prendre conscience et intégrer le message contenu derrière ce qui s'apparente pour eux à une simple coïncidence, le résultat peut être spectaculaire, dans un sens comme dans l'autre.

> Ainsi, je me souviens d'un entretien avec une cliente, cadre dans le secteur financier. Nous sommes en été, tôt le matin. Ma cliente parle en face de moi, à côté de la baie ouverte sur des massifs de fleurs. Précise, concentrée, elle détaille de façon analytique son malaise professionnel, l'impression d'avoir achevé sa mission, sa lassitude du poste qu'elle occupe depuis cinq ans.
> – En fait, j'aurais besoin..., commence-t-elle en faisant un geste de la main vers l'extérieur.
> Au même moment, un papillon jaune atterrit sur une fleur, à quelques centimètres de sa paume ouverte vers le ciel. Épiphanie. Je reste bouche bée, tant la perfection du signe, la qualité symbolique du papillon, symbole de renaissance, et son association avec la couleur jaune, symbole de puissance, me ravit. Ma cliente a sa réponse. Et si Jung avait reçu son scarabée d'or[9], moi j'ai eu mon papillon jaune. Alléluia ! Mais il semblerait que je sois la seule à jubiler.
> – Vous avez vu le papillon ?, m'émerveillé-je, fixant l'insecte posé sur la rose à dix centimètres de sa main.
> – Oui, très joli, commente-t-elle sèchement.
> Puis, plissant les yeux :
> – Pourquoi me parlez-vous du papillon ?
> – Parce que l'apparition du papillon à ce moment précis, alors que vous exprimiez votre besoin de renouveau, n'est peut-être

---

9. Allusion à la première occurrence de synchronicité mentionnée par Jung lors d'une séance avec une cliente encombrée par sa rationalité. Tandis qu'elle lui raconte un rêve mettant en scène un scarabée d'or, au même moment un vrai scarabée d'or vient heurter la fenêtre du cabinet. Carl Gustav Jung, *Ma vie. Souvenirs, rêves et pensées*, Paris, Gallimard, « Folio », 1991.

> pas neutre, indiqué-je avec un enthousiasme mesuré devant sa froideur. Cela pourrait se lire comme un signe, une indication de la pertinence de votre ressenti. Cet insecte symbolise la renaissance, comme vous savez. Jaune, en plus...
> – D'accord, mais pourquoi vous me parlez du papillon ?, reprend-elle, d'un ton soupçonneux.
> Je la regarde, ses sourcils froncés, sa bouche critique. Pas la peine. Elle ne comprendra pas.
> – OK, oubliez le papillon. Vous êtes en train de me signifier que vous êtes en fin de cycle professionnel, n'est-ce pas ?, soupiré-je.
> Elle hoche la tête, rassurée.

L'accueil des synchronicités ou de tout autre signe ne se décrète pas. Certains types de personnalité, qualifiées d'intuitives en terminologie jungienne, les capteront et s'en serviront pour se guider dans la vie. D'autres les observeront, intriguées ou pas, sans en tirer davantage de conséquences. D'autres, enfin, les ignoreront carrément. Parfois le choc survient si violemment que la question du choix ne se pose même pas.

Ainsi d'une session de coaching individuel dans le cadre d'un séminaire de groupe organisé pour une entreprise. Mon client est directeur marketing, âgé d'une trentaine d'années. Élégant et looké comme le veut son rôle, il a l'air soucieux, absent. Quelques cheveux gris sont apparus. Je le trouve vieilli depuis notre dernière rencontre, il y a six mois. Il a demandé à me parler, ce qui nous amène à nous installer à l'écart des autres, en face de la salle de séminaire – un ensemble de pierre et de bois, ouvert sur une terrasse par de grandes baies. Le chant des oiseaux se mêle au ruissellement d'une cascade à côté, un cadre sereinement bucolique en contraste avec son malaise.

> Il m'explique son désarroi, la carrière qu'il mène au forceps à Paris, poussé par son ambition et celle que son entreprise place en lui, les affres du manque depuis que son amoureux est parti s'installer à New York, il y a un an, le sentiment que tout cela n'a aucun sens, qu'il passe à côté de sa vie. Il parle

d'une voix monocorde, le corps penché vers le sol. Je ressens sa tristesse, son accablement et aussi un danger.
– J'ai l'impression de dépérir à petit feu, ajoute-t-il sans lever la tête. Même pas le temps de m'en rendre compte à cause du rythme. Lever sept heures, je quitte le boulot à vingt-deux heures, je rentre chez moi, je mange et je dors. Le week-end, je reste enfermé à traiter les centaines de mails que je n'ai pas eu le temps de lire dans la semaine. Je n'ai envie de voir personne. Sauf lui...
Il soupire, comme accablé sous l'absurdité d'une dramaturgie propre à son univers, incompréhensible pour le reste de la population confrontée à des souffrances ordinaires – maladie, décès, perte d'emploi, détresse financière. Ici, l'ego en rôle principal se confronte à la vérité du cœur, tous protagonistes au service de deux puissances en conflit, l'âme et ses aspirations face à l'entreprise et ses besoins.
– Je ne vois pas de solution, continue-t-il la tête entre les mains. J'ai pris mon poste il y a neuf mois, j'en ai au moins pour deux ans, sinon je suis fini. Cela fait huit ans que je grandis dans cette société. Si je demande une expatriation maintenant, on ne me le pardonnera pas.
– Et vous, vous vous pardonnerez ?
Il tressaille.
– Non, c'est ça le problème. Chaque jour qui passe, je m'en veux de ne pas trouver de solution. Je ne dors plus. Si ça continue, j'ai l'impression que...
Un choc nous fait sursauter. Un moineau vient de s'écraser sur la baie vitrée de la salle de réunion. Hébétés, nous voyons l'oiseau s'effondrer sur le sol. Nous ne bougeons pas, tétanisés. Puis nous nous levons et nous approchons du cadavre. L'animal est mort sur le coup. J'ai les larmes aux yeux tant la violence de la scène m'a bouleversée. Mon client aussi, mais pour d'autres raisons.
– Ouah..., finit-il par lâcher.
Nous restons debout quelques minutes encore, les yeux fixés sur le corps du moineau.
– OK, j'ai compris, murmure mon client.
De façon étonnante, il n'a pas cherché à parler de la synchronicité tant son sens lui paraissait évident. Nous sommes revenus

nous asseoir pour réfléchir aux solutions qui lui permettraient de rejoindre son ami à New York, projet qu'il mettra en place au sein de son entreprise en quatre mois seulement !

Avant cet événement, ce professionnel ne manifestait ni goût ni intérêt pour l'ésotérisme. Pratique, rationnel, formé « façon école de commerce », il fonctionnait à la force de la volonté, sur les indications du mental. Le caractère imprévisible de la scène, sa pertinence et sa violence en même temps ont, en un instant, ouvert sa sensibilité à l'urgence du message. Le décès de l'oiseau a fait résonner en lui la peur de la mort, symbolique, mais peut-être aussi réelle s'il ne se décidait pas à bouger. Ce client et moi nous sommes revus quelques fois depuis lors. Dans nos échanges de regards passe toujours, comme un hommage silencieux, l'image du cadavre de l'oiseau à nos pieds.

Le caractère surprenant des premières synchronicités déroute inévitablement ceux qui les vivent. Pour la plupart, il s'inscrit en secret dans leur mémoire comme une expérience étrange, inclassable. Avant que d'autres occurrences du même ordre ne contreviennent à l'explication facile – coïncidence ou étrange hasard – pour ouvrir sur d'autres perspectives. Si l'on considère que ces signes prennent plusieurs formes qui vont de la synchronicité simple à la télépathie, aux intuitions ou rêves prémonitoires, il n'est pas rare qu'une personne sensibilisée à l'un de ces vecteurs d'inspiration en rencontre aussi d'autres.

Si l'inspiration ne se commande pas plus qu'elle ne s'achète – ni formation, ni gourous ne pourront mimer son jaillissement unique –, elle requiert une participation active du sujet bénéficiaire. Toutes les personnes inspirées sur la durée, quel que soit leur secteur d'activité – création, éducation, sport, économie – mentionneront le travail. La persévérance. L'obstination. La discipline. L'effort. Autant de caractéristiques laborieuses qu'on n'associe pas forcément à la magie de l'inspiration et qui, pourtant, en constituent les fondamentaux.

CHAPITRE 6

Travailler, s'efforcer, croire

> « L'inspiration existe, mais elle doit te trouver au travail. »
>
> Pablo PICASSO.

Travail et sueur ne conditionnent pas toujours l'inspiration, ou alors sous un mode paradoxal. Même si l'état d'inspiration peut être renforcé par certaines attitudes déjà décrites, on l'imagine mal provenir d'une contention laborieuse. En clair, il ne suffit pas de s'asseoir à son bureau à heure fixe pour recevoir l'inspiration. Et pourtant, c'est ce que font la majorité des écrivains ! Inspirés, pas inspirés, ils sont là, fidèles au poste d'écriture et, pour la plupart, matinaux. Pourquoi ? Il semblerait que le corps enregistre certains signaux, une sorte de routine créative, et y réponde. L'ordinateur ouvert, la tasse de café aux aurores, le parfum du matin derrière les fenêtres ou au contraire l'immobilité de la nuit. Inspirés, pas inspirés, ils écrivent, c'est tout.

« On écrit toujours, confirme Tatiana, qui en est à son quinzième roman et vit de sa plume depuis qu'elle a vingt ans. Mon rituel de me lever et direct de m'asseoir devant l'ordinateur avec une tasse de thé joue le rôle de déclencheur. Si je le néglige et me contente d'écrire quand j'en ai envie, cela ne marche pas. Mes personnages vivotent, sans densité. Il leur arrive peu de chose. »

Tatiana, comme l'ensemble des créateurs, confirme ce phénomène qui fait que, passé quelques jours d'existence, les personnages d'une fiction agissent par eux-mêmes, comme si, au-delà des intentions de l'auteur qui les a fait naître, ils prenaient une vie propre. Les mots surviennent et leur destin se façonne tandis que, soudain, les doigts pianotent une péripétie inédite, une intrusion inattendue. Irruption d'un tiers non annoncé, aléas d'humeur, drame imprévu. L'histoire bascule et l'auteur, fasciné, se sent absorbé par une dynamique qui le dépasse. Ses personnages avancent, créent leur destin avant même qu'il n'ait pu l'imaginer. Le livre s'écrit à travers lui. Il n'en est plus seulement l'auteur, juste le transcripteur.

Le phénomène n'est pas constant. Il fait souvent suite à un effort de concentration, une focalisation particulière. Le paradoxe du phénomène consiste donc en sa singularité. Si toute personne s'asseyant devant un ordinateur, une planche à dessin, un logiciel 3D, ou encore se campant devant un chevalet à heure fixe, ne va pas forcément créer un chef-d'œuvre tant le talent préexiste à tout effort, pour autant tout créateur doué ne fera pas l'économie de ces rituels. Il y va de l'accueil qu'il réservera à son inspiration. Et plus celle-ci interviendra, plus il aura intérêt à être là pour l'accueillir. Sinon, elle se détournera pour rendre visite à d'autres âmes plus réceptives.

Même Rimbaud, souvent invoqué comme figure de proue d'une inspiration libre, fécondation précoce d'un esprit rebelle et de fugues adolescentes, n'a pas contredit ce principe. Car ce *fort en thème*, formé aux raffinements de la métrique classique, grecque et latine, s'est ensuite affranchi de l'académisme des « pisse-lyres » ou encore du « râtelier universitaire » qu'il a décrié comme toute forme d'art établie. Mais s'il a exploré ensuite des pistes créatives existentiellement inédites, il a conservé la notion de travail, la nécessité de l'effort.

« Je veux être poète et je travaille à me rendre voyant, écrit-il à son professeur de lettres, Georges Izambard. [...] Il s'agit d'arriver à l'inconnu par le dérèglement de tous les sens.

Les souffrances sont énormes, mais il faut être fort, être un poète et je me suis reconnu poète[1]. »

Programme clair, mis en place avec une constance de chaque instant. À travers les méandres agités d'un destin de dromomanie inspirée – Rimbaud n'a cessé de se déplacer géographiquement, tant dans ses cinq années d'écriture, soit entre ses seize et vingt et un ans, que lors des seize années qui ont suivi avec apprentissage des langues anglaise, allemande, italienne, espagnole, expéditions européennes, scandinaves, moyen-orientales, africaines, à pied, en bateau, à cheval ou à dos de chameau ensuite, convoyage de sucre, épices ou d'armes, entreprises diverses commanditées par des roitelets exotiques ou des chefs de tribus. Fugues, provocations, intrusion dans des foyers dévastés par cet ouragan de vie et de non-conformisme, comme celui de la famille de Verlaine, usage de psychotropes et d'alcools, non-conformisme sexuel, rencontres interlopes dans des contrées hostiles...

Si, dans chacune de ses vies, Rimbaud a multiplié les émois humains, il les a toujours relayés par l'intensité du labeur d'écriture. Car, à l'issue de chacune de ses expéditions, le poète regagnait régulièrement le foyer de Charleville, bastion familial des Ardennes, pour consigner au fil de nuits fiévreuses l'intensité de ses ressentis de voyant nomade. Sans oublier de transmettre ses écrits aux éditeurs parisiens, *via* des amis et admirateurs d'un monde des lettres qu'il préférait ponctuellement aveugler en météorite plutôt que s'y enfermer. Le rituel s'est poursuivi plus tard, dans sa seconde vie d'explorateur, *via* des écrits méticuleux de chacune de ses expéditions, dont celle de l'Ogadine qui a été ensuite publiée par la très scientifique Société de géographie de Paris[2], ainsi

---

1. Arthur Rimbaud, « Lettres dites du voyant, Charleville, 14 mai 1871 », *in Œuvres complètes*, Paris, Le Livre de Poche, 1999.
2. Arthur Rimbaud, *Rapport sur l'Ogadine, par M. Arthur Rimbaud, agent de MM. Mazeran, Viannay et Bardey, à Harar, Afrique orientale*, mémoire publié par la Société de géographie, Paris, 1884.

que par des récits détaillés de ses activités adressés à son ami de toujours, Georges Izambard, ainsi qu'à sa sœur Isabelle.

Aucun dilettantisme ici. Que ce soit dans une écriture inspirée ou plus tard dans une vie inspirée, faite d'expéditions, de rencontres et de prises de risque, Rimbaud n'a joué ni l'amateurisme, ni la mollesse, animé de la même puissance de travail sous des formes différentes.

CHAPITRE 7
Rester en veille

De façon paradoxale, les efforts et l'assiduité d'un musicien, d'un écrivain, d'une mère de famille ou de tout autre acteur investi d'un projet qu'il souhaite développer de façon créative ne garantissent pas d'emblée l'inspiration. Les journées peuvent se traîner dans la répétition du même, l'ennui, la lassitude d'un processus qui ne se renouvelle pas. Ce labeur reste toutefois indispensable à l'inspiration. En ce sens, l'injonction biblique « Travaillez tant que vous avez la lumière[1] » prépare la parabole des Dix Vierges, variation sur le thème de la dévotion, où seules les vierges sages qui ont entretenu l'huile de leur lampe, au contraire des vierges folles qui l'ont négligée, ont le privilège d'accueillir l'époux pour, enfin, vivre la grâce des épousailles divines. Prometteuse et vaguement inquiétante à la fois par sa polysémie ésotérique, cette parabole illustre bien la survenue de l'inspiration.

« Veillez donc car vous ne savez ni le jour ni l'heure[2]. » Veiller ici signifie rester en alerte, les yeux et le cœur ouverts, soit l'intellect et l'émotionnel rassemblés en une

---
1. Jean, 12:35 sq.
2. Matthieu, 25:1-13.

intensité de concentration et d'attention extrêmes. Le Sauveur ou l'immanence évoqués dans cette parabole annoncent le miracle de l'irruption de l'inspiration dans un destin. Le terrain est prêt. L'être est éveillé. Tout peut arriver. La puissance de cet état d'être absorbe et transmute l'ensemble des paramètres environnementaux pour les intégrer au projet global.

Thomas Edison (1847-1931), pionnier de l'électricité, inventeur du cinéma et de l'enregistrement du son, auteur de plus de mille brevets d'invention, n'a cessé d'illustrer la fécondité d'une telle attitude. Autodidacte, car peu apprécié de l'institution scolaire en raison de son hyperactivité, il dévore tout seul les ouvrages de chimie, de physique et de mécanique qui le fascinent, tout comme les œuvres de Shakespeare et Dickens qui renforcent sa sensibilité sociale et sa détermination à contribuer à améliorer le sort de l'humanité. Soutenu par ses parents qui respectent sa détermination, il installe dès ses dix ans un laboratoire de chimie dans le sous-sol de la modeste maison familiale et poursuit ses investigations tout en enchaînant les petits boulots.

Cette double vie lui vaut d'être renvoyé l'année de ses douze ans quand, vendeur de journaux dans le train Port Huron-Detroit, il renverse un flacon de phosphore utilisé pour ses expériences menées entre deux services et met le feu au wagon ! Travailleur infatigable, passionné par ses inventions auxquelles il va consacrer sa vie, Edison accueille chaque aléa de son destin à l'aune de son inspiration. Ainsi d'une scarlatine qui le laisse partiellement sourd à treize ans, et qu'il en vient à considérer comme une bénédiction.

« J'étais exclu de cette forme particulière de relations sociales qu'on appelle le bavardage. [...] J'avais le temps et la disponibilité de réfléchir aux problèmes qui me préoccupaient[3]. »

---

3. Thomas Edison, *Mémoires et observations*, tr. fr. Max Roth, Paris, Flammarion, 1949.

Il ajoutera aussi, magnifique conclusion d'un destin d'explorateur passionné qu'il achèvera à quatre-vingt-quatre ans et en situation, sur son site industriel de West Orange :

« Le génie provient de un pour cent d'inspiration pour quatre-vingt-dix-neuf pour cent de transpiration. »

Constance, persévérance, obsession de la découverte et du labeur créatif, présence au monde et à ses besoins – ce que l'électricité assure au niveau le plus basique – et aussi à ses plaisirs – le cinéma – si l'on évoque deux inventions majeures de ce génie. Thomas Edison a également appris à ses dépens qu'un défaut d'attention ou qu'une erreur d'appréciation sur la sensibilité du monde conduisent sûrement à des non-succès.

« Ne jamais perdre du temps à inventer des choses que les gens ne seraient pas susceptibles d'acheter », a-t-il précisé, remarque évidemment pertinente au-delà de son caractère mercantile, acheter signifiant ici accepter. À travers les méandres de son destin, ce héros du XXe siècle technologique a en effet ouvert l'inspiration sur une dimension particulièrement féconde. Soit la présence à son époque.

CHAPITRE 8

Se montrer présent à son époque

Les admirateurs de l'inspiration romantique, éthérée, celle qui porte au-delà de ce que perçoit le commun des mortels, ne conçoivent pas que le phénomène s'ancre aussi dans la réalité, même triviale. Un fait divers, une catastrophe, un soulèvement politique, une affaire d'État fournissent autant de bases à des créations artistiques – sculpture, peinture, littérature, cinéma.

Ils servent aussi à inspirer les décisions de vie des individus. Exil mû par des désaccords politiques (Victor Hugo à Guernesey pour fuir et vilipender à son aise Napoléon III férocement surnommé Napoléon le Petit, ou, plus près de nous, les départs à l'étranger d'électeurs déçus de l'installation de la gauche au pouvoir en 1981 et 2012), hausse de la natalité (phénomène observé à New York dans la foulée du 11 septembre 2001), conscience environnementale renforcée à la suite des différents scandales écologiques, alimentaires, technologiques. Certains individus deviennent végétariens, d'autres s'essaient au « zéro impact » tel que mis en œuvre par le journaliste new-yorkais Colin Beavan[1] lors d'une année de reportage sur sa décroissance personnelle (plus de train, d'avion, de voiture, d'électricité, alimentation locavore, produits de toilette faits

---
1. Colin Beavan, *No Impact Man*, Paris, Fleuve Noir, 2010.

maison, troc et économie alternative...). D'autres s'interrogent, simplement, parce que la réflexion sur le réchauffement climatique et les équilibres écologiques planétaires plane dans l'égrégore collectif.

L'inspiration sert ici à capter la vibration d'une époque, ses orientations majeures. Pour un artiste, elle garantit l'élargissement de son œuvre à plus grand que lui ou comment sortir d'un périmètre qui devient forcément nombriliste s'il se cantonne à l'exposé de névroses individuelles. Ou alors, chance, ses névroses correspondent à la sensibilité d'une époque – ce qui est une façon de rallier l'inconscient ou l'égrégore collectif !

Ce principe, pris sous sa forme négative, fonctionne aussi.

Évoquons seulement la prolifération de partis politiques et de mouvements de « pensée » de droite, voire d'extrême droite dans l'Europe des années 1930. Isolationnisme, patriotisme agressif, xénophobie, antisémitisme, exaspération d'orgueils nationaux, revendications territoriales. Tous ces thèmes et d'autres encore, plus abominables, ont envahi la psyché de la majorité des Européens au point de provoquer près de vingt millions de morts en moins de dix ans. Pourtant, il n'y avait ni téléphone portable, ni Internet pour propager à la vitesse de la lumière ces thèses de destruction et de haine de l'autre. Simplement un nuage suspendu au-dessus de l'Europe qui se nourrissait des émanations funestes d'un cocktail de misère, d'humiliation et d'amertume – soit les séquelles d'une boucherie appelée Première Guerre mondiale. Hitler n'a fait que le capter, l'intégrer à sa folie personnelle et le décliner dans les faits, soutenu par les masses traumatisées et la contagion d'homologues voisins, « inspirés » à leur tour, même si plus faiblement : Staline, Mussolini, Franco, Horthy...

L'inverse sur le mode positif fonctionne aussi, heureusement, conduisant une personne à ressentir à ce point son époque qu'elle y trouve l'innovation juste. Le marketer d'une entreprise de biens de consommation ressentira à ce point les besoins ou les peurs (c'est souvent la même chose en langage marketing) de son époque qu'il créera le produit adéquat – un yaourt pour enfant positionné en potion magique à l'intention de parents anxieux, un téléphone portable qui charge les applications indispensables aux jeunes, réseaux sociaux, reconnaissance musicale..., un mode de restauration rapide plus écologique et sain que le jambon-beurre des bistrots *via* une *fusion food* bio, prestement distribuée en self-service.

Même l'institution psychanalytique, telle que doctement définie par les sectateurs des maîtres Freud et Jung, s'est trouvée bouleversée par les inspirations de l'École de Palo Alto depuis la fin des années 1960. L'émergence des thérapies dites « brèves » (programmation neurolinguistique, hypnose ericksonienne, analyse transactionnelle, gestalt...) correspond à l'accélération des rythmes, aux évolutions rapides du monde, à l'intégration du corps et des émotions, et surtout à une nécessité d'efficacité thérapeutique qui ne comptait pas comme objectif premier du travail analytique classique. Une psychanalyse bien menée avait pour but de favoriser la compréhension, donc l'acceptation individuelle par le patient de son archéologie personnelle, de l'architecture spécifique de son existence, sans en modifier de façon prioritaire les paramètres dérangeants (blocages, phobies, peurs...).

Aujourd'hui, ce sont ces mêmes paramètres qui sont pris comme cibles du travail thérapeutique. La volonté de changement l'emporte sur l'acceptation de son destin, ce qui conduit à un bouleversement paradigmatique dans la notion de « travail sur soi ». Et à une vulgarisation rapide de ce type de démarche, relayée par des médias spécialisés (*Psychologies Magazine*, *Clés*, les rubriques « psychologie » de l'ensemble des magazines féminins).

Car seule la sensibilité à son époque, qu'elle soit d'inspiration technologique (Thomas Edison) ou psychologique (l'École de Palo Alto), inspire la création juste. Ce principe explique le phénomène des hits musicaux, des stars planétaires, des succès cinématographiques au box-office ou encore des best-sellers littéraires. Quand on regarde ces œuvres à la lumière de cet inconscient collectif, on constate régulièrement la prégnance en leur sein d'une idée, d'une aspiration ou d'un mouvement d'époque. Elvis Presley, Brigitte Bardot, Madonna, Lady Gaga, entre autres stars planétaires, ont raflé ce mouvement à leur profit en incarnant respectivement des aspects de glamour masculin, de sex-appeal féminin ou encore de provocation érotique évoluant du registre de l'excès crypto-pornographique à celui de la dérision postmoderne.

De façon plus ordinaire, la sensibilité qui conduit à ressentir son époque de façon si forte qu'on se place délibérément dans son courant apporte des grâces de fluidité et de renouvellement.

Arthur, l'un de mes confrères coach, a développé cette réceptivité à son époque au point d'en vivre au plus juste les évolutions. Trader à Londres à la fin des années 1980, il a ensuite ressenti l'élévation de conscience du New Age des années 1990 et changé de voie. Après avoir effectué un coaching de réflexion sur lui-même et sur le sens qu'il souhaitait donner à sa vie, il a choisi de s'accorder une année sabbatique pour se former comme professeur de yoga et comme coach, en se livrant à sa passion de l'escalade. Les années 2000, qui ont conforté son succès professionnel dans son nouveau métier, l'ont aussi conduit à se créer un lieu alternatif de centrage et ressourcement en dehors de Paris, dans la Provence agricole qui a correspondu à sa recherche d'authenticité. Il est parvenu à allier son besoin de raffinement et de sécurité matérielle à une exigence de vérité par rapport à son époque. Depuis cinq ans, son approche personnelle de la « crise » économique qui fige notre pays passe par des choix à la fois originaux et pour autant d'inspiration collective :
« J'ai vendu ma voiture, m'a-t-il annoncé il y a deux ans. Je circule en vélo maintenant. Je m'en servais une fois par mois à cause des embouteillages. C'est inutile quand on vit à Paris. »
Puis, un an plus tard :
« J'ai résilié mon contrat de location d'appartement. Cela ne sert plus à rien depuis que je me suis séparé de ma compagne et que ma fille est partie étudier dans un campus loin de Paris. Je m'installe en colocation dans un trois pièces de quarante

mètres carrés avec le fils d'une de mes amies, vingt-deux ans, étudiant en psychologie. »
Puis, deux ans plus tard :
« Je viens de m'installer en couple avec ma nouvelle copine, une professeur de yoga que j'ai rencontrée *via* la colocation avec mon ami étudiant. On a trouvé une location de type Airbnb [système de location saisonnière chez des particuliers NdlR]. Cela nous arrange dans la mesure où nous avons décidé de ne passer que trois jours par semaine à Paris et de vivre le reste du temps dans le Sud. »
Arthur recrée sa vie régulièrement, ce qui a pour conséquence qu'il ne vieillit pas, physiquement ou moralement. Ce phénomène procède d'une réflexion inspirée sur son hygiène globale de vie, sur ses besoins de ressourcement, sur la qualité de ses relations, tant amicales que professionnelles. Il prend constamment le pouls de son époque pour en épouser les pulsations qui lui correspondent. Cette introspection inspirée fait de lui un « branché » de l'intérieur, c'est-à-dire une personne éveillée. Il vit avec légèreté, connecté aux évolutions du monde.

Ce flux et reflux, échange inspiré entre un individu et son époque, constitue un moteur de créativité infinie pour qui sait trouver dans les circonstances historiques de son existence un cadre d'introspection.

Ainsi, Spielberg s'est à la fois livré à l'autopsie du XXe siècle à travers plusieurs films consacrés à la Seconde Guerre mondiale (*L'Empire du soleil*[2], *La Liste de Schindler*[3], *Il faut sauver le soldat Ryan*[4]) et à une réflexion personnelle sur son identité juive. Il a poursuivi sa réflexion dans *Munich*[5], fiction inspirée par la traque menée par les services secrets israéliens pour éliminer les responsables du massacre de onze athlètes israéliens par le commando terroriste palestinien Black September lors des jeux Olympiques de Munich en 1972.

---

2. *L'Empire du soleil*, 1987.
3. *La Liste de Schindler*, 1993.
4. *Il faut sauver le soldat Ryan*, 1998.
5. *Munich*, 2006.

À travers les portraits croisés des commanditaires du massacre et des membres des services secrets israéliens détachés à travers l'Europe pour l'occasion, Spielberg se livre à une introspection puissante *via* Storch, son personnage principal. Qui venge qui ? La violence jaillit des deux camps en un cycle infernal de provocations et de représailles.

« Le mécanisme était déjà présent quand les eaux de la mer Morte se refermaient sur les Égyptiens », lâche un protagoniste.

À travers cette traque philosophique, métaphore du conflit israélo-palestinien, Spielberg parle de lui et de son positionnement par rapport à sa judéité. À l'issue de cette opération aussi justicière que meurtrière, son héros Storch s'installe à New York, estimant avoir racheté sa dette auprès d'Israël et renonçant donc à l'Alyah, soit le retour en Terre sainte, tel que prescrit par la Torah. Ce choix à dimension politique résume la position de Spielberg sur le sujet, tout comme celle de beaucoup de juifs américains.

Le cinéaste ramène un événement historique à la dimension de son existence et de ses problématiques, ce qui renforce la puissance d'inspiration de ses films. Par cet engagement profond illustré par une déclinaison créative de thèmes qui lui tiennent à cœur, il lui est ainsi plus facile de sensibiliser à des thèmes plus éloignés de lui, comme celui de l'esclavage (*La Couleur pourpre*[6], *Amistad*[7], *Lincoln*[8]), films qui questionnent nos idées sur le sujet en élargissant notre champ de perception à travers l'espace et le temps.

Ainsi dans *Lincoln*, son dernier film, nous sommes au XIXe siècle, aux États-Unis, confrontés aux enjeux de l'abolition de l'esclavage à travers le regard du héros éponyme et aussi celui des opposants. Nous nous déterminons peu à peu, en suivant l'évolution des débats, en appréciant le pragmatisme

---

6. *La Couleur pourpre*, 1985.
7. *Amistad*, 1997.
8. *Lincoln*, 2012.

parfois *borderline* d'un homme qui fera passer de façon très limite une mesure pour autant très légale. Saut quantique. Cent cinquante ans plus tard, conséquence du grand œuvre qui vaudra à son auteur d'être assassiné quatre mois plus tard par un fanatique sudiste, le XIIIe amendement à la Constitution américaine qui abolit définitivement l'esclavage placera à la tête de la première puissance mondiale un président noir !

Regarder le visage d'un spectateur sortant d'une projection de *Lincoln* donne une idée de la puissance de l'inspiration dans nos psychés. Victoire, l'amendement est passé ! Enthousiaste, les yeux brillants, il vient de vivre une réussite personnelle où la notion de procuration est abolie par la proximité émotionnelle du média cinéma. Il est inspiré et reportera cette énergie sur sa vie personnelle, même si elle le confronte à des problématiques d'ampleur moins historique. Cet aller-retour entre la grandeur du collectif, des épopées qui l'animent, et la trivialité de nos quotidiens constitue le secret de l'inspiration. D'où l'importance de la qualité éthique et artistique de celle-ci dans nos destins.

CHAPITRE 9

Choisir des fréquentations inspirantes

Il fut une époque où les mères surveillaient les fréquentations de leurs enfants, attentives à ce qu'ils ne traînent pas avec n'importe qui sous prétexte que « qui se ressemble s'assemble ». La proximité d'autrui vous faisait contacter ses convictions, son mode de vie, ses comportements, avec les risques qu'une telle imprégnation comportait. Cette vigilance reste d'actualité. Il existe des individus, des lieux, des musiques, des distractions non inspirantes, qui engluent, étouffent, limitent et, à terme, tuent l'inspiration. Ou, plus grave, distillent une inspiration mauvaise, celle qui souffle l'esprit de destruction et nous place sur une pente d'entropie et de chaos psychique telle que la décrit le psychiatre américain Mihaly Csikszentmihalyi[1].

Un des paradoxes que je rencontre quand je coache des dirigeants attentifs à leur marketing personnel, désormais qualifié de *personal branding*, tient au déséquilibre qu'ils créent entre leur corps et leur esprit. Minces, musclés, intarissables sur les vertus des régimes dissociés, la nécessité de privilégier une alimentation biologique en éliminant gluten et autres

---

1. Mihaly Csikszentmihalyi, chercheur et inspirateur de la psychologie positive, a notamment écrit *Vivre. La psychologie du bonheur, op. cit.*

produits laitiers de leur quotidien, ils prêtent à leur apparence un soin de chaque instant. Salons d'esthétique, coachs sportifs à domicile, séjours en thalasso, botox, acide hyaluronique, liftings, soins au laser ou à la lumière pulsée, toutes ces parades contre le vieillissement s'incorporent à leur routine très tôt, à titre d'assurance sur l'avenir.

En revanche dès qu'il s'agit de la nourriture donnée à leur esprit – ne parlons même pas d'âme – le traitement s'avère indigent. Tabloïds et magazines people, films d'action grand public, et surtout, télévision en quantité, jamais en qualité. Ce remplissage mécanique, mû par la peur du vide et la sécurité de supports facilement accessibles, se révèle incompatible avec la disponibilité requise pour l'inspiration. Sans parler de la perte, radicale, d'une innocence qui contient tous les possibles. Rien ne naîtra de beau chez le téléspectateur trimbalé d'un jeu télévisé de singes savants suspendus au sourire banane de l'animateur à une émission de téléréalité sur les femmes battues, les enfants abusés ou encore les couples libertins. Oui, les fréquentations comptent et tout autant que celles de certaines personnes néfastes, celle des médias grand public peut affaiblir, voire détruire l'inspiration.

La fréquentation de certains lieux compte aussi pour favoriser ou, au contraire, inhiber l'émergence du phénomène. Elle dépendra de la sensibilité de chacun, de ses ancrages affectifs ou émotionnels dans tel paysage, telle maison ou telle région. Les lieux émettent sur des taux vibratoires particuliers liés aux forces telluriques ou cosmiques qui les animent. Certains sont notoirement connus, tôt identifiés par les pratiques et traditions religieuses, qu'elles soient d'inspiration alchimique, mégalithique, celte ou catholique – et souvent dans cette séquence chronologique : le Mont-Saint-Michel, Carnac, Vézelay, les châteaux cathares, par exemple. De façon plus ordinaire, il a été repéré que la présence d'air ionisé tel qu'on le trouve en bord de mer, en haute montagne, ou encore à côté de cascades et autres chutes d'eau, augmente le taux vibratoire humain, ce qui se traduit par une amélioration de l'humeur ainsi qu'une amplification de l'énergie tant physique que mentale – tous combustibles favoris de l'inspiration.

Les êtres humains peuvent jouer le même rôle, certains avec une puissance qui n'a que faire de leur présence ou non à nos côtés. Morts ou vivants, ils nous inspirent et nous élèvent au-delà de nos limitations. Les circonstances historiques favorisent cette puissance d'inspiration, à travers des conflits, des révolutions ou des guerres qui placent les êtres dans des circonstances extrêmes où l'essentiel de l'âme se révèle.

Barack Obama a ainsi rendu hommage à Nelson Mandela, son « héros » selon ses propres mots, celui qui l'a inspiré et a aussi inspiré le monde. Dans une conférence de presse tenue à Pretoria, en Afrique du Sud, en juin 2013, il a célébré celui qui, selon ses mots, « est une source d'inspiration pour moi [...] une source d'inspiration pour le monde [...] et qui parle à quelque chose de très profond dans l'esprit humain ».

Dans un autre style et à une période historique différemment dramatique, Etty Hillesum joue ce rôle pour moi. Cette jeune femme, juive hollandaise, mondialement connue par l'édition *post mortem* de ses journaux et lettres écrits pendant la Seconde Guerre mondiale, a incarné l'inspiration en acte dans ses deux ans de vie au camp de transit hollandais de Westerbork (1942-1943) avant d'être transférée à Auschwitz où elle est morte trois mois plus tard. Ayant sollicité du Conseil juif d'Amsterdam un emploi d'assistance aux personnes en transit à Westerbork, elle s'y fait transférer sans jamais, même lorsque l'étau se referme sur l'ensemble de la communauté juive, accepter l'opportunité qui lui est offerte d'en partir, par fidélité à sa famille en attente de déportation, et surtout par engagement inspiré pour ceux qui l'entourent.

Sans fin, cette jeune femme de vingt-huit ans va circuler entre les uns et les autres, enfants, bébés, vieillards, tous fous de douleurs, perdus, malades. Elle va écouter, soigner, prêter secours, apporter de l'humanité au calvaire d'êtres promis à la mort, comme elle-même. Inspirée par son « soleil intérieur accroché entre ses côtes » cité plus haut. Cette inspiration fournit à Etty des ressorts d'humour et surtout une capacité à dépasser le caractère tragiquement irréel de la situation : « Le ciel est plein d'oiseaux, les lupins violets s'étalent avec un calme princier, deux petites vieilles sont venues s'asseoir sur la caisse pour bavarder, le soleil m'inonde le visage et sous nos yeux s'accomplit un massacre. Tout est si incompréhensible[2]. »

Inspirée, inconditionnellement présente, cette jeune femme exprime un tempérament et un engagement inconnus de sa vie « d'avant », telle qu'elle nous est relatée dans son journal intime commencé deux années plus tôt. Introspective et en même temps au service des autres, elle accorde jour et nuit son soutien tout en poursuivant une réflexion originale sur la situation, sur le sens à créer à partir de l'horreur qui l'environne, sur la résilience aussi qui amène l'être humain à développer des qualités d'adaptation, même dans l'horreur.

---

2. Etty Hillesum, *Une vie bouleversée. Journal 1941-1943*, Paris, Seuil, 1995.

CHAPITRE 10

Savoir aimer

Qualifiée par des témoins de « radieuse » tout au long de sa détention, Etty Hillesum va multiplier les milliers d'actes quotidiens au service des détenus pour rendre moins abominables la promiscuité et la détresse. En revanche, dans ses moments de solitude, elle se recentre autour d'épanchements spirituels, d'inspiration mystique :

« Aussi, désormais, j'essaie de vivre au-delà des tampons verts, rouges, bleus et des listes de convois. Je vais de temps en temps rendre visite aux mouettes, dont les évolutions dans les grands ciels nuageux suggèrent l'existence de lois, de lois éternelles d'un ordre différent de celles que nous produisons, nous autres hommes. »

Ces lois éternelles, la jeune femme les a sans doute approchées à travers sa joie miraculeuse et sa générosité offerte à tous. Elle a refusé d'échapper à la déportation vers Auschwitz pour rester proche de ses parents. Elle a éprouvé en son cœur la source d'inspiration ultime, sur laquelle nous terminerons ce chapitre. L'amour. Comment l'éprouver davantage que dans le désespoir d'un camp de transit ?

« Beaucoup ici sentent dépérir leur amour du prochain parce qu'il n'est pas nourri de l'extérieur. Les gens ici ne vous donnent pas tellement l'occasion de les aimer, dit-on. "Cette masse est un monstre hideux, les individus sont pitoyables", a dit quelqu'un. Mais pour ma part, je ne cesse de faire cette expérience intérieure : il n'existe aucun lien de causalité entre le comportement des gens et l'amour que l'on éprouve pour eux. Cet amour du prochain est comme une prière élémentaire qui vous aide à vivre. »

Si les mots d'Etty Hillesum se substituent aux miens dans ce dernier chapitre, c'est par dévotion. Cette jeune femme m'inspire depuis le jour où j'ai découvert ses écrits. Son intensité, sa joie, sa capacité visionnaire m'émeuvent en continu tout en me rappelant les essentiels de ma vie, si éloignée de ce qu'elle a traversé. À travers sa conscience de son environnement, sa capacité à ressentir l'instant, à donner à autrui tout en restant connectée à son centre, elle a réussi à vivre pleinement ces journées d'horreur. Elle s'est mise « au service », mission qu'elle s'était donnée de se poser en témoin de l'histoire juive à cette époque tragique.

L'amour, qui ne signifie plus grand-chose quand on le voit médiatisé à tout-va, galvaudé et banalisé comme une denrée à consommer, vaut ici par le rayonnement qu'il prête à la moindre pensée, émotion, décision qu'il inspire. Il la nourrit de l'intérieur, même quand il regarde de l'extérieur. Qui ne s'est senti embelli, renforcé, énergisé dans la vibration d'amour ?

« Entrer dans la lumière d'un regard aimant[1]. »

Même, et cela prêtera une touche plus badine à notre réflexion, les designers les plus starisés, comme Philippe Starck, reconnaissent avoir besoin de ce carburant d'amour pour inventer et se renouveler – ce qui devient assurément plus complexe après quarante ans de succès.

Ainsi pour la création de la ligne de salles de bains allemande Axor Starck Organic au service de la marque pour laquelle il collabore depuis plus de vingt ans, l'icône mondiale

---

1. Christian Bobin, *L'Inespérée*, Paris, Gallimard, 1996.

du design a placé, dans une interview récente[2], sa création sous le signe de l'amour – sans l'invoquer de façon directe.

> « Alors que je réfléchissais tout en cherchant l'inspiration autour de moi, j'ai réussi à trouver deux éléments conducteurs. Le premier a été une plante. Une plante est libre. Au printemps, lorsque l'on se promène en forêt et que l'on voit les bourgeons et les arbres verts, tout cela est très sexy. Une plante recèle une énergie incroyable et je me suis dit que cela devait être un indice. Par la suite, après être rentré à la maison, j'ai vu ma femme. Je l'ai regardée. Je me suis dit que j'avais trouvé un autre élément intéressant. J'ai regardé son corps et je me suis dit : "Wouaou. Rien n'est plus élégant que son corps." Je me suis dit que j'étais peut-être parvenu à une solution. Si je pouvais trouver une sorte de minimum, d'essentiel en tirant mon inspiration du corps humain et des plantes, peut-être que je tenais effectivement une solution. »

Solution ratifiée par la floraison de mitigeurs de douche, de robinets thermostatiques intégrés ou quatre trous, tous éléments de salles de bains d'inspiration très végétale qui reprennent les courbes du corps humain et la vitalité de la nature.

Certes, on ne retrouve pas l'amour façon Etty Hillesum dans cette séquence d'inspiration logique, familière au designer ! Néanmoins l'impulsion nécessaire – prendre le temps de regarder et se laisser aller à ressentir – est là. Même et surtout devant l'épouse qu'on s'est choisie depuis au moins quelques années ! Avec les cadeaux de connexions, de liens et de créativité qui en découlent.

Savoir regarder, c'est savoir aimer. À partir de là, tout est possible. Si on prend, à titre d'exemple, les soixante-dix tableaux peints en deux mois par Van Gogh lors de son séjour inspiré à Auvers-sur-Oise, cet épanchement d'amour qui aura raison de sa propre vie, ou encore l'œuvre monumentalement polymorphe (essais, pamphlets, romans, poésie, théâtre,

---

2. Interview de Pauline Polgar pour *Maison à Part*, septembre 2012.

dessins, photos) d'un Victor Hugo, passionnément amoureux de son époque et des convictions humanistes qu'il y défend, on y découvre une puissance d'inspiration qui traverse les siècles. Une énergie qui déchire les limitations humaines. Qui ouvre à une dimension d'éternité.

Ce secret de vie magnifie nos vies et amplifie nos destins, les plaçant dans un espace hors temps que résume ainsi le poète William Blake[3] :

« Voir un univers dans un grain de sable
Et un paradis dans une fleur des champs
Retenir l'infini dans la paume de la main
Et l'éternité dans une heure. »

---

3. William Blake, « Auguries of Innocence » (1803), tr. fr. Pierre Boutang, in *Chansons et mythes. Poèmes choisis*, Paris, La Différence, 1989.

Conclusion

Nous voici parvenus au terme de cette promenade autour, vers et au gré de l'inspiration. On ne pénètre jamais, en effet, au cœur de l'inspiration et c'est ce mystère, cet espace infrangible qui en fait un objet d'observation et de ressenti subtil, essentiellement libre. De la même manière qu'on ne pointera pas l'absence ou l'excès d'inspiration d'un élève sur son bulletin scolaire, ou plus tard qu'on n'évaluera pas le degré d'inspiration d'un cadre postulant pour un poste en entreprise – à l'inverse de l'imagination ou de la créativité qui, elles, entrent dans la nomenclature des compétences officiellement répertoriées –, on n'abordera jamais de façon frontale l'inspiration.

Le phénomène, on l'a vu, réunit un faisceau délicat d'éléments mêlant le contexte, l'ouverture du sujet, sa capacité à recevoir les messages, quelle qu'en soit la forme. Ces conditions se favorisent, mais ne s'enseignent pas. Et le phénomène d'inspiration peut, de ce fait, survenir. Ou pas.

Pour ces différentes raisons, on peut comparer le surgissement de l'inspiration à celui de la grâce, si tant est que le phénomène intègre un principe d'élection subtil, susceptible d'éclairer l'existence d'une autre façon. À cet instant, nous sortons de l'emprise de la matière et de ses lois ordonnées par le *chronos* qui, immanquablement, tendent vers l'entropie selon le cycle naissance-vie-mort. En état de grâce ou encore d'inspiration, car ces deux états d'ouverture subtile sont du même ordre, nous ne nous considérons plus comme un agrégat de cellules soumises à un lent mais sûr processus de dégénérescence depuis l'âge de nos vingt ans – selon la datation officielle.

Nous accédons à notre singularité, à notre essence, à notre réalité la plus subtile, celle qui reflète notre âme. Cette réalité s'exprime à travers des impulsions, des envies, des désirs, mais aussi des souffrances, des prises de conscience parfois laborieuses, des mises en action subites, au déclenchement inexplicable selon les lois de la raison. Comme si le phénomène ouvrait sur des dimensions différentes qui se perçoivent plus qu'elles ne s'appréhendent concrètement par le canal des sens ordinaires.

Magique, l'inspiration ? Assurément, tant elle nous engage à éprouver notre destinée de façon large, puissante, emplis d'une confiance en l'immensité de nos potentiels, en l'infinie richesse du monde qui les accueillera. Telle l'injonction de l'âme à l'oreille du promeneur en forêt qui contemple les arbres et leur frondaison, elle murmure :

– Tu crois n'être que cette feuille ? Erreur, tu es la forêt[1] !

Elle nous encourage à aller plus loin dans nos rêves et projets. Elle nous aide à comprendre que nos inhibitions ne correspondent qu'à des blocages ponctuels ou chroniques, ou encore à de vieilles histoires limitantes que nous nous racontons, des souvenirs de souffrances passées qui n'ont eu pour sens que de nous amener à cette seule réalité possible. Le présent. Maintenant. Le présent de main-tenant !

L'inspiration nous offre ce cadeau de retrouver en un instant l'innocence, cet enjouement spontané de l'enfance, l'enchantement de ce qui est et aussi de ce qui va venir,

---

1. Séraphie, séminaire Ammalianza, Ardèche 2012.

Conclusion

cette capacité décrite par Kierkegaard[2] de réinscrire son destin dans un *toujours nouveau*, forcément éclatant. Cette faculté de recommencer sa vie chaque jour plutôt que de se borner à la répéter. Cette puissance de *la reprise*, intensément voulue et vécue.

Projet éthique, conscience de la magie de l'existence qui nous rend authentiquement vivant, l'inspiration réunit l'intuition mystique et le quotidien le plus prosaïque au service de notre plénitude d'Être.

Elle nous accomplit.

---

2. Sören Kierkegaard, *Étapes sur le chemin de la vie*, Paris, Gallimard, « Tel », 1979.

Postface « inspirée »

On ne sort pas indemne d'un livre sur l'inspiration, surtout quand on l'écrit. Ce thème ne m'avait pourtant pas été imposé. Je le chérissais depuis des années et attendais d'avoir les éléments nécessaires pour l'approfondir. Les rencontres avec les héros des huit récits avaient eu lieu. Chaque jour, mes clients en thérapie, psychanalyse ou coaching affinaient ma compréhension des enjeux de l'inspiration dans une vie, de la souffrance et du manque diffus qui proviennent de son absence, de la difficulté de la retrouver lorsqu'on l'a laissée s'éteindre.

Le moment était venu de transmettre. On n'est pas coach pour rien et la propension à « faire grandir » fait partie du code génétique de ce métier de soutien à la performance – ce qui en fait son intérêt et aussi ses limites. Car c'est la coach en moi, et non la psychanalyste, qui a abordé ce projet d'écriture. Et l'a mené selon ma méthode habituelle, le « musculaire ».

Travailler « au musculaire » signifie s'attaquer à un sujet – concours, apprentissage, écriture, achat immobilier – en force, sur un mode qui ne laisse aucune place à l'échec. Investissement absolu. Seule issue possible, le succès. *Comme si ma vie en dépendait.* Ce mantra personnel, issu de traumas d'enfance générateurs d'un ressenti de lutte permanente, a puissamment formaté mon parcours. Il a parfaitement convenu aux exigences du système – grande école, concours et performance en entreprise – pour ma plus grande adaptation sociale.

Il a, hélas aussi, induit une capacité de scission infinie entre mes ressentis, ma sensibilité, et ma tête, obstinée, perfectionniste. Cette scission s'est également appliquée aux relations entre ma tête et mon corps, que je ne considérais que comme un vassal chargé de me conduire au mieux sur ce chemin d'obstacles.

– Avance !

Ainsi, pensais-je, mon arsenal habituel – énergie, concentration et discipline quotidienne – allait se mettre au service de ce projet qui n'était que mon huitième livre. Inspiration, nous voilà ! Bien sûr, les horaires allaient s'étirer, le réveil se faire plus matinal, les journées plus longues. Les week-ends se trouveraient alourdis d'un labeur additionnel à celui de la semaine, mais quelques mois d'effervescence auraient raison du projet.

Quand l'incontrôlable s'impose

Rien ne s'est passé comme prévu. L'inspiration a déjoué mes plans. Mieux, elle m'a *retournée*, comme on dit dans les récits mystiques, quand la grâce s'abat, faisant voler en éclats les certitudes, bouleversant les projets, rebattant les cartes existentielles pour créer un jeu neuf. Totalement imprévisible. Absolument salutaire.

J'ai attaqué le sujet en écrivant tôt le matin, avant les sessions de psychanalyse et de coaching. Quelques conférences, séminaires et vacances ont troublé le rythme, sans plus de conséquences. En revanche, cette scission de rythme journalière, telle que je l'avais déjà mise en place pour l'écriture d'autres livres, s'est avérée difficile à tenir sur la durée. Ma décision de ne pas démarrer ma journée professionnelle avant dix heures m'a coûté des rendez-vous et a constitué un bras de fer avec certains clients. J'ai senti l'énergie se transférer sur l'écriture, aux dépens d'une tonicité commerciale propre aux développements de mon activité. En résumé et pour paraphraser le jargon psychanalytique, le déplacement libidinal sur l'écriture a entraîné une forme de désaffection pour l'extérieur.

Inquiète de ce phénomène, j'ai tenté de corriger la trajectoire en saturant mon emploi du temps. Une stratégie de fuite dans l'action, des missions de coaching superfétatoires à caler dans des semaines saturées, des rendez-vous démultipliés sur des horaires de plus en plus tardifs, des tâches administratives reléguées aux plages de repos où j'aurais pu récupérer. Je ne m'arrêtais plus, prise dans un enchaînement où il me semblait devoir payer par un labeur de bête de somme les trois heures que j'avais accordées à mes écrits le matin. J'avais même supprimé les déjeuners – parenthèses d'échanges qui me servaient de sas de décompression.

Ce livre sur l'inspiration m'avait placée dans une logique de performance ascétique. Une sorte de rythme de classe préparatoire pour adulte. Parce qu'en plus de cette ascèse journalière, il fallait continuer à assurer le quotidien d'une famille recomposée comprenant trois adolescentes d'interaction relationnelle délicate et une vie de couple intégrant projets communs, dont l'achat d'un appartement avec son lot de visites associées et... activités parallèles. De la danse deux soirs par semaine, du chant *via* des cours et une session hebdomadaire d'impro jazz dans une école de jazz du nord de Paris jusque tard dans la nuit. Sans oublier la répétition hebdomadaire du groupe de rock amateur que nous avions créé deux ans auparavant avec mon compagnon, où j'intervenais comme clavier permanent et chanteuse occasionnelle.

Toutes ces activités, nocturnes, comportaient une bonne dose de travail associé ainsi que des échéances à la clef : spectacles et concerts à préparer.

Bref, une foultitude de projets intéressants, pris individuellement, mais dont l'empilement forcené, sans respect pour moi et mes limites, ce que j'appellerai mon intégrité car le phénomène auto-administré induit une logique d'abus, m'a conduite à un état de surmenage. Phénomène absurde. Fonctionnant en activité libérale depuis plus de dix ans, je n'avais aucun stress extérieur à gérer sinon celui que je m'infligeais à moi-même ! Or de six heures du matin à minuit, je vivais en pilotage automatique, un enchaînement sans récupération ni pause pour intégrer ce qui venait de se passer. Pourtant je donnais l'impression d'avoir une vie « tellement riche », comme le commentaient les rares amis que j'avais le temps d'écouter. Tout cet univers créatif à côté ! Oui, si l'on est suffisamment détendue pour l'apprécier, car moi, je ne ressentais aucun plaisir, comme si ces activités surajoutées à des journées compressées devenaient une tâche professionnelle de plus.

Telle une maison assiégée qui ne renouvelle ni son air ni ses victuailles, j'ai peu à peu dévoré mes ressources propres pour nourrir cet emploi du temps infernal... jusqu'à m'en trouver exsangue. Et bien sûr, aboutir à des effets indésirables tels que tension permanente, ressenti de détresse et tristesse de fond. Je m'y noyais, la tête sous l'eau, étouffant sous une poigne d'acier.

Le paradoxe de l'« arroseuse arrosée » s'est imposé à moi. Dans mon activité et le contexte urbain qui l'environne, le burn-out est légion, phénomène d'usure insidieux qui prend des mois, voire des années à s'installer. État d'épuisement, bien sûr, mais aussi d'assèchement symbolique de l'être, comme si la source énergétique vitale s'était tarie. Prise sous le joug d'une pression interne aux ressorts psychologiques souvent aussi évidents que résistants, la personne s'épuise – et la construction pronominale du verbe insiste bien sur le caractère auto-infligé du phénomène. Elle épuise soi, ou plutôt Soi, la flamme de l'âme en elle. Son regard devient terne, sa vibration personnelle autrement appelée *aura* se réduit, sa présence s'efface. Elle se racornit. On a l'impression qu'elle rétrécit. Réduction de l'espace vital.

L'enjeu consiste à en prendre conscience suffisamment tôt car la pente s'avère délicate à remonter, ce qui peut favoriser les états dépressifs plus ou moins chroniques. Moi qui m'occupais de cette problématique pour mes clients n'avais pas remarqué qu'elle était en train de me concerner. Alors que, paradoxe, je vantais au fil des pages du livre que j'écrivais le centrage personnel, l'attention portée à soi et aux signes du monde, la nécessité du ressourcement, je ne le vivais pas.

Pourtant, je croyais fondamentalement en ce que j'exprimais. Les huit protagonistes dont je racontais le cheminement m'avaient sincèrement marquée. Tout se passait plutôt comme si, prise par l'intensité de ces pressions et décentrages multiples – d'écriture, de travail, d'activités, de vie familiale –, je négligeais de prendre le temps nécessaire pour prêter attention à la personne la plus importante de l'édifice. Moi-même. Heureusement, l'inspiration m'a rattrapée au vol et de façon littérale. Elle a utilisé son véhicule d'urgence, celui qu'elle réserve aux cas extrêmes. Le corps.

Quand l'inattendu arrive

Les signaux du corps, leur signification somatique si l'on en croit la *langue des oiseaux* des alchimistes, à savoir les associations secrètes entre les sons et le sens, prêtent à la maladie, ou « mal a dit », un rôle clef dans la conduite de nos vies. Le corps, organe d'expression de l'inconscient, révèle les malaises que nous ne voulons pas regarder. Il joue un rôle actif dans le cheminement de nos destins en décidant du rythme de nos vies, en l'altérant, en l'arrêtant parfois. Il porte une force d'inspiration qui passe aussi par des problèmes de santé ou encore par des accidents. Tous aléas qui, loin de nous éloigner de nos projets, peuvent nous en rapprocher d'une façon surprenante. Comme je l'ai vécu.

Prise dans mon faisceau de contraintes, je tenais, minée par une grisaille intérieure qui ternissait ma joie de vivre. Je fonctionnais et répondais aux sollicitations de façon mécanique, comme beaucoup de personnes en état de burn-out non détecté.

    Un dimanche midi, j'ai accepté sans envie la proposition de mon compagnon de l'accompagner pour un jogging. La pluie, la température maussade pour la saison et une séance d'écriture matinale me donnaient plutôt l'envie de rester au chaud. Mon sens de la responsabilité et une forme de culpabilité liée au fait de penser à ma petite personne m'ont replacée dans une dynamique de service. Besoin de moi ? Je suis là.

    Chaussée de mes baskets, je me suis mise à trotter sur un chemin boueux qui longeait la Seine, dans le sens inverse du courant – précision qui prendra tout son sens plus tard. Le ressenti de l'activité s'avérant désagréable – froid et humidité –, j'ai coupé cette connexion pour réinvestir celle du mental, intarissable.

    « Bonne idée », a jubilé celui-ci. Et de me présenter une liste de thèmes passant de la gestion du déménagement imminent au suivi des travaux en cours dans le chantier du nouvel appartement qui promettait de prendre du retard et autres dilemmes logistiques impossibles à régler pour qui, baskets aux pieds, se concentre pour éviter les flaques d'eau. Ou devrait se concentrer.

    « Et si... », ai-je lancé en bondissant au-dessus des marches d'un escalier caché sous la mousse détrempée tout en me tournant vers mon compagnon. Le « si » n'a pas eu de suite. Ma cheville est retombée contre le bord externe de l'escalier, et, telle une chiffe molle, s'est retournée avec une laxité contre nature qui m'a arraché un hurlement de toutes mes tripes. Déflagration, brûlure, impression d'étouffement – la douleur se verbalise difficilement. (Mais sur l'échelle de l'urgentiste rencontré plus tard, elle montait au maximum.) Le corps baigné de sueur et avec ce goût de nausée qui annonce la syncope, je suis restée immobilisée quelques minutes, recroquevillée de douleur. Puis, comme je n'avais pas compris ce que l'inspiration du jour m'avait asséné, je me suis redressée.

– Allons-y !
– Tu ne crois pas que..., a tenté mon compagnon.
– C'est bon, ai-je tranché, formule absurde et antiphrase mécanique, car je ressentais tout le contraire.

Et de reprendre un trottinement d'une centaine de mètres, tellement surréaliste que j'en ai oublié, dans un premier temps, d'avoir mal. Un matelas sans ressorts, une voiture sans suspensions, soit une cheville sans ligaments. J'ai passé le reste de la journée en déni, refusant de voir la cheville enfler et ma souffrance s'accroître. Le soir, devant le gonflement spectaculaire, rouge et marbré d'hématomes de cette partie de mon corps, je me suis finalement évanouie, ce qui m'a conduite aux urgences pour un diagnostic.

« Une belle entorse, m'a-t-on complimentée, avec déchirure des ligaments. Un mois d'attelle minimum, immobilité, jambe levée. »

Lève le pied. Tel était le message, l'inspiration de mon corps pour moi à ce moment-là. Toujours fermée, je l'ai négligé pendant la première semaine, utilisant mon attelle comme une sorte de chaussure disgracieuse mais pratique, aménagée pour me permettre de conserver mon rythme entre déplacements professionnels et activités extérieures. Marche, métro, escaliers, je souffrais en permanence, mais ne prenais pas le temps de m'arrêter pour accueillir la réalité de la personne diminuée que je ne voulais pas être. L'état de ma cheville au bout d'une semaine de ce rythme, encore plus gonflée et rouge, a tranché. Je ne pouvais plus marcher.

Quand l'inspiration est accueillie

J'ai alors accepté l'immobilité, pris des taxis pour aller travailler, et supprimé ce qui n'était pas nécessaire – soit tout le reste. Finies les activités « extrascolaires », les contraintes supplémentaires, la pression des engagements tardifs, le ventre vide jusque tard dans la nuit. Je travaillais pied surélevé dans la journée et le soir, je regagnais le canapé de mon appartement. Plus de sport, plus de répétitions, plus de déplacements. Ce qu'on appelle lever le pied. J'ai évidemment souffert de l'absence d'exutoire physique et émotionnel. Et peu à peu, car le phénomène a mis du temps à s'établir tant j'étais en colère contre la violence de ce que j'avais le sentiment de subir, je me suis ouverte aux inspirations de la situation. Mon corps me parlait.

Tu cours à contre-courant de la rivière ou de ta vie, de tes aspirations, de ton rythme personnel. Tu es beaucoup plus calme que la vie que tu mènes.

Les deux mois de ralentissement qui ont suivi m'ont apporté des compréhensions que je ne soupçonnais pas. Un accès à une autre humanité, d'abord, celle des personnes fatiguées, âgées ou malades, tous ceux qui marchent péniblement, qui grimpent avec difficulté dans les rames de métro, toutes ces personnes qu'on évite et dépasse, irrités de les voir nous freiner dans notre élan. Quand on marche en boitant ou avec des béquilles, le retard des autres sur vous change. Le « vous ne servez à rien » n'est pas loin, surtout pour ceux qui n'ont plus l'âge d'intégrer la population dite *active*.

Ce nouvel état m'a aussi éclairée sur la psychologie de mes interlocuteurs, certains tirant profit de la situation pour se placer en position haute, tendance infantilisante – « Alors, qu'est-ce que vous nous avez encore fait ? » –, d'autres se lançant dans une liste d'anecdotes d'entorses, rarement positives d'ailleurs tant le négatif d'une situation attire le négatif d'autres situations.

Et pour autant, ils m'ont amenée à distancier mon émotionnel, au début révolté devant cette défaillance physique inadmissible, des réactions de mon environnement. Mieux, ces réactions, rarement adroites comme nous l'avons vu, sont devenues des sources d'inspiration privilégiées. Le phénomène, il est vrai, m'était apparu à travers l'histoire du psychiatre Milton Erickson, l'inventeur de l'hypnose qui porte son nom.

Postface « inspirée »

Atteint d'une forme grave de poliomyélite à dix-sept ans, soit immobilisé dans son lit sans pouvoir bouger autre chose que les paupières et les lèvres pour parler, il a construit les fondements épistémologiques et, plus tard, théoriques de l'hypnose et de la PNL (programmation neurolinguistique) en observant les personnes autour de lui. Depuis son lit, il a repéré les décalages entre les propos des gens et les mouvements de leur corps, initiant le corpus d'études qu'il a livré par la suite sur le langage non verbal. Il a, pour dépasser la douleur, également mis en pratique de façon spontanée l'autohypnose, système de régulation de la souffrance et des affects négatifs.

Milton Erickson a démontré que toute situation ou tout langage *anormal* du corps pouvait présenter un intérêt pourvu qu'on accepte la situation et qu'on réfléchisse au message délivré à travers elle.

Car le corps joue le rôle de dernier rempart quand une personne se met à vivre sa vie « à contresens ». Avant, bien sûr, il nous envoie des signaux légers qui peuvent prendre la forme de *bobo*s ou autres problèmes de santé bénins. Ces menues corrections s'aggravent quand le message ne passe pas. Accidents ou maladies plus sérieuses prennent alors le relais, pour nous inviter à reconsidérer notre existence à l'aune de l'alignement individuel.

Si l'on paraphrase la plupart des traditions spirituelles, ésotériques ou non, cet alignement individuel implique un principe de cohérence entre la personne, ses valeurs et son mode de vie. Cet alignement conditionne la lumière qu'elle recevra et émettra. La notion de lumière, essentielle dans ces traditions spirituelles, qualifie la richesse des émissions réciproques du monde et de l'individu.

Quand il y a désalignement ou décentrage chez une personne, tout se passe comme si ces manques de cohérence créaient des obstacles, des nœuds à l'intérieur d'elle-même. Cette torsion bloque le passage de la lumière, la capacité à percevoir le subtil des émanations du monde – intuition, inspiration, amour aussi. Devenue « tordue » au sens premier du terme, la personne ne capte ni bien sûr ne renvoie rien. Son environnement se fait stérile, un désert d'ennui et de répétition du même. Elle ne donne rien non plus. Elle est coupée. Étrangère à elle-même et aux autres, elle se voit condamnée à ressasser des gestes et mimiques du vivant (manger, parler, marcher, sourire...) de façon mécanique, sans ressentis ni présence véritable à ce qui se passe autour d'elle.

Avant d'en arriver à ces extrêmes, insidieux et sans doute responsables d'un climat de peur et de négativité collective qu'on ressent parfois dans certains pays ou à certaines époques, il importe de rester en connexion avec son corps pour en percevoir les messages et, surtout, y apporter les correctifs nécessaires.

Pour en revenir à mon entorse, le choix de glisser du paradigme de performance à celui du plaisir a considérablement allégé la pression de cette année d'écriture. Au nom de cette mission qui requérait un esprit léger, ouvert et disponible, j'ai établi mes priorités en revenant sur ce que j'appelle mes *essentiels*. Écrire et dégoter le cadre nécessaire pour cela.

L'inspiration devait trouver son nid, ou plutôt sa maison – un concept qui fait partie de mes essentiels. Le refuge s'est fait breton. De l'air frais, du soleil grand vent, des hortensias et des papillons blancs, des parfums d'iode et le sourire d'êtres chers m'ont apporté les vitamines de joie et d'amour qui nourrissent l'inspiration dans toutes ses facettes. Pour écrire, bien sûr, tel était l'objectif, mais aussi pour éprouver, ressentir, célébrer. L'entorse a disparu d'elle-même, environnée qu'elle était de ce climat favorable. Et le livre s'est déployé. Merci à mon corps de m'avoir prévenue. Merci à l'inspiration de m'avoir ramenée à moi-même.

Bibliographie

Ancelin-Schutzenberger Anne, *Le Plaisir de vivre*, Paris, Payot-Rivages, 2011.
André Christophe, *La Force des émotions*, Paris, Odile Jacob, 2001.
Balmary Marie, *Le Sacrifice interdit*, Paris, Grasset, 1986.
Berne Éric, *Games People Play. The Psychology of Human Relations* (1973), tr. fr. *Des jeux et des hommes. Psychologie des relations humaines*, Paris, Stock, 1975.
Blanc Sahnoun Pierre et Dameron Béatrice, *Comprendre et pratiquer l'approche narrative*, Paris, InterÉditions, 2009.
Blanc Sahnoun Pierre, *Le Roi qui croyait à la solitude*, Lulu.com, 2012.
Bobin Christian, *Ressusciter*, Paris, Gallimard, « Folio », 2001.
Brune Élisa, *Pensées magiques*, Paris, Odile Jacob, 2013.
Byrne Rhonda, *Le Secret*, Québec, Un Monde Différent, 2007.
Byrne Rhonda, *The Power* (2010), tr. fr. *Le Pouvoir*, Paris, Guy Trédaniel Éditeur, 2013.
Cauvin Pierre et Cailloux Geneviève, *Deviens qui tu es* (1994), Gap, Le Souffle d'or, 3ᵉ éd. 2004.
Choquette Sonia, *À l'écoute de votre sixième sens*, Paris, Ada Inc., 2005.
Corneau Guy, *Le Meilleur de soi*, Paris, Robert Laffont, 2007.
Cottraux Jean, *La Répétition des scénarios de vie*, Paris, Odile Jacob, 2001.
Cottraux Jean, Page Dominique et Pull Marie-Claire, *Thérapie cognitive et émotions. La troisième vague*, Paris, Masson, 2007.
Csikszentmihalyi Mihaly, *Flow. The Psychology of Optimal Experience* (1990), tr. fr. *Vivre. La psychologie du bonheur*, Paris, Robert Laffont, 2004.
Curtay Jean-Paul, *Okinawa*, Paris, Anne Carrière, 2009.

D'Angelli Patricia, *Psychothérapie*, Paris, IFHE éditions, 2010.
De Bono Edward, *Comment avoir des idées créatives*, Paris, Leduc S. Édition, 2008.
De Bono Edward, *La Boîte à outils de la créativité*, Paris, Éditions d'Organisation, 2004.
Dethiollaz Sylvie, *États modifiés de conscience*, Lausanne, Favre Éditions, 2011.
Dürkheim Graf, *Dialogue sur le chemin initiatique*, Paris, Albin Michel, 1993.
Dyer Wayne, *Inspiration*, Éditions Ada, 2006.
Farrelly Frank, *Provocative Therapy*, tr. fr. *La Thérapie provocatrice*, Montréal, Satas, 2009.
Frankl Viktor, *The Will to Meaning* (1969), tr. fr. *Nos raisons de vivre*, Paris, InterÉditions, 2009.
Fromm Erich, *Le Cœur de l'homme*, Paris, Payot, 1979.
Hillesum Etty, *Une vie bouleversée Journal 1941-1943*, Paris, Seuil, 1985.
Hillesum Etty, *Les Lettres de Westerbork*, Paris, Seuil, 1989.
Jung Carl Gustav, *Métamorphoses de l'âme et ses symboles* (1950), tr. fr. Yves Le Lay, Genève, Georg Éditeur, 1993.
Jung Carl Gustav, *Dialectique du moi et de l'inconscient*, Paris, Gallimard, « Folio », 1986.
Jung Carl Gustav, *Les Racines de la conscience*, Paris, Le Livre de Poche, 1995.
Jung Carl Gustav, *L'Homme à la découverte de son âme*, Paris, Albin Michel, « Hors collection », 1987.
Jung Carl Gustav, *Ma vie. Souvenirs, rêves et pensées*, Paris, Gallimard, « Folio », 1991.
Jung Carl Gustav, *Types psychologiques* (1921), Genève, Georg Éditeur, 1997.
Jung Carl Gustav, *L'Âme et la Vie* (1965), Paris, Le Livre de Poche, 1995.
Jung Carl Gustav, *La Guérison psychologique*, Genève, Georg Éditeur, 1970.
Kierkegaard Sören, *Enten-Eller* (1843), tr. fr. *Ou bien... ou bien*, Paris, Gallimard, « Tel », 1984.
Krishnamurti, *The Book of Life*, 1995, tr. fr. *Le Livre de la méditation et de la vie*, Paris, Stock, 1997.
Lelord François, *La Force des émotions*, Paris, Odile Jacob, 2001.
Leloup Jean-Yves, *L'Absurde et la Grâce*, Paris, Albin Michel, 1991.
Lockert Olivier, *Miracles quotidiens*, Paris, IFHE éditions, 2008.
Lockert Olivier, *Hypnose humaniste*, Paris, IFHE éditions, 2006.

Bibliographie

Maslow Abraham, *Motivation and Personality* (1954), tr. fr. *Devenir le meilleur de soi-même : besoins fondamentaux, motivation et personnalité*, Paris, Eyrolles, 2008.
Miller Alice, *The Drama of Being a Gifted Child : A Search for the True Self* (1979), tr. fr. *Le Drame de l'enfant doué*, Paris, PUF, 2013.
Myss Carolyn, *Archetypes. Who are you ?*, New York, Hay House, 2013.
Pinkola Estés Clarissa, *Women who Run with the Wolves* (1992), tr. fr. *Femmes qui courent avec les loups*, Paris, Grasset, 1996.
Sharma S. Robin, *The Monk who Sold His Ferrari*, Toronto, HarperCollins Publishers, 1997, tr. fr. *Le Moine qui vendit sa Ferrari*, Paris, J'ai lu, 1998.
Singer Christiane, *Histoire d'âme*, Paris, Albin Michel, 1988.
Tolle Eckhart, *The Power of Now* (2009), tr. fr. *Le Pouvoir du moment présent*, Paris, J'ai lu, 2010.
Van Eersel Patrice, *La Source noire*, Paris, Le Livre de Poche, 1987.
Van Eersel Patrice, *La Source blanche*, Paris, Grasset, 1996.
Vézina Jean-François, *Les Hasards nécessaires*, Québec, Les Éditions de l'Homme, 2001.
Walsch Donald Neale, *Conversations avec Dieu*, Québec, Ariane éditions, 1997.
Watzlawick Paul, *The Language of Change* (1977), tr. fr. *Le Langage du changement. Éléments de communication thérapeutique*, Paris, Seuil, 1980.
Weiss Brian, *Only Love Is Real*, Londres, Piatkus, 1996.
Weiss Brian, *Same Soul, Many Bodies*, New York, Free Press, 1988.
Williamson Marianne, *A Return to Love* (1993), tr. fr. *Un retour à l'amour*, Montréal, Éditions du Roseau, 1993.

Table

INTRODUCTION 9

Première partie
L'INSPIRATION AU FIL DES SIÈCLES.
DU DON À L'ACCUEIL AU QUOTIDIEN 13

Deuxième partie
L'INSPIRATION EN ACTION.
HUIT HISTOIRES DE VIE 29

CHAPITRE 1
Thelma. Se laisser dérouter 31

CHAPITRE 2
Patricia. Suivre ses passions 49

CHAPITRE 3
Nicolas. Écouter son enfant intérieur 71

CHAPITRE 4
Jérémie. La force des rencontres 87

CHAPITRE 5
Isolde. Lâcher prise 105

CHAPITRE 6
Raoul. Percevoir les signes 121

CHAPITRE 7
Max. Vivre en état de flux 137

CHAPITRE 8
Ophélie. Tenir l'inspiration sur la durée 153

Troisième partie
L'INSPIRATION AU QUOTIDIEN.
COMMENT LA FAVORISER ? 171

CHAPITRE 1
Prendre le temps de se connaître 175

CHAPITRE 2
Délier les nœuds psychologiques et émotionnels 183

CHAPITRE 3
Être disponible 188

CHAPITRE 4
Faire preuve d'humilité 194

CHAPITRE 5
Voir avec le cœur 200

CHAPITRE 6
Travailler, s'efforcer, croire 215

CHAPITRE 7
Rester en veille 219

CHAPITRE 8
Se montrer présent à son époque 222

CHAPITRE 9
Choisir des fréquentations inspirantes 229

CHAPITRE 10
Savoir aimer 233

CONCLUSION 237

POSTFACE « INSPIRÉE » 241

BIBLIOGRAPHIE 251

DU MÊME AUTEUR

Romans

Ombres Solaires, Paris, Éditions François Bourin, 1989.
Vanilla, Paris Robert Laffont, 1991.
Ouest, Paris, Jean Picollec, 1996.
Rapport confidentiel, Paris, Éditions Bénévent, 2005.
Cap Horn Elle, Editions BoD, 2010.

Essais

Femme manager, Paris, Éditions Carrère-Lafon, 1988.
Enquête sur les libérateurs d'énergie Paris, Vuibert, 2007.

Ouvrage proposé et publié
sous la responsabilité éditoriale de Pascale Šenk

Cet ouvrage a été transcodé et mis en pages
chez NORD COMPO (Villeneuve-d'Ascq)

Achevé d'imprimer en avril 2014 sur rotative numérique Prosper
par Soregraph à Nanterre (Hauts-de-Seine).

Dépôt légal : mai 2014
N° d'édition : 7381-3116-X
N° d'impression : 13792

Imprimé en France

L'imprimerie Soregraph est titulaire de la marque
Imprim'vert® depuis 2004.